北京旅游发展战略研究
——世界一流旅游城市的视角

魏小安　厉新建　编著

旅游教育出版社
·北京·

北京城近代供热研究
—— 世界一流燃气城市的起点

赵小云 吕存存 编著

中国建筑工业出版社
北京

前　言
谋求战略提升

　　2007年1月，应时任北京市旅游局局长杜江之邀，我们组织了一个课题组，研究新时期北京旅游发展战略。当时是两个背景，一是北京面临2008年奥运会，需要研究在奥运中北京旅游的配合与发展，二是北京城市建设轰轰烈烈，需要研究旅游与城市的相关关系，包括后奥运北京旅游发展。一开始我们的思路是先找旅游有什么不足，根据不足谈一些思路，结果工作了三天后，发现这条路走不下去，因为这样做，事情越说越碎、越说越小，但是解决不了根本问题。所以，大家最终觉得研究北京旅游的问题一定要跳出旅游，研究北京发展的问题一定要跳出北京，这才可能有思路。

　　2005年，吴良镛先生主持制定的北京城市发展规划里，提出了北京建设世界城市的概念，只不过提出的目标是要通过四十年到五十年的时间建设世界城市。北京要建设世界城市，旅游方面就要研究是否能率先建成世界旅游城市，当然就要考虑能率先多少年的问题。如果从旅游的角度来说，北京提出四十年到五十年的目标就有些保守了，旅游方面应该可以提前二十年，这就是一个率先的概念。这个思路出来以后，就贯通了，实际上这里的核心就是按照什么样的思路来调整目标、追求目标以及研究什么样的路径。课题的主导思想就是前瞻性地提出了北京应当建设世界一流旅游城市，并以此展开研究论述，包括国际国内的城市旅游发展比较研究。课题成果得到了北京市旅游局的高度肯定，在2007年2月召开的北京旅游工作会议上也得到了应用。

　　2009年，北京市委、市政府提出建设世界城市，就是对应后奥运北京发展的新思路。北京要建设世界城市，北京的旅游必须要立足建设世界一流旅游城市来发展，而不仅是创造世界一流的旅游产业。旅游行业还要率先达到世界一流的目标，对于北京旅游发展来说，这是一个大的机遇。如果这个机遇抓住了，发展格局就完全不同。2011年，北京采取了大动作，北京市旅游局升格为北京旅游发展委员会，增加了48个编制，组建16个处，形成了一位主任、六位副主任、三位委员和八位兼职委员的领导格局，开展了一系列工作，吸引了全国旅游行业的关注。

作为一个老北京，我对北京有着深厚的感情。青年时期，就走遍了北京的山山水水，刚刚开始进行旅游研究的时候，曾经骑着自行车考察了北京的727条胡同，1982年到北京市旅游局工作，也参加了景区开发、规划、旅游资源调查等实际工作。到国家旅游局工作之后，在北京旅游行业管理、企业促进等各个方面有了更深层次的介入。这些年，作为专业学者，又进一步对北京旅游进行了一些研究和推动工作。基本上目睹和参加了北京旅游发展的全过程，深知今天的局面来之不易，深感发展的困难重重，也深为发展的成果喜悦。

为了呼应北京旅游的新发展，我和厉新建博士编写了这本书。新建是旅游研究新锐，曾经在国家旅游局规划发展与财务司协助工作，参加了2001年全国旅游业发展工作会议和国务院9号文件起草的全过程。之后又攻读我的博士，到海外当访问学者，这些年我们也多有合作，包括对北京许多项目的研究。看到新建在理论和实践方面的进步，作为老师，颇感欣慰。本书分为五篇，一是开篇，是2010年我在北京旅游发展委员会务虚会上的一次演讲，比较系统地阐述了城市与北京旅游的一些看法。第二篇，以提纲的形式浓缩了我们对北京旅游发展战略的认识。第三篇，北京旅游发展战略研究，基本上反映了课题组的成果，这个成果集中了大家的智慧，最后由付磊统稿，厉新建修改。第四篇是北京区县旅游发展研究，汇集了几年来在各区县考察和研究的成果。第五篇是北京新型旅游业态的开发建设部分，也是大家共同努力的成果，研究了如何发挥首都优势，开拓新体系。

战略之势为大势，不谋天下者不足以谋一隅，不谋长远者不足以谋一时。美国人一个星球大战拖垮了苏联，一个货币战争剥夺了世界，都是战略运用之妙。在当今动荡的世界中，中国坚持稳定发展，但是已经不可能只是埋头做事，作为世界第二大经济体，我们有责任参与世界事务，不仅要有话语权，也要谋求规则制定权、秩序稳定权、价格谈判权，为人类的发展做出贡献。旅游是创造幸福的产业，在建设世界一流旅游城市的过程中，北京作为首都，不仅要为市民谋求更大的福祉，也有义务为全国人民和世界人民创造幸福的环境。

魏小安
2012年2月于北京

目 录 CONTENTS

第一篇 建设世界一流旅游城市 ········· 1
    一、老北京的新变化 ············· 2
    二、城市发展与城市能力 ··········· 4
    三、北京旅游比较与问题 ··········· 7
    四、在结构调整中把握旅游发展 ······· 13
    五、抓住机遇谋发展 ············ 16
    六、推进工作的主导思路 ·········· 18

第二篇 北京旅游发展战略纲要 ········· 21
    一、建设世界级旅游城市的战略目标与指导思想 ··· 21
    二、建设世界级旅游城市的工作重点 ······ 22
    三、建设世界级旅游城市的主要措施 ······ 23
    四、加强建设世界级旅游城市的组织领导 ···· 24

第三篇 北京旅游发展战略研究 ········· 25
    一、北京旅游深层次问题 ·········· 25
    二、北京旅游发展新背景 ·········· 49
    三、北京旅游发展目标与战略 ········ 65
    四、北京旅游发展转型与优化 ········ 78
    五、北京旅游发展环境与支撑 ········ 106
    六、北京旅游发展对策与措施 ········ 121

第四篇　北京主要区县旅游发展 ·············· 149
　一、新东城,新旅游 ······························ 149
　二、海纳百川,淀融世界——海淀旅游发展分析 ········ 170
　三、延庆旅游发展与项目推进 ······················ 184
　四、房山旅游:北京根祖　山水家园 ················· 192
　五、怀仁柔远,旅游发展 ·························· 202
　六、平原可做大文章——北京大兴旅游发展思路 ········ 210
　七、产业新兴,文化新起——北京西城区旅游发展思路 ··· 215
　八、朝阳商务旅游与后奥运发展 ···················· 222

第五篇　北京旅游新型业态开发建设 ·············· 233
　一、旅游业态创新:思辨过程与实践过程 ············· 233
　二、北京旅游新业态分析 ························ 245
　三、北京旅游新业态发展思路及措施 ················ 254
　四、北京旅游新业态的发展 ······················ 261

后　记 ··· 296

第一篇
建设世界一流旅游城市

（本文是魏小安2011年8月4日在北京市旅游发展委员会务虚会上的演讲整理稿）

作为北京旅游局的老人，从1982年到北京市旅游局工作，到后来在国家旅游局工作，我都一直非常关注北京旅游业的发展，对北京旅游局也有很深的感情。这次看到北京旅游发展委员会的处室设置，觉得很兴奋，因为这些处室的名称很好地体现了"大旅游"的思路，的的确确形成了"委"的架势。同时也很赞赏北京市旅游委的工作思路和目前的工作情况。在1982年，北京的旅游还谈不上产业。当时的基本情况就是，全北京的酒店只是4500间客房，把有卫生间的客房，包括北大的留学生楼、北京体育学院的留学生楼都算进去，一共是4500间。因此，当时一个工作任务就是每天调度这些客房，基本上是旅行社上报，然后根据情况进行调度，这儿腾出十间房，这个旅行社进去，那儿又腾出五间房，再进去一个团。1982年北京的旅游外汇收入是1.3亿美元，2010年是50.4亿美元，真可谓天壤之别；按照现在北京旅游业的发展规模，从国内旅游收入看，2010年为2425亿元人民币，基本上达到了全国2000年左右的总量（1998年全国国内旅游收入为2391亿元，2000年为3176亿元），北京以一个城市达到大致10年前全国的总量水平。很自然，在当前再上一个台阶的时期，就不能简单地谈北京旅游产业发展的经验，而是应该谈城市的发展，北京旅游未来的发展要立足于建设世界一流旅游城市的目标。

一、老北京的新变化

(一) 变化的比较

我在北京生活了56年,所以首先想谈谈小时候的印象和整个的生活过程。这是因为研究北京旅游首先应研究城市发展,城市是最大的旅游产品,也是最大的旅游品牌。如果我们只是就事论事,有一些东西论不清楚。

总体而言,北京有三个比较大的变化:

(1) 古老的北京变成现代的北京。有一本书叫做《中国现代化发展报告》,这本书里明确了一个观点,中国现在真正进入现代化的城市只有一个,那就是北京。现代化城市的进入,里面列举了三四十项指标,最后的结论就是这个结论。也确实如此,北京的现代化发展不要说外国人、外地人,北京人自己也经常目瞪口呆。

(2) 传统的北京变成后工业化的北京。这是产业结构的根本性变化,正是因为这种变化,使北京具有现代性。大体上北京现在的结构是一产不到百分之一,二产大致为百分之二十五,三产百分之七十五左右,这样的一个产业结构是世界上经济发达国家的产业结构水平,北京已经进入后工业化发展阶段。北京旅游委的组建与领导重视旅游有关,但根本性的原因却是产业结构的变化。后工业化是一套全新的发展思路,是一个全新的战略格局,北京旅游委的组建就反映出领导充分认识到了这一点。

就全国来说,现在还有一个旅委是海南,海南的旅委的规格也很高,是省长助理兼任旅委主任,在政府序列里面,发改委排第一位,旅委排第二位,财政厅排第三位,但它是一个起步,或者说是一个发展中的格局,与北京旅委的组建的背景截然不同。因为掌握的资源实在有限,所以海南旅委三年来的工作困难确实很大。作为全国最早设立旅委的上海,旅委重新变成了旅游局,当然这里有很多具体原因。比如说上海的旅委主任是常务副市长兼旅委主任,在我国当前的决策机制下,这种格局的确使旅委的运转受到一定程度影响,但从根本上看,恐怕还与上海的发展阶段有关。上海大致处于工业化发展的后期(2011年上海的三产比重大致为60%),与北京处于后工业化发展时期有着本质的区别。

(3) 诗意的北京变成混乱的北京。这个话有褒有贬,凡是在北京长大的人都有这个感觉,小时候我们记忆中的北京是充满诗情画意的,当然那个诗情画意是在贫困的基础上。我们现在摆脱了贫困,所以回忆过去的时候总有一种过滤,把不好的东西遗忘。实际上也可以说过去的北京比较简单。对于现在北京的评价可以用四个词:

第一,高楼林立。这是一个中性的评价。第二,怪物迭出。各种各样的建筑奇观,就我个人的审美观念来说不太认同。当然城市发展都有这样的过程,比如巴黎的埃菲尔铁塔,当时法国文化人和老百姓争议得不得了,大文豪雨果就说了一句话,这个铁塔建起来我就搬出巴黎,绝不在巴黎再生活。但是现在埃菲尔铁塔变成了巴黎城市的标志。乃至卢浮宫玻璃金字塔,也经过了巨大的争议,现在大家也觉得很好了。这类事情仁者见仁,智者见智,但是北京这样一个文化底蕴这么深的城市,老靠这些东西在做,我不太赞成。第三,建筑孤立。我们建了无数个楼,但是楼和楼之间缺少关系,有一点我感触很深,比如到香港,下着瓢泼大雨照样可以逛街,因为楼和楼之间都是连通的,包括和整个交通体系都是连通的,不是一个一个孤立的楼,而是一片一片的生活社区、商务社区。北京在这一点上需要一个大的调整。下一步北京旅游的发展一定会产生很多的区,这种区域性的聚集发展是一个趋势,而这样一个聚集发展就要求建筑和建筑之间一定要有密切的关系。在历史上也是如此,比如广东,很多城市都有骑楼,这种骑楼的设计其实是非常有意义的,很适宜生活、休闲的需求。第四,人流滚滚。当然北京是中国的首都,人流滚滚是一个永恒的现象,无所谓好还是不好。

大体上就是这么三个比较大的变化,正是这样的变化,构成了北京旅游今后发展的背景,也是基础。

(二) 北京转型升级

奥运之后,北京市委市政府提出了建设世界城市的目标,由此北京的旅游发展目标必然是世界一流旅游城市。如果对应世界城市我们只说世界旅游城市,我觉得说低了,必须强调一流。中国的城市化不仅是我们自己的事情,而且是构成了一个世界性现象。也可以说古今中外,一直到未来的几十年,这种现象恐怕是唯一的。短短的半个世纪之内,五六亿人口要进入城市,这样一个城市化现象是对中国发展最大的挑战,对世界经济发展也是一种挑战。但城市化也创造了无数的机遇,谁能把握住这个机遇,谁就能谋求真正的发展。既然作为一个世界现象,就需要研究中国与世界,就是在城市竞争和城市发展这个层面上研究中国和世界的关系。我们原来对这些都做过一些相应的研究,但是经过几年的时间,我们也感觉有些认识需要进一步提升。这里的核心不在于城市如何扩张,扩张是必然的,但是重点不在此,而在于在后工业化社会的基础之上怎么谋求发展。

所谓后工业化,简单地说就是三句话:第一,服务业主导的社会。北京现在已经达到了,下一步发展产业的结构也差不多了,所以更重要的发展过程是结构如何优化的问题。即在服务业主导的结构中,还有一个服务业内部结构如何优化的问题。第二,文化极大繁荣的社会。从这个角度来说,北京的基础没有问题,但是要达到文化的极大繁荣,恐怕还需要一个过程。第三,老百姓的生活品质尤其是幸福指数不断提高的社会。后工业化社会说到底就是幸福,现在中央一再强调改革发展的成果要为人民共享,比起前一个阶段已经有了很大的思想理念上的进步,但是比起现在的 GDP 总量和财政收入,社会建设和社会发展的水平远没有达到中央的要求。

北京的旅游发展自然也需要在这三个层面上研究,而不能仅仅在经济层面研究。从这个角度来说,就涉及北京旅游的发展目标,建设世界一流的旅游城市。现在大家强调的都是经济目标,经济目标是主导性的目标,这个我赞成,但是旅游的特点叫做综合性强、拉动面大、关联度高,所以发展目标应该符合这几句话,就是要符合旅游的性质。北京的旅游发展目标第一是经济目标,第二是社会目标,第三是文化目标,第四是环境目标,第五是国际化目标。总体应该是一个复合型的目标体系,这才符合旅游的基本性质。到今天还只是强调单一的经济目标,违背了旅游的基本情况。当然,在不同的发展阶段会有不同的要求,比如在工业化时期强化经济目标是对的,对北京来说后工业化的发展目标就应该是一个复合型的目标体系。

二、城市发展与城市能力

(一)城市判断

城市是生长的,而不仅是发展的。这就意味着城市有其自发自为、自给自足的要素,有其内在的规律性。为此我们要从创造、生活与文化的角度来推进形成新型城市观。如果只强调发展,那还是"人定胜天"的思路;如果以大拆大建的方式来做规划,那就只有解剖学上面的意义,而不是生物学和生理学的意义,更不是社会学和心理学上的意义。我们一定要明白一点,花心血的是作品,有想法的是作业,没头没脑、没心没肺的是垃圾。同时,我们需要明白一点,城市是市民的,而不仅是市长的,是为人的需求,而不是为物的集中。

为了准确把握城市,大致可以从十个角度进行分析。一是大势,地理、区位。比如北京之所以能够成为八百年的都城,首先是区位、地理。如果从旅游的角度来说,北京的旅游资源太丰富了。很多地方都说自己的资源如果搬到北京旁边就不得了了,实际上北京周边什么都有,只是大家一般不了解而已。这样一个大势就构造了北京的格局。二是大市,经济角度。经济角度的核心就是后工业化的发展问题。北京通过长期的"退二进三"发展战略实施,目前已经形成了后工业化发展阶段这样一个格局。此外还包括公共设施、大街小巷(城市格局)、建筑(风格、布局等)、休闲(广场、绿地、景观小品等)、文化(广告、标志等)、生活形态、市民神态、卫生状况。

旅游的本质就是一种新的生活方式,这种新的生活方式必然与城市发展方方面面千丝万缕地融为一体。作为一种新的生活方式必然是超过日常生活的,旅游的要求会比日常生活更高。因此,在一定意义上看,哪个城市真正能称得上是旅游城市,那这个城市就是一流的。北京如果能在全世界都说是硬碰硬的旅游城市,那么北京在全世界就是一流的。

(二)城市模式

传统的城市发展模式就是以资源形成产品、以产品构造产业、以产业聚集城市。北京在20世纪50年代的思路就是要从一个消费型城市变成一个生产型城市,而现在北京是要培育一大批新的产业来对应新型的城市发展。现代的城市发展模式是要素聚集和创造聚集。传统的发展道路已经走不下去,需要经营文化、经营环境来寻求可持续发展之路。因此,北京的发展重点就在于科技、文化、旅游这三驾马车。客观地看,制造业在北京没有更多的优势可言,金融业尽管是北京的支柱产业,但要成为亚洲金融中心或全球金融中心显然面临很大的局限。此外,房地产业、汽车产业都面临不同程度的挑战。从长远来看,科技、文化、旅游是北京可持续发展的现实选择。

(三)城市能力

建设城市,从结果来看,需要相应标准,以标准来准确地认识差距;但从起点和过程来看,更需要城市能力的提升。城市能力大体可以归结为三类:

第一类是投资能力、建设能力、扩张能力、控制能力。这些能力在我国很多城市都是一流的;第二类是文化能力、聚集能力、商业能力、科技能力、吸引能力、公共能力,这些能力在多数城市往往是二流的;第三类是创造能力、环境能力、输出能力、服务能力、休闲能力,这些能力在多数城市还处于三流层面。我们的城市更多的是需要把二流能力和三流能力提升上来,形成一流能力。

北京城市能力的转化与提升必须在全国形成模式。尽管能力的提升确实有很大的困难,但只有真正完成了转换,这个城市才能称得上是一流的城市。在这个转换的过程中旅游应该发挥巨大的作用,跳出旅游产业的概念,形成目的地概念,形成旅游经济的概念。

(四)城市文化

在城市建设中,史是城之根,文是城之魂,房是城之体,水是城之容,绿是城之装。这些方面北京都有,但显得有些杂乱。人们在城市的某一个点可能会有很深的文化感触,但对城市总体上的文化感触又确实不深。因此,在未来北京的发展中,一定要注意突出城市文化,构造景城,要形成处处是景、触景生情的感觉。像巴黎、伦敦、悉尼,甚至纽约。纽约也是一个挺乱的城市,但是纽约的乱给人一种生机勃勃的感觉,同时又给人深入的文化感触。

优秀的城市要进行完整的艺术设计、系统的形象设计,现在北京已经不可能达到了,但郊区的一些卫星城应该按这个目标去努力。上海发展规划中提出了"一城九镇"特色发展的思路,其中安亭镇建成德国式小城;浦江镇以意大利式建筑为特色,结合美国城镇风格;高桥镇建成荷兰式现代化城镇,融入法国和澳大利亚风情;朱家角镇既凸显本土水乡古镇风貌,又有现代城镇的格调;奉城镇建成西班牙风格小城;罗店、枫泾、周浦、堡镇建成欧美特色的小城,松江新城则建成英国风格的新城。北京郊区城市也存在着如何突出自身特色的问题,要形成山城是山城、水城是水城的特点来。此外,还要关注重景区、轻城区的不良倾向。客观来说,景区是吸引中心,城区是利润中心,像北京这样的特大型城市,核心就在此,把城市旅游做好了,北京就是最大的旅游产品,北京城市形象也是最大的旅游形象。

在城市发展过程中,还要有一些基本的理念,比如我们要敬畏自然、珍视资源,要善待文化、尊重前人。因为城市化本身往往会相伴产生破坏力。英国一个研究机构曾经得出一个结论,任何国家和民族,在工业化发展时期对传统文化的破坏力度往往是最大的。相反,由于旅游需要依赖环境、依赖文化,因此发展旅游客观上起到了保护环境和保护文化的作用。北京旅游下一步的发展就是要以后工业化的视角,挖掘前工业化的资源,利用工业化的成果,建设超工业化的产品,对应变化中的市场。

(五)城市发展

第一,全球。世界一流的城市,就是世界城市,必须要有世界胸怀,树立全球的参照系,构造全球品牌。

第二,全面。涉及各行各业全面发展的问题,也涉及各类资源综合配置的问题。现在北京比较突出的恐怕是结合部灯下黑的问题。恐怕比较好的解决方式还是靠旅游来发展,促进城乡结合部的提升。

第三,全息。全息不是简单的信息化问题,而是需要信息化、数字化、智能化三头并进。一般而言,信息化是解决信息不对称的问题,解决信息沟通的问题;数字化是一个工具,智能化则是综合解决方案,是发展目标。

第四,全年。要谋求一年365天的充分利用,因为北京的文化性资源和产品多,所以北京有这个条件在冬天谋求淡季不淡的格局,尽管绝对的淡季不淡是不可能的。

第五,全时。全时就是要研究24小时的利用。随着城市供给体系的逐步完善,以及外部市场需求的不断刺激,北京在这方面的进步很大。以景区为例,目前基本上是10小时的利用时间,如果能延长一点,成本基本不增加,给人的感受却不同。比如到苏州去看私家园林,最好的时候就是快关门的时候,下午五点钟进去,大家都往外走了,这时候才能体会到为什么叫私家园林。

第六,全新。全新就是要通过新的旅游发展方式,构造一种新的生活方式。现在有一个词叫新城市主义,这种新城市主义的本质就是新生活主义。这种概念的主体意思就是,工作的目的就是为了休闲,工作的目的是为了更好地生活。从科学发展观、和谐社会的建设等一系列的新的治国理念来看,我们很需要这套东西的提升和推广。

三、北京旅游比较与问题

(一)总体评价

一是北京的资源禀赋一流,品种丰富,品质高端,品位高雅。

二是产业规模巨大。现在是两个层面,一个层面就是传统的旅游产业存量持续发挥作用;另一个层面就是新兴的旅游产业增量不断发展。传统的存量基本上就是景区、酒店、旅行社这些要素,所谓新兴旅游产业实际上就是大旅游概念。大旅游不是简单的行、食、住、游、购、娱六要素，而是涉及社会生活的方方面面，涉及整个产业体系的方方面面。现在新兴的旅游产业增量不断发展，只不过有一些东西我们现在没有完全认识到，甚至不认为是旅游产业。比如整个万达集团在全国已经有相当数量的万达广场了，一个万达广场投资十几亿元，总的资产存量大概上千亿元了。万达广场的基本格局就是两栋写字楼、两栋酒店、一个电影院、一个购物中心。万达自称为城市综合体，实际上就是城市旅游综合体，或者叫做城市休闲综合体。我们应该转换传统旅游产业边界的概念，通过大旅游概念的形成来推动整个城市的发展。实际上，目前新兴旅游产业的增量在一定程度上已经超越了传统旅游产业的存量。从北京来说，原来有老五件，就是故宫、天坛、颐和园、长城、十三陵，现在又有798艺术区、鸟巢等新景点，新景点和老景点关系怎么处理，实际上就是存量和增量的问题。文化部给798艺术区一个文化产业聚集区的称号，但798艺术区本身也是一个旅游产业聚集区。

三是产品形成体系。大体上是几个方面：以都市旅游为基础，以观光旅游为主体，以商务旅游为主导，以文化旅游为亮点，以乡村旅游为补充。这五个方面本身的发展还有很多不足，同时这五个方面还不能够形成旅游产品的全部，只能算是体系初成，尚需逐步完善。

四是国际知名度。北京的知名度是其他城市望尘莫及的，奥运会对北京最大的一个贡献实际上就是让国际的主流媒体持续几个月全面报道北京。不过，北京的美誉度还需要进一步研究，研究如何保持目前较好的美誉度，研究如何把好的东西让更多的人知道。

五是社会热情高涨。现在社会各个方面对旅游发展的热情普遍高涨，尤其是很多投资商已经意识到，想要介入城市发展，最好的方式就是参与旅游项目。这几年投资商之所以会把眼光盯在旅游上，有其客观原因。比如房地产发展受限，加之流动性过剩，文化地产、商业地产、旅游地产自然就变成了热点。实际上文化地产、商业地产最后落下来，都是旅游地产，很自然旅游就变成了投资领域里的重中之重、热中之热，有好的旅游项目就可以不再为差钱而发愁了。

六是各级领导重视。北京从市委、市政府，一直到各个区县，重视程度都非常高。以组建北京旅游发展委员会为标志，机构升格，职能完善，人员充实，经费增长，说到底是建设对应世界一流旅游城市的公共管理体制。

(二)国际国内比较

国际比较也好,国内比较也好,不能生搬硬套,也不宜直接比较,因为有很多东西没有可比性。其中涉及四个方面:一是标准与能力;二是结果与过程,我们经常比的是结果,但是实际上更重要的是发展过程;三是基础与条件,不同的基础、不同的条件,比如北京的人口密度这么大,世界上没有几个国家的首都可比;四是阶段与环境,处在不同的发展阶段,有不同的环境,不同的条件,不同的要求。北京最合适的一个参照系应该说就是巴黎,但巴黎的格局是一个大巴黎地区(大巴黎包括巴黎城区周围的七个省,面积达 1.2 万平方公里),这个大区聚集了法国 20% 的人口,集中了 28% 的 GDP,而巴黎城区(大环城公路以内的巴黎)人口只有 300 万左右。所以直接对比往往没有可比性,还不如拆开了比,反而对有些事情的判断能够更清楚一些。

第一,观光旅游世界一流。北京已经达到了世界一流,而且这种一流从发展的角度来说长期持续是没有问题的,我们如果拿世界大国的首都来比较,恐怕没有一个首都能达到北京这种程度。而且不仅是北京的资源和产品,包括现在已经达到的接待条件、服务品质等,都达到了世界一流。

第二,商务旅游潜力巨大。潜力的意思是差距,北京如果做商务旅游,应该说现在在格局上已经形成了,并且已经得到效果。但关键问题是商务旅游的各个环节还不配套,相应的效应就发挥不出来。北京作为一个国际会展城市,会议和展览这两块怎么发展,目前就国内相比,还比上海要差一个阶段,但是反过来说就是潜力巨大。

第三,都市旅游方兴未艾。都市旅游已经起来了,但自觉性不强,主动性不够,基本上是被需求推着走。这两年有一些东西起来了,比如说最近雍和宫西边五道营发展得不错,很有意思,这实际上就是开始主动推动这一类产品的发展。但是这一类产品差距还比较大,其中也有北方城市受自然气候影响的因素,但总体来说还没有构造一个完整、系统的都市休闲体系。

第四,文化旅游锦上添花。北京的文化资源非常丰富,而且这几年文化创意产业也成为北京主打的支柱产业。实际上北京文化创意产业里一大块都是旅游。北京有一个文化创意产业促进中心,每年财政拿十个亿元支持文化创意产业的发展。文化部门说旅游算文化,我们说文化算旅游,怎么算都无所谓,一个好处就是在这么丰厚的文化资源基础上,培育文化产业,这必然变成世界一流旅游城市的重要组成部分。比如到伦敦去听音乐剧,到纽约百老汇去看一场节目,这都变成旅游者必需的项目。到了那儿不享受这么一场就白去,就像我们去巴黎一定得看看卢浮宫一样。很自然,在文化的发育过程之中,旅游就是锦上添花,这一块也是北京非常大的优势。

第五,乡村旅游初级阶段。北京上千亿元的旅游收入,乡村旅游也就是十几亿元,占百分之一左右,典型的初级阶段。乡村旅游的下一步发展需要转化观念,不要继续强化农家乐、民俗户的概念,而是要提升,否则乡村旅游的发展就是一个原子化、碎片化的发展过程。就现在而言,应该提升几个方面:一是休闲农庄,应该重点培育一批休闲农庄。二是度假社区,现在北京郊区的楼盘很多,要研究如何形成度假社区的概念。度假社区是第二居所,第一生活,这是一种新型的乡村旅游的概念。三是沟域经济,北京提了几年沟域经济,数来数去都是休闲,都是旅游,实际上很自然就转化到这个方面。四是和旅游景区相结合,构造乡村旅游综合体。

第六,特种旅游从无到有。北京现在基本上没有特种旅游,需要经历一个从无到有的发展过程。如果从资源的条件来说,北京做特种旅游条件很好,比如空中旅游、山地旅游、户外运动等。但目前北京这一类特种旅游产品连北京人的基本需求都满足不了,北京人本身这种需求很强烈,甚至跑到国外去了。因此,下一步需要研究北京能不能培育此类产品,把这些需求消化在北京内部。

第七,休闲城市快马加鞭。北京的旅游一定要超越旅游,构造一个休闲城市的概念,休闲城市可能更对应大旅游的发展格局,而且条件已经充分具备了,只不过现在还没有完全形成这种意识。休闲城市的建设主要是整合,不需要花多少钱,花多少精力,就像什刹海,是一个不经意的发展过程,基本是靠市场自然而然发展的过程。什刹海这个产品起来后,大家就认识到这种发展方式有着强大的生命力,南锣鼓巷、五道营等地方跟着就都发展起来了。这些地区的发展实际上就是城市休闲体系建设的问题。类似的东西北京还有很多,不过还缺乏整合。另外,还需要相应的标准来引导这些地区的发展。标准的目的一方面是提高企业服务水平,另一方面就是保护消费者的利益。这样的需求产生和产品体系的供应,远远超出了传统的概念。

(三)旅游与城市

以服务大发展、配套大空间、发展大产业、提升大形象、发挥大功能、促进大文化、美化大环境为基础定位,发挥旅游业在推动区域新发展、拓展旅游新体系、衍生城市新产业、促进城乡新和谐、提升城市新品质、培育社会新生活等方面的积极作用。形成城市经济的增长极、扩散极,建设好的人居环境,形成城市发展导向。用旅游激活城市,以激情创造明天。基于旅游在经济拉动、社会和谐、形象树立等方面的突出作用,应立足现在、综观全局、着眼未来,在旅游体验理念的基础上,整合资源,提升价值,改变形象,创造品牌。通过实施社会化战略、特色化战略、精品化战略、生活化战略、转型化战略、科技化战略、系统化战略、综合化战略、双向化战略,致力于打造完美城市、品牌城市、精致城市、人本城市、悠闲城市、数字城市、联动城市、多元城市、开放城市,全面提升城市旅游业的整体素质,又好又快地发展城市的旅游业。一个城市的发展离不开旅游,一个城市旅游发展起来对这个城市的品牌和品位提升不仅是辅助性的作用,而且是决定性作用。

(四)主要问题

(1)环境问题。北京已经进入后工业化阶段,但是却仍然保持着工业化发展理念,因此出现了很多问题。第一是太急了,还在强化经济增长率,社会心态也急躁;第二是太挤了,人口过多且过度集中,建筑过密且过度古怪;第三是太忙了,车流滚滚,人流匆匆;第四是太脏了,高碳发展,空气污浊。从需求来看,北京第一是缺生态,第二是缺健康,第三是缺人文,第四是缺快乐。这四个方面恰恰是旅游可以补足的,市场经济的规律,什么东西短缺,什么东西升值,这些缺的东西都会升值,这就意味着旅游产业在北京的发展一定是一个不断升值的过程。

(2)市场问题。一是市场细分。传统的市场就是入境旅游市场、国内旅游市场、出境旅游市场。但对地方来说,实际上是外来市场、本地市场和出境市场的概念。不同的市场有不同的对策。第一是外来市场,外来市场对我们起的作用就是扩大消费,不管是外国人,还是外地人,美元是钱,人民币也是钱,所以总体是一个外部市场的概念。而且现在国内的消费水平不断地提升,原来外国人和国内人有消费的差别,现在这种差别没有了,甚至是反过来了,比如说很多酒店,花钱最多的不是老外,是中国人自己。第二是本地市场,本地市场的功能是繁荣消费。第三就是出境市场,就一个地方来说,要考虑地方利益,不应该太鼓励出境市场,但出境旅游发展的功能是提升品牌。而且这个事情鼓励也罢,不鼓励也罢,该玩都得玩,这是很自然的,想限制也很难。

对于入境旅游的问题也需要深入分析,如果觉得要强化入境旅游,增加入境旅游数字以提高国际化程度,那就显得没有什么必要了。实际上城市国际化发展的根本,是国际化融入了市民的日常生活,而不是两张皮。比如,新加坡的华人区在牛车水,其他还有阿拉伯区、印度区、马来区。北京现在韩国人居住区已经大体上有了,什么时候有了阿拉伯人居住区等,就算真正国际化了。北京现在真正需要研究的是努力提高停留时间、努力提高花费的问题。北京不必纠结于入境客人增长多少,而应当追求有质量地增长。

二是市场秩序。首先,北京一日游问题是市场秩序中的重头。实际上,之所以年年抓北京一日游治理,年年都抓不好的一个很重要的原因就是,北京一日游是一个发展阶段的问题。其次,涉及各个部门相互关系的问题。第三,作为某些利益集团已经固化了,这种利益集团的固化不是简单地靠这种行政手段就能解决的。这里要有一个客观的判断,就是到了一定的阶段,消费者本身就会解决这个问题。比如现在对于很多消费者来说,五元钱的价差就有吸引力,如果消费者从价格导向转向价格与品质共同导向,最后转向品质导向,这个问题基本就解决了,而不是政府部门工作力度够不够的问题。

三是和周边市场融合。北京还涉及和周边市场到底怎么融合的问题。有时候我们对市场会有误区,比如只有经济发达地区是不发达地区的市场。实际上恰恰相反,好多发达地区的市场都是不发达地区过来的,比如江苏的重要客源是河南,河南的重要客源是陕西,陕西的重要客源是甘肃,北京是全世界的人都往这儿跑。

(3)转型问题。一方面是传统的旅游转型,横向扩大,纵向提升,北京要出一批旅游精品,包括精品景区、精品酒店、精品旅行社,甚至精品旅游汽车公司等。另一方面,就是从旅游到休闲。休闲的概念大过旅游,建议旅委把休闲好好琢磨琢磨,恐怕更有效果。休闲的概念就是对可自由支配时间的多样化安排,不是说下了班就闲了,而是根据可自由支配的时间的多少,然后可以形成多样化的安排。从时间上来讲,休闲一是小闲,二是中闲,三是大闲,小闲是日常休闲,中闲是周末,大闲是节假日。现在旅游部门在这三个闲里抓的是一个半,就是大闲和一部分中闲,但是更重要的是小闲,小闲构造了日常状态。城市需要有一个日常休闲体系和小闲来对应,现在晚上的北京非常热闹,这就是城市进步的结果。从空间来说,休闲涉及家庭休闲、社区休闲、城市休闲体系、环城市休闲带、异地休闲等,一般讲旅游就是一个异地休闲的概念。所以大体上三类时间、六类空间,在一起形成一个完整的休闲概念。如果我们的工作还集中在传统的观光旅游,那思路就太窄了。北京要建设世界一流的旅游城市,也必然要建设世界一流的休闲城市,否则恐怕很难称为一流。

四、在结构调整中把握旅游发展

只靠技术创新和产业升级并不能解决中国的根本问题,越是技术密集和资金密集,越排斥劳动力,就业问题也将是长期的重大问题。中国的发展需要处理规模扩大、结构优化、水平提高、效益增加之间的关系。其中,结构性问题是牛鼻子,也是永恒的问题,需要动态平衡。中国将长期存在结构性短缺、结构性过剩、结构性阶段、结构性挑战等问题。

(一)结构调整之势

北京的城市发展方向、北京的旅游分析,说到底是需要结构调整。结构调整是我国"十二五"期间的一个中心问题。结构优化是共同的历史任务,服务业发展是结构优化的重中之重,各级政府对旅游的重视是必然,关键是如何落实,不能只重视在口头上、落实在口号上。制造业把人变成了机器,高端制造业索性淘汰了人。而服务业把机器回归为人,高端服务业更需要高情感。中国制造造就了中国世界工厂的地位,这其中决定性的因素是价格、素质、纪律、勤奋;中国创造则会形成世界动力,推动竞争的扩大和升级;中国服务则培育了世界环境,使中国能够做到高端率先、水平分工。总体而言,会形成一个局面,那就是有形的产品供给,无形的价值创造;全面的产品供给,无限的价值创造。

(二)旅游发展之机

今年还有一个好的说法,就是幸福成为主旋律,大家都在谈幸福,如果从行业角度来说,旅游天然就是一个幸福的制高点。归纳而言,种植业发展保障生存,制造业发展缓解短缺,服务业发展实现便利,旅游业发展提升幸福。旅游作为服务业的龙头,是一个创造幸福的产业、提升幸福的方式、开拓幸福的渠道。旅游的特点在于,一是柔性发展,中国形象,生活内容,文化内涵,感性交流;二是整合发展,借助资源,整合产品,促进增量,拉动存量;三是关联发展,需求支撑,市场平台,关联体系,各得其所;四是科学发展,认识规律,把握规律,优化结构,提高水平。最终,幸福是一种感受,幸福是一个过程,幸福是超越的,幸福在路上。

(三)服务业龙头

从历史过程来看,旅游形成服务业龙头,无论在规模、品质、品牌等方面都具有一定的领先性。从现实需要来看,旅游有助于扩大内需、拉动消费、保障就业、稳定社会、优化结构。从发展态势来看,旅游紧扣国家核心利益,应谋求旅游优势发挥,融入中心,纳入主流。从发展条件来看,基础设施进一步完善,深化了旅游发展基础;旅游设施规模形成,短缺制约少;同时旅游的泡沫化程度低,在应对危机中积累了经验,锻炼了人才。

(四)旅游结构优化

(1)消费结构。消费随条件改善而增长,随通货膨胀而增加,随经验丰富而变化。目前,北京的外国人花费比起国际上的大都市来说基本上差一个档次。现在的状况是,北京的价格门槛对中国人来说已经形成了,但和国际上其他世界级旅游城市相比,北京还是一个廉价的旅游目的地,这就意味着这里面有发展空间,也就意味着下一步北京旅游发展中,消费结构的合理化和高级化应该变成一个重要的任务。

(2)产品结构。北京现在已经超越了单一观光,可是北京的观光资源太好了,所以很可能形成一个北京成也观光、败也观光的现象。过去三十年,北京成就在于观光,如果我们还按这个路径走,未来三十年可能败也就败在这上面。上海没有北京这么好的观光资源,自然就逼着上海走了一条都市旅游之路。上海在世博会之后的考虑,第一是夜上海,第二是会议都市,第三是休闲乡村。夜上海突出的就是城市休闲这一套东西。北京也是如此,要形成复合型的发展。到北京的人一定要看老五件,这些东西能够保住品质就可以了,但是其他有些东西不推是动不了的。北京现在有一个好处,各个区县发展的积极性很高,只不过在这个过程中有时候不知道到底该怎么办。比如密云,一说就是休闲密云、生态密云,但是具体到产品怎么落实就不知道了。比如房山要发展山地旅游,不能只说概念,要具体到做什么产品。各个区县的积极性已经从一般地说一说,转到实实在在地做,要做就一定要转化到具体的产品当中。这种产品层面实际上对于北京整个的产品格局都是一种创新。工作时间追求效率,生理时间追求质量,旅游时间追求快乐。所以,要通过发展旅游构造新的生活方式,满足梦幻生活体验。

(3)运营结构。产业组织要实现顶天立地与铺天盖地的结合。现在北京大的旅游企业已经有一批了,以首旅集团为标志,到现在13年了,应该说发展格局不错,构造了一个全国性发展的格局。就目前而言,北京的旅游企业总体的格局应该说是不错的。当然其中结构性的问题还比较突出,比如北京的酒店,过剩的格局已经非常明显了,一个奥运会,北京的酒店行业困难十五年,其中五年险日子,五年苦日子,五年紧日子,大概十五年能翻过身来,还有一个前提是这十五年不能再搞酒店了,但是打不住,即使想控制都控制不住。

我认为,北京旅委有一个责任,就是把一些信息给大家讲一讲的责任,该说就说。很多人说酒店过剩是旅游局的责任。这是错误的。酒店过剩说明旅游局的权力不足,工作力度不足。没有手段怎么控制?实际上早一点说,至少很多投资商会往回收一收,类似这样的问题都是一些结构性的问题。这还不像旅行社行业,旅行社行业今天多了一百个,明天减了一百个,不算什么,不伤筋不动骨。北京现在搞新景区开发,我就不赞成,因为一流的资源甚至是二流的资源都开发完了,为什么还要把三流的资源开发成景区呢?但是我们可以转换一下,比如做一些生态旅游区,做一些历史文化体验区。比如像古北口的资源,在北京说起来就是三流资源,但是现在想做一流产品,这个一流产品一定不是传统的观光型产品。

(4)技术结构。技术结构的问题也确实需要旅游花点力气,我们经常听到一句话,旅行社行业没大没小、没黑没白、没好没坏。这句话说了好长时间,但未必完全对。不过这里有一个观点还是很有道理的,那就是旅行社行业30年没有转型升级,还有哪一个行业三十年没有转型升级?找不着这样的行业,这正是因为旅游业技术含量低。我们现在说旅游是现代服务业,而在世界贸易组织,旅游是列入传统服务业的。尽管中国将旅游业列为新兴服务业,但是新兴未必是新型,新兴只是说原来没有,现在有了,新型才是一个现代服务业的概念。这样就有一个技术结构的问题,包括成熟技术、适用技术、高端技术。不是说只要高端技术就是好事,有一些技术过头了也未必是好事。就技术结构发展方向而言,主要体现在三个概念上:从云计算到云旅游,从物联网到旅联网,从信息化到智能化。

(5)开发结构。开发结构就是布局从分散到集中,投资从小到大,商业模式不断创新,经验教训不断积累,最重要的是其他行业进入旅游业产生融合发展新格局。这些年进入旅游开发的主要是两类:一类是房地产老板,一类是矿业老板,矿业老板有充沛的资金,在投资上舍得花钱,房地产老板则往往带着一系列的新的商业模式进入旅游业。北京有一家酒店,是山西的煤老板投资的,他们洋洋得意,要做七星级酒店,账算下来,平均一平方米的投资量是五万元,就是土财主在炫耀财富。像颐和安曼这样的酒店,也是大投资,平均一平方米三万元,可是做到了顶级,这样的产品才叫精品,这样的品牌才叫品牌。应该说,在开发结构方面,现在不必担心资金,开发商有的是。就北京而言,现在绝大多数的投资商都是想通过旅游项目介入北京城市发展,来分这一杯羹,这意味着旅游是强势,因此,在欢迎投资商的同时就应该构造一个更大的格局、更高的水平。

(6)新型产业结构。借助旅游市场平台,创造新兴产业体系,按照新型方式创造。旅游促进一产转化:转变种植结构,提高附加值;推动二产优化,传统工业与新兴工业;创造三产强化,文化、信息、商贸、物流。如果从产业的角度就是衔接产业环,延长产业链,扩大产业面,培育产业群。这里所谓的衔接产业环,基本的意思就是同层次发展,产品分层次,不同层次必有短板,有短板就必有浪费。北京不是说所有产品都是高端产品,有高端,有中端,有大众,但是市场层的各个产业环节应该是差不多的,这一种深层次的结构问题,是涉及下一步发展更重要的问题。比如北京的商务旅游,现在商务酒店过剩,可是相应的一些环节没有跟上去,就造成商务酒店的浪费,要不然就得降价,要不然就闲着,可并不是没有市场。说到底,旅游资源无框架,旅游行为无边界,旅游产业无限制。比如海尔,是一个家电制造商,但全国有四千多个销售点,本身也是渠道商。一个旅游企业要做得好,往往要兼具运营商、渠道商、品牌商的角色,甚至还要兼具开发商的角色。

五、抓住机遇谋发展

(一)风起云涌的发展态势

未来五年中国旅游面临旅游黄金发展期,核心在于结构优化。一方面是国民经济总体转型升级,从中国制造到中国服务,一方面是地方发展的转向,致力于产业结构调整、城市提升的导向、生活品质提高,在流动性过剩的环境中寻求投资机会。在结构转型优化的过程中,旅游业在就业带动方面的功能也会得到进一步深化,各级政府对旅游业的重视程度会进一步提高,但是领导期望越大的时候,我们越需要谨慎,或者说热发展之中需要冷思考。比如,旅游局可能需要以科学的态度关注旅游发展中投资过剩问题,要警惕市场泡沫、政府泡沫、投资泡沫、工作泡沫。现在各路投资涌入旅游领域实际上是一把双刃剑,一方面抓紧机会发展,态势凸显;一方面泡沫迅速形成,就要承受后果。这其中就涉及两个重大问题:一是如何整合资源,抓住历史性机遇;二是如何规避风险,减少项目性失误。在实际工作中就需要形成两个重大思路:一是优势整合,群体发展;二是长短结合,系统运作。从旅委角度而言,就需要指导项目、指导开发。

(二)创立新的发展模式

一是观念,树立新型发展观。二是方式,培育集约型发展方式。三是机制,形成合理的推进体制和充满活力的运行机制。四是品牌,创造新的城市品牌以及产品品牌。五是功能,全面发挥旅游综合性强、关联度高、拉动面大的特点。六是质量,不断提高发展质量,不断提升服务质量。七是生活,使旅游成为一种新的生活形态,通过旅游提高广大群众的生活水平,这也是以人为本的治国理念的具体化。

总体而言,就是必须超出旅游认识旅游,超越区域发展区域,超越项目分析项目,超越时代理解时代,只有这样才能真正做到跨越式发展。在发展的过程中还要淡化景区,淡化开发。因为强化景区自然强化景观,把视觉作为第一要求甚至是唯一要求。而在新的市场需求之下,要求是全方位的,是综合感受,是眼、耳、鼻、舌、身、心、神的全面体验。另一方面,一流的观光资源已经全面开发,再强调景区则会不断加大开发力度,多花钱,办不好事。因此,发展的视野应当转到历史文化体验区、旅游游憩区、生态旅游区、旅游度假区、专项旅游区、特色娱乐区等定位。

(三)创造未来

特色是旅游之魂,文化是旅游之基,环境是旅游之根,质量是旅游之本。因此,旅游工作者要比文化工作者更重视文化的挖掘,要比城建工作者更重视城市特色的营造,要比环境工作者更重视环境的绿化与美化,要比文物工作者更重视文物的保护,加强旅游目的地的环境保护和文化多样性建设势必成为旅游发展的重中之重。今天的垃圾建筑必成明天的建筑垃圾。我们要有一种理念,要建设今天的精品,成为明天的文物、后天的遗产,要有志于创造未来的文化遗产。文化遗产的概念不在于历史有多古老,只要代表了一个时代,就可以成为文化遗产,类似这样的东西实际上就是创造未来的文化遗产。在具体的工作中,模式可以复制,内容要求创新,需要集小为大、集细为精、集文为彩、集市为场;要小题大做、偏题正做、虚题实做、远题近做,洋题中做、中题洋做;要实现五个看,即想看、可看、好看、耐看、回头看;要达到五个可,即可进入、可停留、可欣赏、可享受、可回味;要创造五个度,即差异度、文化度、舒适度、方便度、幸福度;要深刻领会自然不宜改变,感受应当深化,历史不可重演,体验应当升华;最终实现五个力,即视觉震撼力、历史穿透力、文化吸引力、生活沁润力、快乐激荡力。

六、推进工作的主导思路

(一)大对大

在落实过程中,需要开拓,关键是创造旅游部门能够主导的工作抓手,使旅游能够围绕中央决策进行创造性的落实。这就需要旅游部门趁热打铁,出大思路,成大格局,谋大地位;要进行跨地区联动、多部门合作;要发挥整合作用,借助其他优势,形成自身优势。

首先就是创造旅游部门能够主导的工作抓手,很多事情我们做的时候都觉得挺好,可是到最后不是自己的工作抓手,就觉得是为他人作嫁衣。实际上旅游这么多年的工作手段在很大程度上都是自己创造的,到现在为止,我们真正有法律依据的,就是旅行社管理、导游管理、出境旅游管理方面的三个国务院条例,剩下的都是靠标准在推动行业管理。比如一个星级饭店标准统了一个行业,一个景区A级标准也统了一个行业。旅游行业管理的根本就是要研究市场、把握住市场,只要把握住市场,企业就愿意接受你的管理,旅游部门就把握了真正的工作主动权。从目前来看,北京旅委的工作抓手主要有以下几个方面:

第一是指导、引导。这一块东西觉得虚,实际上在实践中很起作用。

第二是抓标准,不仅是旅游标准,还要关注休闲标准,比如休闲城市管理与服务导则、城市中央休闲区、休闲农庄、度假社区。

第三是市场引导。比如北京旅游博览会,现在已经第八届了,但影响还不够大,北京一年出去这么多人,有这么多旅游驻华代表处,下一步可以考虑开一个世界目的地大会,把各个目的地国家的旅游企业包括旅游行政管理部门领导请过来开一个会,造出声势气势来。再比如,可以考虑北京有没有可能做一个商务旅游区,或者叫旅游商务区,现在要在工体搞旅游大厦,那是不是可以研究围绕着旅游大厦的建设,在其周围打造一个世界级的旅游商务区。再比如,到现在为止没有中国旅游博物馆,北京有没有可能搞一个?多做一些以我为主的事,这是培育我们能够主导的工作抓手。再一个就是整合资源,把分散的各类资源整合成产品,就超越了部门,超越了区域,反而能够成为我们的抓手。

(二)公共性

第一是旅游主动融入中心,纳入主流。多年以来,旅游行业始终强调服从大局,服务大局,姿态很高,但也自觉不自觉地把自己置于边缘状态。从北京来看,国际化、智能化、精细化、城镇化是各个产业发展的基础,旅游能够融入这四个方面,就融入了中心,进入了主流,旅游发展本身就纳入了大局,就在构造大局。旅游固有的性质和特点恰恰使其能够多方面发挥作用,避免被边缘化的状态。这里就涉及公共性的问题。在这方面要以扩大内需为主导战略、以改革开放为主线,抓好要素市场化、发展社会化、运行智能化、推进国际化。旅游在涉及公共管理、公共环境、公共服务等方面的事已经做了不少了,但是梳辫子梳得还不够。比如搞旅游咨询中心、北京旅游集散中心的设置很好,但是应该采取什么样的模式才真正符合北京的特点和需求,这方面梳理得还不够。

(三) 工作转化

总体上要从旅游部门管理转到协同管理、从旅行社管理转到旅行业务管理、从星级饭店管理转到流动住宿管理、从旅游景区管理转到旅游吸引物管理、从供给管理转到需求管理、从行业管理转到公共管理、从国内管理转到国际协作。

比如,旅游部门管理旅游景区吗? 不是管理,而是推行标准,帮助景区提升。比如旅游吸引物是一个大的概念,张艺谋搞的印象系列不能说只是一个晚间旅游文艺节目,而是新的旅游吸引物。旅委要强化部门联合,以联合做大共同发展为目标,加强与相关行业的合作。在旅游活动和经营管理等各个领域,一方面是加强与农业、林业、水利、文化、体育等部门的合作,创造新产品;另一方面是加强与教育、金融、保险等服务行业的深度合作,共同促进服务业的大发展。

(四) 建设休闲城市

城市休闲以人为本,休闲引人、休闲动人、休闲怡人、休闲养人,休闲创造快乐,休闲创造就业,休闲创造价值。休闲,让城市更美好。休闲是城市功能的完善、城市质量的提升、城市品牌的创造、和谐社会的构建、以人为本的体现。

休闲城市应达到在城市生活中,休闲活动普遍,具有丰富的休闲设施;休闲产业在城市发展中占据重要地位,形成品牌,并构成强大的市场吸引力。休闲城市要符合宜居城市、人文城市、特色城市、和谐城市等多元的要求,环境适宜人居住,具备欢迎外来者的人文精神,对本地传统文化挖掘要到位,最重要的是社会各方面和谐发展。政府应致力于提供公共空间、完善产业政策、推动非营利组织、培育市场主体,积极进行休闲城市的创建。休闲城市应更加突出休闲功能,并且在居住、工作、交通环节应给予充分的统筹配套,进行休闲化设计。通过扩展城市休闲功能和建设休闲城市,提升城市品牌,提高居民生活质量。要形成城市休闲文化,提升城市的文化品位,创造独特的城市魅力。

(五)以改革促发展

一是旅游运营要素扩大。传统旅游运营要素,涉及行、食、住、游、购、娱,而升级和扩大的旅游运营要素,需要大文化、深体验、慢节奏、浪漫气氛、精品化和高科技。目前,北京具备好基础,但参差不齐,长短不一,需要填平补齐。

二是发展要素的健全。发展要素涉及资源、资金、土地、人才、信息、科技、文化、管理、产权等各个方面。这一块是难度最大的事,而且目前市场没有形成,要素作用不足,国际化程度低。

三是环境要素的培育。应当弥补自然环境,提升人文环境,改善经营环境,完善市容环境,强化休闲环境,优化交通环境,协调景观环境,严格保护环境,创造好的发展环境。

北京的旅游发展到今天已经很棒了,希望北京旅委下一步的工作能在全国起到样板作用,在一步一步落实中最终形成全面推动的新局面。相信在这个新格局之下,北京一定能做出一篇辉煌的文章来。祝愿北京世界一流旅游城市的建设目标能够尽快实现。

第二篇
北京旅游发展战略纲要

一、建设世界级旅游城市的战略目标与指导思想

（1）作为世界著名古都和现代国际城市，北京有一流的旅游资源，对海内外旅游者具有巨大的吸引力，在全国旅游业中地位举足轻重。旅游业作为北京国民经济支柱产业的地位已经确立，发展前景极为广阔。

（2）旅游是北京城市职能的重要组成部分，是国家首都、世界城市、文化名城和宜居城市定位的重要体现。为进一步发挥旅游优势，加快北京现代化、国际化进程，从现在开始，争取用十年左右的时间，把北京建设成为世界级旅游城市。即在2020年之前，在旅游城市功能、城市旅游环境、旅游经济规模、旅游可持续发展能力和旅游综合竞争力等方面，在保持国内首位的同时，达到国际领先水平，使首善之区成为世界旅游的首选之地。

（3）建设世界级旅游城市的指导思想是：坚持科学发展观，以构建和谐社会为导向，促进旅游与经济、社会、文化和人民生活的全面协调发展；坚持统筹发展，把发展旅游与提高城市品质、提升城市功能、创新城市产业、培育城市新文化有机结合起来；坚持中国特色、首都特色、北京特色，拓展全球化视野，建设国际化机制，加快形成世界领先地位；坚持严格保护、合理开发和永续利用相结合，强化古都风貌、文化遗产和生态环境保护，实现可持续发展。

二、建设世界级旅游城市的工作重点

（1）按照全国领先、世界一流的要求，完善北京旅游产业支撑体系，提升北京旅游产业的整体素质，推动旅游产业全面转型和升级。

（2）全面提升旅游产品。把城市作为整体旅游产品全方位优化建设，加快旅游产品由观光为主体向复合型、体验型转化，在深化文化观光产品基础上，大力发展商务会展、都市体验、休闲度假、主题节事、体育运动等新兴旅游产品。

（3）大力开拓旅游市场。发挥各部门优势，整合多方面资源，采用新技术，开拓新渠道，强化宣传促销，促进旅游人数和收入持续增长。发挥奥运会对北京旅游的宣传效应，切实做好2008年奥运会会后的旅游营销。

（4）拓展城市休闲功能。研究制定和实施《北京休闲产业发展纲要》，以旅游、文化、体育为主要基础，培育休闲文化，发展休闲产业，开发丰富的休闲产品，增加休闲空间和设施，提供高质量的休闲服务。推行带薪休假制度，促进休闲消费，提高人民群众生活质量，实现市民与旅游者的友好互动和资源共享。

（5）推进旅游小城镇建设。通过旅游促进新农村建设，加快乡村旅游从观光型向综合型方向转变，发展一批旅游小城镇；结合未来北京新城建设，发展新兴旅游基地；结合交通、资源和区域条件，发展环城市休闲游憩带。

（6）加强数字旅游建设。在数字北京建设中充分保障和满足旅游发展的需要，提升旅游信息化水平。建立与国际接轨的旅游目的地信息服务体系，广泛开展旅游电子政务和旅游电子商务。扶持数字旅游共性支撑技术，推进景区、饭店等领域的数字化。建立以互联网、通信技术为基础的旅游营销体系，积极开展网络营销。

（7）加快发展商务会展旅游。规划建设大型现代化会展场馆，提升完善商务旅游配套设施，引进和培养专业化人才，鼓励发展专业服务企业，提高公共服务水平，积极申办国际大型会议、展览和体育赛事，建设新型"国际会展之都"。

（8）提高北京旅游国际化水平。把国际化作为公务员和市民素质教育的重要内容，了解国际惯例，熟悉国际规范，按照国际规则办事。研究、制定和推行与国际接轨的旅游服务设施建设标准、旅游企业经营标准和旅游服务质量标准。广泛使用国际化、标准化公共信息图形符号和多语种旅游标志系统。

（9）优化北京旅游环境。发展循环经济，保障首都生态环境质量持续向好。

增强首都公共服务意识,形成对外地人友善亲和的社会氛围,形成志愿者服务长效机制。加强部门协调,建立健全旅游安全保障和应急处理机制。强化联合执法,建立区县旅游执法体系,规范旅游经营和服务行为,保护旅游消费者和经营者的合法权益。倡导文明、健康、绿色的旅游消费。

三、建设世界级旅游城市的主要措施

(1)制定北京建设世界级旅游城市发展规划。研究北京与世界级旅游城市的差距,借鉴海内外旅游发达城市的成熟经验,在与相关规划有效衔接的基础上适度超前,抓紧制定建设世界级旅游城市发展规划。

(2)增加促进旅游发展的资金投入。每年安排财政资金,重点用于旅游基础设施建设和旅游资源保护。设立旅游发展资金,对综合效益重大的旅游项目给予支持。设立旅游市场营销资金,每年保持增长。成立旅游投资担保公司,支持乡村旅游及小型旅游企业发展。

(3)推进北京旅游业全方位开放。创造优质的旅游商务和公平竞争环境,使北京成为海外旅游经济主体进入中国的首选之地,吸引国内尤其是经济发达地区各类更多、更好的旅游及相关经济主体和要素。鼓励和引导有实力的大企业集团进入旅游业,将优质资本引入旅游业。培育跨区域的大型旅游集团,支持旅游企业跨国经营,发展有国际竞争力的世界级旅游企业。

(4)提升旅游交通配套条件。扩大首都国际机场容量,建设全球航空枢纽,提高通关效率,对特定客源地的旅游者实行落地签证政策。提升铁路交通效率,增开旅游专列,提高综合服务水平。建设旅游专线公路网络,增开旅游专线巴士。整合旅游集散中心和公共交通枢纽,将旅游功能纳入城市公共交通系统优化工作中,开通城市观光巴士,发展水系观光游船,推行城市公共交通与景区(点)的套票组合。

(5)优化旅游要素配置。促进"行、食、住、游、购、娱"等旅游产业要素,以及旅游资源、资金、信息、人才、技术等旅游资本要素的充分流动和优化配置。举办"北京旅游要素交易会",建立旅游要素市场。积极参与国际国内的旅游专业组织,加强交流与合作。吸引海内外优秀旅游人才,选派旅游从业人员到世界级旅游城市进行交流、学习。

(6)规划建设"国际旅游商务区"。吸引全国各地和世界各国的旅游局、旅游集团及相关机构进驻,成为旅游宣传、交易、会展、体验等复合功能型旅游要素集聚区,成为辐射全球的旅游产业总部基地和资本集中区。

(7)入境市场抓层次,国内市场抓秩序,本地市场抓品位。在主要客源地设立旅游办事处。办好"北京国际旅游博览会"及各类旅游专项展会。加强旅游咨询中心建设,纳入公共服务体系。加强旅游行业管理,推进旅游诚信建设,提高游客满意度。

四、加强建设世界级旅游城市的组织领导

(1)成立"建设世界级旅游城市行动委员会"(简称"世城委"),作为北京市人民政府的常设机构,统筹协调和全面领导建设世界级旅游城市的各项工作。市长兼任"世城委"主任,形成相关部门共同组成的大旅游管理体制和建设世界级旅游城市工作机制。

(2)"世城委"的主要工作是协调北京市各有关部门以及国家主管部门的工作关系,形成长效联动机制。"世城委"办公室设在旅游局,旅游局局长兼任办公室主任。各区县要建立与"世城委"相对应的组织体系和工作机制。各街道办事处和乡镇人民政府要增设旅游休闲办公室,全面促进辖区旅游休闲业的健康有序发展。

(3)通过区域联合促世界级旅游城市建设。加快推进区域旅游的资源共享、优势互补、产品共建和市场互育。建设京津冀无障碍旅游区,发展环渤海旅游协作,推进区域国际合作。

第三篇
北京旅游发展战略研究

一、北京旅游深层次问题

北京是我国旅游业发展最早的城市之一。作为首都和历史文化名城,依托综合优势,北京旅游业取得了巨大的发展成绩,在全国旅游业中扮演了极其重要的角色,发挥了举足轻重的作用。

在发展过程中,尤其是进入新世纪以来,北京旅游业面临着新的机遇和挑战,也产生了一些值得关注和需要解决的问题。

(一)旅游经济比重下降

进入新世纪,北京旅游业已经由早期的高速增长进入平稳发展阶段。纵向比较,旅游经济规模不断扩大,各项主要指标呈增长态势。但是横向比较看,相对于其他一些快速发展的行业和整个国民经济体系,旅游业的比重和位次在下降。

1. 旅游外汇收入在创汇中的比重下降

近十几年来,北京外贸出口呈爆炸性增长,但旅游外汇收入的增长速度相对平缓。相对于外贸创汇而言,旅游贸易创汇的相对比例不断下降。旅游相对外贸出口的外汇收入比例从1996年的28%左右,下降到2005年的12%左右,到2009年开始进一步下降到10%以下。

表1 北京旅游创汇与外贸出口创汇比较

（万美元）

年份	外贸		旅游		旅游/外贸
	外贸出口*	增长	旅游外汇收入	增长	
1996年	811975		225200		27.73%
1997年	961103	18.37%	224800	-0.18%	23.39%
1998年	1051293	9.38%	238400	6.05%	22.68%
1999年	990352	-5.80%	249600	4.70%	25.20%
2000年	1196916	20.86%	276800	10.90%	23.13%
2001年	1177236	-1.64%	295000	6.58%	25.06%
2002年	1261386	7.15%	311000	5.42%	24.66%
2003年**	1688682	33.88%	190000	-38.91%	11.25%
2004年	2056926	21.81%	317000	66.84%	15.41%
2005年	3086590	50.06%	362000	14.20%	11.73%
2006年	3795398	22.96%	402600	11.22%	10.61%
2007年	4892639	28.91%	458000	13.76%	9.36%
2008年	5749961	17.52%	446000	-2.62%	7.76%
2009年	4835807	-15.90%	436000	-2.24%	9.02%
2010年	5543942	14.64%	504400	15.69%	9.10%

注：*2007年之前的外贸进出口分为进出口总额和进出口总额（地方）两个指标，2007年开始的统计数据为海关统计的北京地区进出口数据（包括中央单位），此处统一用2007年之后的调整数据

**2003年非典对旅游影响较大

资料来源：《北京统计年鉴2011》

2. 旅游业在国内生产总值中的比重下降

2001年，北京旅游总收入相当于GDP总量的31%，到2010年该值已下降到20%左右。应该说，这个比例放在全国来看，依然是比较高的。但这种下降意味着旅游业对国民经济拉动作用的弱化，旅游业作为综合性、拉动性产业的特点也没有充分发挥出来。这归结于两方面的原因：一是近年来北京市经济发

展较快,GDP 在一个较大的基础上快速增长,旅游业的增长速度虽然比 GDP 要快,但是占比仍下落。而且近几年旅游的增长速度已经慢于 GDP 的增速。二是 GDP 计算方法进行了改革,多出了一块增量,也扩大了这种差距。

表2 旅游总收入与 GDP 总量的比较

(亿元)

年份	GDP		旅游		旅游/GDP
	GDP	(+/-)	旅游总收入	(+/-)	
2001 年	3710.5		1132.7		30.53%
2002 年	4330.4	16.71%	1188	4.88%	27.43%
2003 年	5023.8	16.01%	864	-27.27%	17.20%
2004 年	6060.3	20.63%	1410	63.19%	23.27%
2005 年	6886.3	13.63%	1593	12.98%	23.13%
2006 年	7720.3	12.11%	1803.7	13.23%	23.36%
2007 年	9006.2	16.66%	2103	16.59%	23.35%
2008 年	10488	16.45%	2219.2	5.53%	21.16%
2009 年	11865.9	13.14%	2442.1	10.04%	20.58%
2010 年	13777.9	16.11%	2767.9	13.34%	20.09%

资料来源:《北京统计年鉴2011》

3. 旅游业在第三产业中的比重下降

近年来北京市的第三产业发展迅猛,2005 年第三产业整体上已经占到了国内生产总值的 69.6%,2010 年则达到 75%,三次产业结构由 2005 年的 1.3∶29.1∶69.6 变化为 2010 年的 0.9∶24.1∶75。但第三产业的增长,主要来自于金融保险、商贸物流、信息服务、房地产等方面。旅游总收入与第三产业总值的比已经由 2001 年的 45.5% 下降到 2010 年的 26.8%,而且也是从 2005 年开始,旅游总收入的增长速度已经慢于第三产业总值的增长速度。从增长曲线上看,旅游业已经成为一个传统的第三产业部门,其在整个第三产业中所占的比重也在逐步降低。

表3 旅游总收入与第三产业总值的比较

(亿元)

年份	三产		旅游		旅游/三产
	三产总值	(+/-)	旅游总收入	(+/-)	
2001年	2489.5		1132.7		45.50%
2002年	2998.3	20.44%	1188	4.88%	39.62%
2003年	3449	15.03%	864	-27.27%	25.05%
2004年	4113.3	19.26%	1410	63.19%	34.28%
2005年	4764.3	15.83%	1593	12.98%	33.44%
2006年	5405.1	13.45%	1803.7	13.23%	33.37%
2007年	6425.6	18.88%	2103	16.59%	32.73%
2008年	7682	19.55%	2219.2	5.53%	28.89%
2009年	9004.5	17.22%	2442.1	10.04%	27.12%
2010年	10330.5	14.73%	2767.9	13.34%	26.79%

资料来源：《北京统计年鉴2011》

(二)国内比较优势相对下降

通过对京沪穗三大城市比较,可以发现,北京旅游业的优势已经不突出,先前很多领先的方面已经被超过。

1.基本市情

京沪穗是全国最大的一级城市。比较三城市的规模,占地面积北京远超上海和广州,而以经济发展水平而论,上海和广州在北京之前。

表4 三市基本情况比较

(2004年)

城市	面积(平方公里)	辖区行政	户籍人口(万)	GDP(亿元)	人均GDP(元)
北京*	16410.54	14区2县*	1257.8	14113.6	75943
上海**	6340.5	17区1县	1412.32	17165.98	76074
广州***	7434.4	10区2县	794.62	9138.21	89082

注：*：数据来自《北京统计年鉴2011》,另西城与宣武合并、东城与崇文合并,总区县数由18个调整为16个

**：来自《上海统计年鉴2011》

***：广州数据来自《广州市统计年鉴2010》

2. 城市竞争力

就城市竞争力而言,北京处于全国各城市的前列,但不是最前列。在很多指标上,上海都排在北京的前面。

表5 竞争力对标

项目	北京	上海	深圳	香港
综合竞争力	3	2	4	1
经济规模指数	3	1	5	2
产业层次指数	1	3	6	2
人才竞争力	3	2	9	1
资本竞争力	2	3	4	1
科学技术竞争力	1	2	4	26
科技创新能力指数	1	2	4	29
结构竞争力	19	5	1	1
产业结构高级化程度指数	2	10	23	1
产业集聚程度指数	19	3	2	5
基础设施竞争力	3	1	4	6
综合区位竞争力	1	2	8	3
资源优势度指数	51	52	53	37
环境竞争力	48	35	7	1
城市环境质量指数	55	17	43	11
城市环境舒适度指数	55	31	12	15
文化竞争力	43	16	6	3
创新氛围指数	21	6	2	4
制度竞争力	41	32	11	4
政府管理能力竞争力	8	3	4	1
政府规划能力指数	53	30	22	6
政府服务能力指数	28	19	49	1
政府创新能力指数	28	32	27	3
企业管理竞争力	33	8	34	2
开放竞争力	7	4	3	1
经济国际化程度	10	3	2	1
人文国际化程度	2	5	4	11

资料来源:《中国56个重点城市竞争力对标》

3. 旅游总体指标

三城市各有特点。北京的国内游客人数最多,首都是国内消费者的首选之地。北京的旅游外汇收入最多,境外游客尤其外国人在北京的停留时间更长,人均消费更多。广州毗邻港澳,入出境人数最多,属于大流量的城市。上海的旅游总收入最多,旅游外汇直追北京,旅游经营和企业效益最好。

表6 三城市旅游市场概况

(2010年)

城市	入境旅游人数（万人次）	国内旅游人数（万人次）	出境旅游人数（万人次）	国内旅游总收入（亿元）	旅游外汇收入（亿美元）
北京	315.50	17900	184.27	2425.1	50.4
上海	851.12	21462	109.33	2522	64.05
广州	814.8	3691.58	181.95	934.38	46.89

注：1. 入境游和国内游人数均为接待数，国内游包括本市居民，出境游则为经旅行社组织的出游数。

2. 三大口岸经旅行社组织的出游人数包括部分非本市居民

资料来源：三城市统计年鉴及旅游局统计资料

4. 旅游市场接待

分析近年来旅游总收入排在前五名的省市的旅游收入结构，尽管与2002年相比，2010年各省旅游外汇收入在各自旅游总收入中的比重都出现了不同程度的下降，但是北京的下降幅度远高于其他省市，北京的下降幅度(9.29%)要高于广东(6.89%)和浙江(2.74%)，远高于上海(1.43%)。

在入境旅游市场上，北京最强劲的对手是上海。2009年上海的入境市场(628.92万人次)和外国人市场规模(489.74万人次)均超过北京(分别为412.5万人次和342.9万人次)，外汇收入(47.96亿美元)也高于北京(43.6亿美元)。由于有世博会因素影响，两地差距进一步加大：2010年上海的入境市场(851.12万人次)和外国人市场规模(665.63万人次)大幅度超过北京(分别为490.1万人次和421.6万人次)，外汇收入(64.05亿美元)大幅度高于北京(50.4亿美元)。

在入境市场结构上，2009年时北京的国际化程度更高，到访境外游客的83.12%是外国人，在全国居于首位，上海的比重(77.87%)与北京已十分接近，2010年两地的比重分别为78.21%和86.02%。通过入境市场的国别和抽样调查比较，发现北京的观光吸引力较大，上海商务比重更高。

在外国人市场上，北京的相对优势在远程洲际市场，尤其美国和西欧三国

（英、法、德）；上海的相对优势在近程的洲内市场，尤其近距离的东亚（日韩两国）；广州的相对优势在东南亚市场。总体而言，北京的外国人市场结构相对更加均衡，也更加具有国际性口岸和国际旅游都市的特点。

2010年，在10个主要客源国中，北京只在1个市场居先，上海则是9个。值得关注的不仅是上海居先的数量多于北京，更在于领先的距离大于北京。北京在洲际市场上多年形成的优势正面临来自上海的严峻挑战。

表7 外汇收入占旅游总收入比重

（%）

年份	北京	广东	上海	江苏	浙江
2002年	21.67	28.67	15.90	9.47	10.80
2010年	↓12.38	↓21.78	↓14.47	↓6.91	↓8.06
变化趋势	−9.29%	−6.89%	−1.43%	−2.56%	−2.74%

资料来源：2010年各省国民经济与社会发展统计公报

表8 三城市入境旅游市场规模发展趋势比较

（万人次）

城市	1999年		2004年		2009年		2010年	
	人数	No.	人数	No.	人数	No.	人数	No.
北京	252.39	2	362.91	4	412.51	4	490.06	4
上海	165.68	4	444.54	3	533.39	3	733.72	3
广州	312.97	1	510.31	2	689.40	2	814.79	2

注：No.为在全国前40位城市中的排位
资料来源：国家旅游局《中国旅游统计年鉴》

表9 三城市外国人市场规模发展趋势比较

（万人次）

城市	1999年		2004年		2009年		2010年	
	人数	No.	人数	No.	人数	No.	人数	No.
北京	205.02	1	311.62	2	342.92	1	421.63	2
上海	128.73	2	379.93	1	439.05	2	593.12	1
广州	67.56	3	176.65	3	231.18	3	294.44	3

注：No.为在全国前40位城市中的排位
资料来源：国家旅游局《中国旅游统计年鉴》

表10 三城市旅游外汇收入发展趋势比较

(亿美元)

城市	1999年		2004年		2005年		2009年		2010年	
	收入	No.	收入	No.	收入	No.	收入	No.	收入	No.
北京	24.96	1	31.73	1	36.19	1	43.57	2	50.4	2
上海	13.64	2	30.41	2	35.56	2	47.44	1	64.05	1
广州	11.66	3	18.97	3	22.85	3	36.24	3	46.89	3

资料来源：国家旅游局《中国旅游统计年鉴》

注：No.为在全国前40位城市中的排位

表11 外国人占入境总量比重

(%)

城市	1996年	2000年	2005年	2009年	2010年
北京	80.5	84.4	85.9	83.13	86.04
上海	80.7	79.3	85.5	82.31	80.84
广州	23.4	25.8	34.6	33.53	36.14

资料来源：国家旅游局《中国旅游统计年鉴》

表12 京沪穗三市主要客源国结构比较

(2010年)

城市	日本	韩国	美国	新马泰菲	德英法
全国	12.90%	15.60%	7.69%	14.21%	6.49%
北京	12.47%	12.00%	16.60%	8.55%	12.12%
上海	22.08%	10.28%	11.68%	11.89%	10.72%
广州	6.55%	3.43%	4.14%	7.69%	3.73%

资料来源：国家旅游局网站

表13　京沪穗三市主要客源国市场规模比较

（2010年,万人次）

城市	日本	韩国	美国	新加坡	马来西亚	泰国	菲律宾	德国	英国	法国
全国	337.12	407.64	200.96	100.37	124.52	63.55	82.83	60.86	57.50	51.27
北京	52.56	50.60	70.00	13.09	12.54	7.63	2.80	20.08	16.75	14.25
上海	130.96	60.95	69.30	20.24	21.80	11.24	17.24	25.23	17.10	21.23
广州	19.30	10.09	12.20	5.72	9.91	5.12	1.88	3.45	3.42	4.11

资料来源：国家旅游局网站

5.旅游企业规模

无论是旅游企业数量还是从业人员数量，北京都是最多的。北京集中了国、中、青等原中央一类社的总社，旅行社的单体规模大于其他两市。

表14　旅游企业总量比较

（2009年）

城市	旅游企业	旅行社	星级饭店	景区点	其他企业
数量（家）					
北京	1742	805	750	187	0
上海	1509	851	298	180	180
广州	512	194	207	99	12
从业人员					
北京	27901	22517	133500	27901	0
上海	34345	20370	73831	13523	20822
广州	80111	9688	49207	13920	7296

资料来源：《中国旅游统计年鉴（副本）2010》

6. 旅游企业效益

北京旅游企业利润率、人均利税、人均利润都是三市最低的。北京旅游企业经济规模与经营效益不成正比。

表15 旅游企业经营状况比较

(2009年)

城市	营业收入（万元）	利润（万元）	利润率（%）	人均利税（万元/人）	人均利润（万元/人）
北京	5276998.25	-46906.77	-0.89	0.55	-0.26
上海	4589511.24	228017.76	4.97	2.62	1.77
广州	2040735.15	59819.87	2.93	2.05	0.75

资料来源：国家旅游局《中国旅游统计年鉴（副本）2010》

（三）旅游市场面临分流

1. 入境旅游市场

北京的外国人入境旅游市场多年来一直稳居全国第一的位置，旅游外汇收入一直超过全国总量的15%强。但是外国人来华旅游分别在2001年被广东、2005年被上海超过，目前居于全国第三。这种变化凸显出北京市场的成长性已不及长三角和珠三角地区，传统的观光市场增速放缓。北京旅游面临着在商务、都市旅游以及产品创新方面的一系列新挑战。

从入境旅游市场的客源地结构来看，主要的客源市场格局变化不大。主要市场特征表现在日本作为传统上多年的第一大客源国被美国和韩国所超越，主要原因当受中日关系的影响。港澳台市场稳定增长。其他市场除马来西亚没有恢复到历史最好水平，其他均有较大幅度的增长。

从旅游的目的来看，观光、商务和休闲所占的比重较大，但如果把会议等也纳入商务旅游的范畴，则商务旅游的比重已经超越了观光旅游的分量。此外的一个变化趋势是度假休闲的比例在不断上升，某种程度上反映了市场的一些变化和对产品的要求。

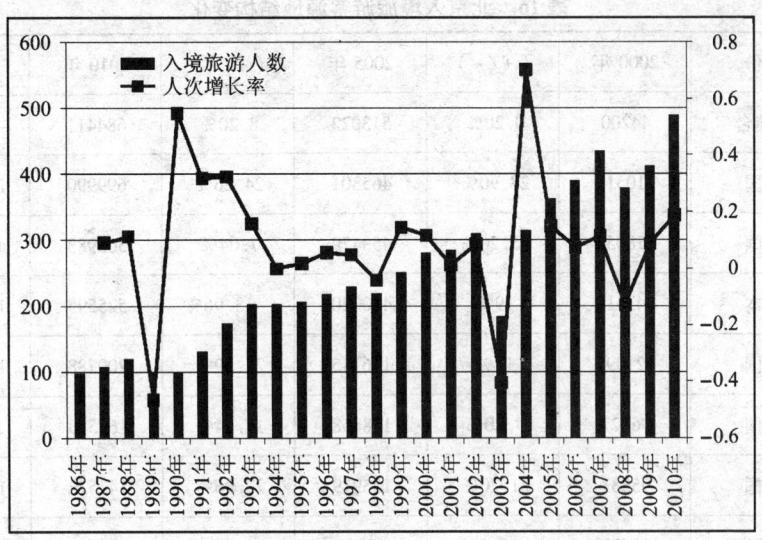

图1　北京入境旅游人次变化(1986—2010)

资料来源:根据历年北京统计年鉴绘制

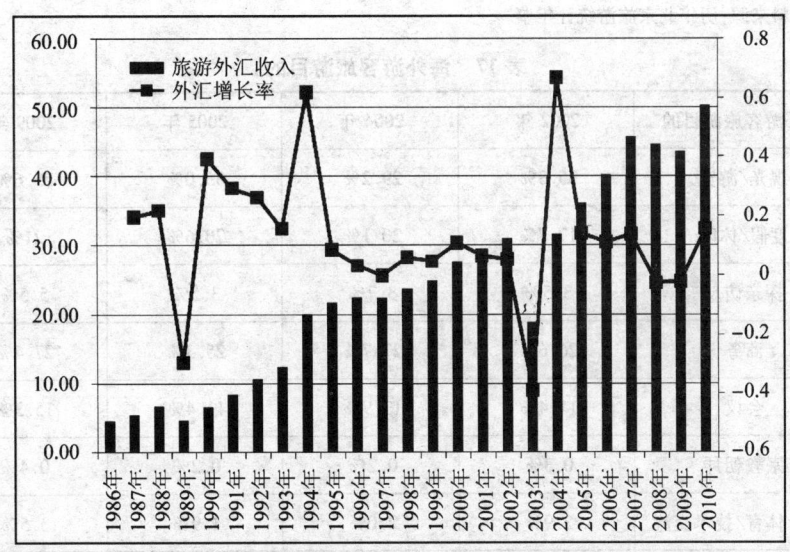

图2　北京入境旅游外汇收入变化(1986—2010)

资料来源:根据历年北京统计年鉴绘制

表16 北京入境旅游客源地结构变化

年份	2000年	(+/-)	2005年	(+/-)	2010年	(+/-)
港澳台	44200	0.20%	513022	8.20%	684411	-7.41%
美国	310515	28.90%	465301	24.26%	699990	20.8%
韩国	278055	45.20%	453479	7.04%	505983	43.9%
日本	543319	19%	450020	-13.96%	525595	13.7%
德国	121091	15%	146145	27.59%	200788	19.6%
英国	96827	9.80%	138858	17.64%	167513	2.9%
法国	95831	21.70%	135919	22.96%	142522	10.4%
俄罗斯	38678	-15.50%	97318	18.72%	189690	26.7%
马来西亚	105312	-3.90%	88597	13.08%	125435	33.8%
澳大利亚	45045	-7.20%	83417	29.86%	124414	13.3%

资料来源：历年北京旅游统计年鉴

表17 海外游客旅游目的

海外游客旅游目的	2002年	2004年	2005年	2009年
观光/游览	35.3%	29.2%	35.0%	25.6%
度假/休闲	17.7%	20.1%	20.6%	21%
探亲访友	3.5%	3.7%	3.5%	5.5%
商务	26.6%	27.7%	25.3%	27.4%
会议	11.4%	13.9%	11.4%	15.3%
宗教朝拜	0.3%	0.2%	0.2%	0.4%
文化/体育/技术交流	2.9%	2.0%	1.9%	3.5%
其他	2.3%	3.1%	2.1%	1.3%

资料来源：历年北京旅游统计年鉴

2. 国内旅游市场

北京国内旅游市场表现出基数大、平稳成长的特点。从外省市来京游客和北京市民在京游两块市场的情况来看，人均消费水平和平均停留天数变化均不大，成长主要表现在规模的扩张上，反映出北京旅游业的经营仍然是处于比较粗放的阶段。

从国内旅游的目的来看，一个重要的特征就是休闲观光的比重在降低，而商务活动和探亲访友的内容在增长，反映了市场结构的一些变化。

表18　外地来京国内旅游情况

项目	2001年	2005年	2010年
外省市来京游客（万人次）	7462	8400	11780
同比增长	10%	4.30%	12.8%
人均花费（元）	1115	1460	1902
平均停留天数	6.5	6.9	5.25
旅游花费（亿元）	832	1225	2241.4

资料来源：历年北京旅游统计年鉴

表19　北京市民在京游情况

项目	2001年	2005年	2010年
市民在京游人次（万）	3545	4100	6120
同比增长	3%	5.10%	5.2%
旅游花费（亿元）	55.7	75	183.7

资料来源：历年北京旅游统计年鉴

表20　国内游客在京旅游目的

国内游客	2001年	2004年	2005年	2008年	2009年
休闲观光	44.00%	53.70%	34.70%	37.5%	39.7%
探亲访友	11.20%	20.60%	20.50%	22.8%	24.5%
商务	16.90%	10.30%	25.80%	19.3%	20.6%
会议	7.90%	3.10%	6.60%	5.2%	6%

续表

国内游客	2001年	2004年	2005年	2008年	2009年
医疗	3.00%	3.20%	3.60%	4.8%	5.5%
宗教活动	0.30%	0.10%	0.04%	0.05%	0.01%
文化科技活动	4.70%	2.30%	2.50%	3.3%	2.8%
其他	12.00%	6.70%	6.30%	7.05%	0.89%

资料来源:历年北京旅游统计年鉴

3. 出境旅游市场

北京的出境旅游市场在全国处于前列。表现在规模较大、名目繁多、重复率高、出行方便、目的地较多等方面。由于入境旅游接待的利润率较低,很多旅行社、包机公司基本上都是靠出境游的利润支撑着企业的运行,入境游只能是维持一个规模和数量。但是目前的一个挑战是旅行社组织的出境旅游数量占整个出境旅游市场的比例有可能处于下降阶段,这是由于网络预订和信息技术的发展,对传统旅行社的经营模式会产生影响。

表21 旅行社组织出境游情况

年份	旅行社组织出境人数(万人次)	同比增长
2001年	21.0	59.6%
2002年	28.6	36.5%
2003年	31.9	11.7%
2004年	51.4	61.1%
2005年	51.7	0.7%
2006年	79.2	53.2%
2007年	102.0	28.8%
2008年	102.0	1.9%
2009年	84.9	-16.8%
2010年	272.7	221.2%

资料来源:历年北京旅游统计年鉴

(四)国际差距可能拉大

关于国际化城市目前尚没有世界公认的统一标准和量化指标体系。一般来说,国际化旅游城市与国际化大都市并不是完全等同的概念,而国际化大都市必定是旅游发达城市。世界上一些中小城市因其独特的自然资源和文化遗产,而成为有较强吸引力的某一专题性的旅游和度假目的地城市,但国际化大都市必须是集观光、度假、会展、商务旅游于一身的综合性旅游目的地。

目前世界上的国际化城市可以分为两大类,一类是综合性的国际化城市,另一类是专业性的国际化城市。显然,北京城市的发展定位应该是前者。目前,国际公认的综合性、现代化大都市是美国纽约、英国伦敦、法国巴黎和日本东京。这四个城市被誉为"世界都市",其中美国纽约不是首都城市,而是发达的工商城市,其城市性质和功能与我国的上海类似。北京与其他三座城市有较大的可比性。

1. 城市经济发展水平

综合衡量城市经济发展水平可以有多项指标,其中人均GDP和第三产业在国民经济中所占的比重值是较为重要的指标。这两项指标突出地反映出城市经济的发展水平和产业结构。1998年世界四大城市人均GDP是30322美元,同年北京只有1319美元,仅为世界四大城市平均值的4.3%,但北京人均GDP的增长很快,2006年北京的人均GDP增长到6282美元,五年间增长了4.8倍,平均年增长率高达36.6%。最新统计数据显示,2011年北京人均GDP达到80394元(按年平均汇率折合12447美元)。随着北京市经济的高速增长和人民币相对于美元的持续走强,北京市人均GDP可望达到20000美元,接近中等发达国家水平,达到四大城市20世纪90年代初的水平。1998年四大城市第三产业在国民经济中的平均比例为79.5%,而同年北京仅为45.1%,但到2006年北京第三产业的比重已经快速地提高到72%(2011年进一步上升到75.7%),接近20世纪末四大城市的平均水平。

2. 城市交通状况

城市交通状况是国际化大都市的重要标志,良好的交通条件是一个城市与外界联系和市内出行便捷、畅通的重要保证。从外部交通看,世界四大城市都在同城拥有两个以上的民用机场,伦敦拥有五座机场,年吞吐旅客在一亿人次以上,纽约有四座机场,而巴黎和东京分别都有两个机场。而目前北京仅有一座民用机场,2001年北京首都国际机场年旅客吞吐量分别仅为伦敦的9.6%,

东京的13.0%,纽约的13.3%和巴黎的15.3%。但北京近年来民航运力发展较快,2005年旅客吞吐量已经增加到4100万人次,较之2001年提高了3.8倍。随着首都机场3号航站楼及第三条跑道的竣工,北京航空运输能力大为提高,2009年首都机场的旅客吞吐量达6538万人次,2011年首都机场年度旅客吞吐量接近7900万人次,稳居亚洲第一、全球第二。

表22 世界四大国际化城市国际机场

(2010)

城 市	机 场	世界排名	旅客吞吐量(人次)	比 例
伦 敦	希思罗	4	65 780 000	49.37%
	盖特威克	20	31 379 000	23.55%
	斯坦斯特德	75	18 574 000	13.94%
	卢 顿	137	8 752 000	6.57%
	伦敦城市	304	8 752 000	6.57%
	同城合计	1	113 276 737	100.00%
巴 黎	戴高乐	7	58 167 062	69.77%
	奥 利	52	25 204 000	30.23%
	同城合计	6	71 025 265	100.00%
东 京	羽 田	5	64 069 098	65.45%
	成 田	32	33 816 000	34.55%
	同城合计	2	84 072 058	100.00%
纽 约	纽瓦克	34	33 052 000	31.93%
	肯尼迪	14	46 495 876	44.91%
	拉瓜迪亚	55	23 982 000	23.16%
	艾斯利普	—		
	同城合计	4	81 840 000	100%
北 京	首都机场	2	73 890 000	100%

资料来源:根据国际机场协会数据整理

从市内交通看,世界四大城市的公路交通人均占有面积是17.8平方米,而2004年北京城区的公路交通人均占有面积仅4.9平方米。

世界四大城市市内交通的另一个现代化标志是地铁运输非常发达,地铁网纵横交错,如蛛网密布。地铁运输量占全市客运量的60%~80%。而2004年北京的地铁运输量占全市客运量仅为11.8%,地下交通之间、地下交通与地面交通之间换乘不便,地铁设施较陈旧,尚未全面启用数字化的门禁系统,随着机场地铁和其他新线的开通和对现有设施的更新,北京的地铁交通有一个质的变化,并在一定程度上,缓解地面交通的拥堵压力。

作为国际化大都市,北京还缺少世界同类城市中必不可少的城市观光巴士(City Tour/Sightseeing Tour),四大城市均开辟有多线路(一般都经停在景点附近)、多车型(双层敞篷式或封闭式)、多语种导游(人员导游和电子导游)的观光巴士,已成为一个旅游城市标志性的流动景观和都市旅游重要交通工具。

3. 国际交往程度

城市的国际交往程度,表现在国际性组织和世界大型企业总部和代表机构的数量、举办大型国际会议数量、外籍居民的数量和比例、接待境外旅游者人数等多个方面。

(1)国际性组织和世界大型企业总部

据1998年的资料,四大城市中巴黎的联合国机构及国际组织总部的数量最多,达208家,其次是伦敦57家,再次是纽约21家,东京为16家,而北京才2家。截至2011年,北京已经拥有《财富》杂志评出的世界500强企业总部中的41家,仅次于东京,不过这41家企业都是中国企业。

表23 联合国机构及国际组织总部在四大城市及北京的分布情况

城 市	伦 敦	巴 黎	东 京	纽 约	北 京
数 量	57	208	16	21	2

北京作为首都,在对外交往中享有得天独厚的优势。北京现有139个国家的驻华使馆及其众多国际机构组织和地区代表,有186个外国新闻机构的代表处。2010年,外国企业及华侨、港澳地区企业驻京代表机构已达到15246家,其中以港澳(3533家)、美国(2970家)、日本(835家)、德国(670家)等国家和地区的驻京代表机构为主,欧美国家的企业比重较高。

表24 外国企业及华侨、港澳地区企业驻京代表机构

(2010年)

项　目	数　量	构　成(%)
日　本	835	5.5
中国香港	3504	23.0
中国澳门	29	0.2
美　国	2970	19.5
德　国	670	4.4
法　国	310	2.0
英　国	610	4.0
意大利	265	1.7
瑞　士	166	1.1
瑞　典	100	0.7
加拿大	559	3.7
澳大利亚	444	2.9
比利时	69	0.5
新加坡	419	2.7
荷　兰	153	1.0
奥地利	77	0.5

资料来源:《北京统计年鉴2011》

(2)举办大型国际会议数量

举办大型国际会议是衡量一个城市国际化程度的一个重要指标,是一个城市综合接待能力的集中体现。能否举办大型国际会议首先是要看场馆设施。四大城市中拥有大型会议展览中心展场面积最大的是日本,共达17.3万平方米。展位(座位)数最多的是纽约,为9200个。目前北京虽然展场面积较大,但展位(座位)数与四大城市相比,却是最少的。

表 25　四大城市及北京主要大型会议展览中心情况

(2010 年)

城市	设施名称	展场面积(平方米)	展位(座位)数
东京	东京国际展览中心	99660	1000
	东京国际会议中心	5100	5000
	东京国际贸易中心	56000	336
	东京会议中心	12500	—
纽约	纽约	—	5400
	JKJ 会议中心	83600	3800
巴黎	巴黎会议中心	—	4000
	凡尔赛展览馆	219677	—
伦敦	亚历山德拉宫	13550	4000
	奥林匹克中心	29000	200
北京	国家会议中心	270000	6000
	中国国际展览中心(新)	192300	—
	中国国际展览中心(旧)	90000	—
	北京国际会议中心	18000	2500

资料:根据相关官方数据整理

2003 年北京共有规模不等的展览场馆 13 家,建筑面积 54 万平方米,使用面积 16 万平方米,可供展览面积 6 万平方米。在全国处于中上游水平。2002 年北京展览场馆收入 4 亿元,2003 年因受"非典"影响,场馆收入下降到 3.7 亿元,北京展览场馆收入列全国各大城市之首。

从举办大型国际会议的数量看,四大城市中巴黎和伦敦的大型国际会议名列全球第一、二位。这里所说的大型国际会议是指同时满足下列四个标准的会议:与会代表至少来自五个以上的国家;参会人数在 300 人以上;国外代表占与会人数的 40% 以上;会期在三天以上。

目前,北京举办的大型国际会议无论在规模还是数量上都与巴黎、伦敦和纽约差距较大,但与东京接近。此外,2002 年北京举办的展览达 481 项,2003

年因受"非典"影响,下降到392项,北京展举办的展览数量列全国各大城市之首。另据2006年国际会议联合会(UIA)的一项统计,2005年北京举办的大型国际会议数量在亚洲居新加坡、首尔之后,排名第三,超过东京和香港。据国际协会联盟(UIA)的统计,2008年北京召开的国际会议数量为75次,而排在第一位的新加坡有637次、第二位的巴黎有419次,此外东京有150次、首尔有125次;2010年前10位为新加坡(725次)、布鲁塞尔(486次)、巴黎(394次)、维也纳(257次)、首尔(207次)、巴塞罗那(193次)、东京(190次)、日内瓦(189次)、马德里(175次)、柏林(165次)。另据国际大会及会议协会(ICCA)的统计,2008年北京举办的国际会议①数为99次,而巴黎为167次、伦敦105次、东京92次;2010年分别为98次、147次、97次和68次。

表26 UIA举办大型国际会议数量前10位城市

(2010年)

排名	2003年	2004年	2005年	2006年	2007年	2008年	2009年	2010年
1	巴黎	巴黎	巴黎	巴黎	新加坡	新加坡	新加坡	新加坡
2	维也纳	维也纳	维也纳	维也纳	巴黎	巴黎	布鲁塞尔	布鲁塞尔
3	日内瓦	布鲁塞尔	布鲁塞尔	新加坡	维也纳	布鲁塞尔	巴黎	巴黎
4	布鲁塞尔	日内瓦	新加坡	布鲁塞尔	布鲁塞尔	维也纳	维也纳	维也纳
5	伦敦	新加坡	巴塞罗那	日内瓦	日内瓦	巴塞罗那	日内瓦	首尔
6	新加坡	哥本哈根	日内瓦	赫尔辛基	巴塞罗那	东京	柏林	巴塞罗那
7	巴塞罗那	巴塞罗那	纽约	巴塞罗那	纽约	首尔	布拉格	东京
8	哥本哈根	伦敦	伦敦	伦敦	东京	布达佩斯	斯德哥尔摩	日内瓦
9	柏林	柏林	首尔	阿姆斯特丹	首尔	哥本哈根	首尔	马德里
10	罗马	首尔	哥本哈根	纽约	阿姆斯特丹	伦敦	巴塞罗那	柏林

① 至少有50个参加者;定期组织举行会议(不包括一次性会议),必须在至少三个国家轮流举行过。

表27 ICCA统计国际会议情况

(2006年~2010年)

排名	城市	2010年	2009年	2008年	2007年	2006年
1	维也纳	154	159	150	179	163
2	巴塞罗那	148	144	151	122	102
3	巴黎	147	141	167	153	173
4	柏林	138	135	116	145	124
5	新加坡	136	123	131	135	130
6	马德里	114	92	81	98	75
7	伊斯坦布尔	109	93	92	80	80
8	里斯本	106	106	97	108	81
9	阿姆斯特丹	104	114	115	105	89
10	悉尼	102	62	72	71	58
11	台北	99	70	61	81	52
12	北京	98	114	99	112	105

(3)外籍居民的数量和比例

四大城市中的三大城市(缺伦敦的数字)居民中外籍居民人数最多的是纽约,20世纪末已达200多万人,占纽约全市人口的四分之一以上,巴黎和东京分别为42万和26万,占19.5%和2.2%,但同年北京的外籍居民仅五万人左右[1],占0.4%。总体来说,因受语言、文化背景差异以及本地人口规模的影响,亚洲国家国际化大都市如日本东京的外籍居民占当地居民的比例要较欧美国家小得多。

---

[1] 2010年第六次人口普查数据显示,居住在北京并接受普查登记的港澳台居民和外籍人员为107 445人,其中外籍人员91 128人,香港特别行政区居民8045人、澳门特别行政区居民500人、台湾地区居民7772人。作为比较数据,居住在上海并接受普查登记的境外人员共有20.83万人,其中外籍人员14.32万人,香港特别行政区居民1.93万人,澳门特别行政区居民910人,台湾地区居民4.49万人。

表28 三大城市及北京外籍居民情况

项目	纽约	巴黎	东京	北京
外籍居民人数(万人)	208	42	26	5
占总人口比例(%)	28.4	19.5	2.2	0.4

(4)接待境外旅游者人数

从四大城市接待的境外旅游者人数来看,2000年巴黎、伦敦接待人数都已过千万,纽约为540万,东京仅217万。而北京已达到250万,超过了东京。

不过从目前看,北京与其他世界级旅游城市相比的差距还比较大。2010年北京接待的入境过夜客为490.1万人次、旅游创汇50.44亿美元,而伦敦在2007年就已接待了1530万国际游客,国际旅游收入为83亿英镑,57%的国际游客年龄在35岁以下,其中,位列伦敦国际游客来源国前五位的是美国(237万人次,15.98亿英镑)、法国(131万人次,3.94亿英镑)、德国(121万人次,3.99亿英镑)、西班牙(94万人次,3.94亿英镑)、意大利(82万人次,3.56亿英镑)。预计2010年,伦敦接待1600万国际游客,美国仍将是伦敦最大的客源国,但其市场规模将可能下降2.5%至231万人次,西班牙游客将突破100万,达到111万人次。同期,伦敦的国内游客约为1259万人次,远比北京接待的国内游客数量低,但要考虑到英国全国人口仅为6000万左右,而中国的人口有13亿多。

此外,纽约2008年接待国际游客达到946.3万人次,国际旅游收入约为170亿英镑,位列纽约国际游客来源国前五位的是英国(132.8万人次)、加拿大(96.4万人次)、德国(59万人次)、法国(56.1万人次)、斯堪的纳维亚(45.7万人次)。预计到2013年国际游客数量将下降1.8%,为929.7万人次,其中英国仍将是纽约最大的客源国,但市场规模可能下降4.7%至126.6万人次。

表29 全球入境游客前10位城市与北京、上海、东京入境游客排名状况

(2010年)

排名	城市	入境人次(千)
1	香港	19973
2	新加坡	18297
3	伦敦	14581

续表

排名	城市	入境人次(千)
4	澳门	13098
5	曼谷	10984
6	安塔利亚	10641
7	吉隆坡	10351
8	纽约	8961
9	巴黎	8176
10	伊斯坦布尔	8124
15	上海	5397
19	北京	4901
23	东京	3817

资料来源：根据欧睿数据统计

(五)基本结论

根据以上分析，可以基本得出以下结论：

1. 优势产业需要优先发展

基于不可替代的资源条件和日益完善的首都基础，旅游业无疑是北京的优势产业。从主要指标上看，旅游业作为北京支柱产业的地位已经确立。但值得关注的是，近年来北京旅游业在国民经济中的位势相对下降。这种下降伴随着旅游业自身的增长，但这种增长与其他产业相比，与首都经济的总体增长相比，速度显得慢了。这种相对下降的态势也可能是首都经济整体优化升级的必然结果，但也为我们提出了若干问题：这种态势会持续下去吗？旅游业为何没有实现同步升级，进一步把优势地位继续扩大？

科学发展观的核心是和谐，旅游经济比重的相对下降，或者意味着城市和国民经济发展对旅游发展的支撑度不够，或者意味着旅游发展与城市和国民经济发展的融合度不高。总体上看，旅游业与北京总体发展的互动性还没有充分发挥出来，这应该引起市委市政府的高度关注。

优势产业应该优先发展，旅游经济比重的相对下降，也意味着旅游综合拉动作用的相对弱化,这无疑也应该引起市委市政府的高度关注。

基于景区景点的观光旅游,是北京旅游的传统优势。旅游经济比重的相对下降,促使我们必须在巩固传统优势的基础上,探索北京旅游业的新兴优势。这个新兴优势,就是与北京经济社会发展的进一步有机融合,就是基于新北京城市升级上的休闲与商务。北京现代服务业发展迅猛。如果分析产业要素,那么从产业性质上看,当前的北京旅游业中的传统服务业色彩依然非常浓厚,这与北京的产业升级是不相符的。北京旅游业升级成为新兴的现代服务业,也就成为一个必然而紧迫的任务。

2. 北京需要新的旅游发展观

北京旅游是中国旅游的领头羊,但北京旅游业在全国的位势相对下降,意味着这种领先地位正在丧失,尤其是面临被上海赶超的挑战。这种下降同样伴随着北京旅游业的增长,但这种增长与其他城市相比,显然也慢了。

国内相当多的城市结合自身资源基础,甚至想方设法创造增量资源,不遗余力地提高城市综合吸引力。旅游地位的相对下降,意味着北京在全国乃至更大范围的吸引力相对下降。在注意力也日益成为生产力的今天,吸引力成为城市竞争新的阵地,北京吸引力的相对下降无疑是值得担忧的。首善之区应该也是首选之地,但这种态势不得不让我们担心北京成为次选之地的可能。

进入21世纪,全国各地对旅游业的重视程度不断提升,而且这种提升已经从口头、文件上的"喊大喊强"向实际行动中的"做大做强"转化。以上海为代表的东部沿海地区对旅游业的认识,已经从单一的基于经济利益的旅游发展观,向复合的基于后工业化时代的新旅游发展观跃升。无锡等城市甚至提出了"旅游即城市,城市即旅游"的超前战略,杭州也把旅游向休闲拓展,并将休闲城市作为城市的总定位。相对于这些地方而言,北京对于旅游业的认识以及旅游发展观显然陈旧了。观念认识上的滞后在很大程度上导致了旅游发展绩效的不理想,导致了北京在全国旅游格局中的地位和影响相对减弱。

3. 国际城市需要国际水准的旅游业

目前北京已经是世界上的旅游发达城市。无论是从接待人数、旅游收入来看,还是从产业规模、接待体系来看,北京在世界上的大型城市中都具有较重要地位。但北京旅游业与国际大都市相比差距依然明显,旅游业发展与国际化大都市的定位还非常不相称。总体判断,北京市旅游业处于世界城市旅游的第二梯队,凭助于其旅游资源的条件,现在正处于向第一梯队跨越的半山坡。北京的旅游业与世界上的旅游发达城市相比,除了产业规模、游客接待等数量指标的差距外,更重要的是质量上的差距,特别是公共服务体系的落差和接待服务水平的差距。而这种差距又是与城市整体的现代化和国际化密不可分的,这就需要下大力气突破发展"瓶颈",加快赶超步伐。

4. 应对挑战需要发挥综合优势

作为闻名世界的东方古都,作为中国的政治、文化中心,作为信息中心、交通中心,北京对国内外旅游者具有巨大的吸引力,对中国的旅游业具有特殊的放大作用和旗帜作用。尽管目前正面临着来自上海和广州等国内城市的挑战,但总体来说,北京旅游业在全国旅游业的根本地位和综合优势,对中国旅游业的拉动作用和影响力,仍是其他城市所无法比拟的。北京旅游业应进一步巩固在中国旅游业的龙头地位,提高在世界城市旅游中的核心竞争力,在北京经济社会发展和中国建设世界旅游强国的过程中发挥更大的拉动力和影响力。

二、北京旅游发展新背景

(一)新规划、新框架、新机遇

2005年北京市政府发布了修编后的《北京城市总体规划》,对城市性质、发展目标与策略、主要职能、城市空间布局、产业发展布局与引导、生态环境建设与保护等方方面面进行了重大的调整。此规划在对原来北京发展中的一些问题进行了深刻剖析后重新结合现实,根据科学发展的原则进行了重新布局,势必对北京的经济、社会、环境等各个方面的发展产生重大影响。对于旅游业的影响也将是十分深刻的。新的规划中对于旅游业给予了相应的重视,有30多处直接提到旅游业,还有很多方面与旅游高度相关。

1. 新原则:有利于城市和旅游业的优化

新规划提出了一系列新思想、新原则、新指引,有利于扭转北京作为特大型城市发展过程中形成的"城市病",也能够在下一步的旅游开发配套中发挥重要的指导作用,如强调历史文化名城保护、生态环境建设、城乡统筹发展等,从而有望避免北京历史上的一些失误。

2. 新空间:深刻影响未来旅游布局

新规划确立了北京城"两轴—两带—多中心"的空间布局体系,对于原来摊大饼式的城市扩张体系进行了调整。北京现有的不同区块、旅游景区景点等的条件将会相应变化,未来旅游的发展格局、项目分布、市场条件、开发条件等也会有相应的改变,从而可能构建出新的旅游发展态势。

新规划中在次区域的划分和发展策略、新城发展、中心城调整优化、历史文化名城保护、村镇建设等方面对于旅游业、休闲度假产业、观光农业等均有相当明确的表述和定位,从而构成了相关区域未来发展的一个基础和指引,为未来旅游业的发展提供了明确的新空间。

3. 新配套:构建旅游业新框架

市政基础设施中关于供水系统、雨水排泄系统、污水处理系统、电力供应系统、燃气供应、城市供热及城市信息系统的新配套将极大地方便城区和郊区的旅游开发。

综合交通体系包括机场、铁路枢纽、区域快速铁路、公路主枢纽系统、公共交通系统、城市道路系统、停车系统、交通管理系统的提升将为旅游业提供更好的可进入性。

生态环境建设与保护不仅将整体上改善北京的旅游条件,还将提供新的景观和支撑场地,特别是对于山区和局部地区的生态旅游发展具有重要意义。而河湖水系的改善、湿地系统的保护、城区和郊区的绿化、风沙和污染的治理、生物多样性的保护也会使城市和旅游区的形象有更大的改观。

北京古城的保护和风景名胜区的保护将会强化北京旅游业发展的"本底",促进可持续发展。

4. 新产业:旅游业分量不够

我们也注意到,新规划的产业发展和布局引导部分虽然专门对旅游业进行了描述,但是分量不足;在近期发展与建设部分仅有一处地方简约地提及旅游。这与北京旅游业的产业规模、资源条件等是不相称的[①]。

总体来看,此次规划的重新制定将对北京旅游产生重大影响。北京旅游业存在着如何在城市空间布局的调整中谋求更大的发展、占有重要的一席之地的问题。因此,在此规划的实施过程中,旅游业也要同时适应这一重要的调整,抓住机遇,把北京旅游提升到适当的位置。

---

① 国务院41号文件将旅游业确定为国民经济战略性支柱产业后,旅游业作为北京的一个优势产业获得了更大的重视。

(二)国际化、区域化、一体化

1. 全球化城市

(1)何为国际都市

北京在城市化的发展过程中一个很重要的方向就是国际化,按照国际惯例,国际都市的评价指标为三类十项。十项指标绝大多数与旅游相关,其中国际航空港旅客吞吐量、世界文化遗产占有量、举办大型国际会议量、境外游客接待量四项直接相关,其他六项间接相关。旅游产业发展与城市国际化的高关联度由此可见一斑。

表30 国际都市评价指标

国际竞争力	国际控制力和影响力	国际交往与交流能力
1 城市信息化指数	5 国际组织总部数	8 举办大型国际会议数
2 主要检索工具收录论文数	6 著名跨国公司和区域总部数	9 境外游客接待量
3 国际航空港旅客吞吐量	7 世界文化遗产占有数	10 常住居民中外籍居民比例
4 进出口总额占 GDP 比重		

目前在国际化的基础上,世界上涌现出了一批全球化城市,如纽约、伦敦、东京、香港、新加坡等。全球化城市有以下几个特点:

基本条件。先进的通信设备,现代化的交通设施,一流的服务人员和充足的办公场所,能够提供资本运作的各种条件和服务的环境等。

主要特征。第一,以移民为中心,构成经济供应国际水平。上海城市中心成本越来越高,常住人口正在置换,如坊间形容"中环线以里讲英语,外环线以外讲普通话,外环线以外讲上海话",正是在这个置换过程中,上海从一个中端城市逐步培养成一个高端城市。北京的置换过程也已经开始。

第二,金融业和与之相配套的各类服务产业为主体产业,包括信息产业能为金融界的扩展和国际化创造提供所需要的资金和市场。这是一个核心的特征。

第三,集中了各类高档商务设施和商务服务设施,随之形成了名牌会聚之所。一个真正的全球化城市如纽约,第五大道已经不完全是一个街道,而是纽约的象征。也不完全是一个本土商业与文化的集聚,而是由会聚百川产生的新的价值观念、文化理念和生活方式,这是全球城市的主要特征。

(2)北京差距很大

衡量国际大都市的10项评价指标中,评价国际竞争力的国际航空港旅客吞吐量,北京的国际航线之多、分布之广为全国之最;评价国际影响力的世界文化遗产占有量,北京世界遗产的数量和集中度,全国最高;评价国际交往与交流能力的境外游客接待量,曾经的优势在减弱。其他各项都面临来自上海的挑战。

21世纪是一个属于城市的时代,在国际化、信息化过程中,人才、物流、资金和信息都将超越国境,向"最有魅力的城市"汇集,势头迅猛。

北京在发展,从纵向看,发展的速度较快。但发展是全球性的,其他国际大都市竞争力也在增强。相比而言,上海城市的国际化发展比北京到位,上海作为一个经济首都的地位正在确立,作为一个全球化城市的概念正在形成。这是北京必须直面的一个现实。

2. 世界级都市群

(1)都市群的标准

"世界级都市群"(Megalopolis)是人类城市发展最高空间组织形式,是当代城市化新模式的标志。随着全球城市化进程的快速发展与城市化水平的不断提升,大都市城市群超越了民族——国家的界限,对当今世界的经济社会与文化发展产生着举足轻重的影响。

国际公认的对都市群的衡量标准则是:①区域内有比较密集的城市;②有相当多的大城市形成各自的都市区,核心城市与都市区外围地区有密切的社会经济联系;③有联系方便的交通走廊把核心城市连接起来,各都市区之间没有间隔,且联系密切;④必须达到相当大的总规模,人口在2500万人以上;⑤属于国家的核心区域,具有国际交往枢纽的作用。五条标准再浓缩,一个大都市群的形成,最重要的因素有两点:一是群体中要有一到两个具备世界中心城市资格的国际化大都市;二是在都市群内部,特别是在中心城市与一般城市之间,要有一种优势互补、和谐发展的友好型都市生存秩序。

(2)五个顶极都市群

目前,全球公认的比较成熟的"世界级都市群"有五个:

①英国以伦敦为核心的城市群,以伦敦—利物浦为轴线,集中了英国4个主要大城市(伦敦、伯明翰、利物浦、曼彻斯特)和10多个中小城市,是英国产业

密集带和经济核心区;都市群的面积为4.5万平方公里,人口3650万。

②美国东北部大西洋沿岸城市群,北起波士顿,南至华盛顿,由5个大都市(波士顿、纽约、费城、巴尔的摩、华盛顿)和40多个中小城市连成一体。面积约13.8万平方公里(占国土面积的不足1.5%),人口约4500万人(集中全国人口的20%),城市化水平达90%。被称为美国的"主干大街"。

③欧洲西北部城市群,由大巴黎地区城市群(巴黎、鲁昂、勒阿弗尔)、德国的莱茵—鲁尔城市群(包括波恩、科隆、杜塞尔多夫、埃森等20多个城市)、荷兰—比利时城市群(阿姆斯特丹、鹿特丹、海牙、安特卫普、布鲁塞尔以及众多中小城市)。城市带总面积14.5万平方公里,总人口4600万,有40座10万人口以上城市。

④北美五大湖城市群,分布于五大湖沿岸,从芝加哥向东到底特律、克利夫兰、匹兹堡,延伸到加拿大的多伦多和蒙特利尔的35个城市。该城市群与美国东北沿海城市群共同构成了北美的制造业带。两个城市群集中了20多个人口达100万以上的大都市区和美国70%以上的制造业,构成一个特大工业化区域(又称为"制造业带"),是美国工业化和城市化水平最高、人口最稠密的地区。

⑤日本太平洋沿岸城市群,又称为"东海道太平洋沿岸城市群",由东京、名古屋、大阪三大都市圈组成,包括310个大、中、小城市,面积约10万平方公里(占全国总量31.7%),人口近7000万人(占全国总人口的63.3%),集中了全国工业企业和工业就业人数的2/3,工业产值的3/4和国民收入的2/3。

(3)世界第六大"都市群"将出现在哪里

目前,全球关注的热点是,世界第六大都市群将出现在哪里?

中国关注的热点是,"世界第六大都市群"会不会出现在中国,或曰,我们离"第六大"还有多远?

目前,中国已出现了三个初具规模的都市群即长江三角洲、珠江三角洲和京津冀地区。然而,更准确地说,这三个都市群还是准都市群,距离世界级的都市群还有很大的距离。

我国城市发展与国际都市的差距相对明显。纽约、东京、伦敦的GDP分别占全国的24%、26%、22%,而我国三大城市群的首位城市上海、北京、广州的GDP占全国份额分别是4.6%、2.5%、1.8%。国际中心城市经济发展的主要支柱是信息、金融、科技三大产业,纽约、伦敦、东京的三产比重均在80%以上,我国三大城市的产业结构优化任重道远。

我国都市群发展与国际都市群的差距相当明显。都市群的经济总量要对国家有突出贡献，都市群GDP占全国总量比重，美国三大都市群（大纽约区、五大湖区、大洛杉矶区）是67%，日本三大都市群（大东京区、阪神区、名古屋区）是70%，而中国三大都市群合计仅占到全国总量的35.8%。

更关键的是，大都市群中的城市应具有合理的层级关系，在各自承担不同功能的基础上构成一个经济社会发展的共同体。我国的长三角和京津冀都分属于不同的行政省市，"产业同构"与"同质竞争"将直接威胁区域经济发展和一体化进程。但实际情况是，行政区划很难突破。

(4) 中国的三大"准都市群"

我国现有的三大"准都市群"，谁更可能进军世界第六大都市群？

三个都市群各有长短，现状是，长三角的总体实力相对较强，其次是珠三角，京津冀相对较弱。

从概况看，长江三角洲由沪、苏、浙三地16个地级以上城市组成，土地面积为10.96万平方公里，人口总数为8121万人。珠江三角洲一般指不包括香港、澳门的"小珠三角"，由广州、深圳等10个城市组成，面积接近4.2万平方公里，人口有3千多万。京津冀都市群的提出较晚，先后有"环渤海湾"、"京津唐"等说法，终至包括北京、天津和河边北部的唐山、保定等7个城市，但缺乏具体数据。

从空间面积看，京津冀范围最广，是珠江三角洲的三倍；从人口规模看，长三角人口最多，是珠三角的近三倍；从城市分布密度看，长三角与珠三角相当，每平方公里土地上分布有1.5~1.6个地级以上城市，京津冀地区城市分布密度较低，为前两个地区的三分之一。从经济发展总量看，长三角具有明显的优势，珠三角与京津冀地区GDP总值相当。2008年，三大经济圈GDP达到12.51万亿元，占全国比重为38.2%，拉动全国GDP增长4.5个百分点。其中，长三角地区生产总值达到6.55万亿元，占全国比重为20.0%；珠三角地区生产总值达到2.97万亿元，占全国比重为9.1%；京津冀地区生产总值达到2.98万亿元，占全国比重为9.1%。

从区域综合竞争力看，长三角城市群的竞争力最强，2005年中国城市综合竞争力10强中，5个在长三角。长三角基础交通设施完善，其公路网密度、高速公路密度分别为全国平均水平的3倍和5.8倍。

从"首位城市"看，上海的影响力最明显，以1800万人口以及通商口岸的巨大拉力,拉动周边省份和城市的迅速发展;广州的"首位城市"影响并不明显,但珠三角城市群基本上都能各自平衡发展;北京的"首位城市"影响力最弱,北京鹤立鸡群与"环京津带贫困圈"反映出北京发展与政治优势密切相关。

国际上强调"城市首位率"。即首位城市,比第二位城市大出许多,在全国发挥异常突出的影响。这在亚洲国家中体现得更加明显。如日本东京人口超过全国的27%,韩国首尔超过43%。中国地域广大,未来将会以城市群为中心,出现多个"首位城市"。北京作为首都,目标不仅是都市群的首位城市,还应该有"城市首位率"的概念。

总之,从客观条件、地理环境、国家定位和发展态势看,上海最有可能在未来50~80年内成为世界中心城市。上海四个中心(国际经济中心、贸易中心、金融中心和航运中心)的定位,更是突出了上海建设国际大都市的发展目标。

(5)北京:机会尚在

在进军世界级都市群的角逐中,北京和京津冀都市群有机会吗?

长三角对珠三角的优势与区域划界有关,如果把小珠三角改为包括香港、澳门的大珠三角,其影响力就会超过长三角。京津冀的现状不如两个三角洲,但现状并不代表未来。在国家"十一五"规划中,京津冀地区成为中国经济发展的"战略要地",它所带来的影响未可限量,尤其是天津滨海新城的建设。

天津滨海新区的"十一五"发展定位是:立足天津、依托京冀、服务环渤海、辐射"三北"、面向东北亚的高水平现代制造和研发转化基地、北方国际航运中心和国际物流中心以及宜居的海滨新城。这个地位相当于上海的浦东。如果说,上海近年来的快速发展与浦东新区的开发有直接关系,渤海湾滨海新城的建设必将推动京津冀的快速发展。目前,从产业高级化程度、科技教育资源的集中程度和社会事业的发展程度看,京津冀的基础要略强于长三角。随着京津城际列车的开通、北京与天津的经济一体化,以及一系列优惠政策和发展机遇出现,特别是北京作为首都的优势,很快就会有大量的资本与优秀人力资源流入这一区域。总之,在相当长的一段时间里,中国将出现三大都市群并进争先,带动和服务全国发展的格局。

环渤海有三个概念需要关注,一是环渤海经济圈、二是京津冀都市圈、三是天津滨海新区。

环渤海地区是指环绕着渤海全部及黄海的部分沿岸地区所组成的广大经济区域。包括北京、天津两大直辖市及辽宁、河北、山西、山东和内蒙古中部地区,共五省(区)二市。全区陆域面积达112万平方公里,总人口2.6亿人。环渤海地区共有城市157个,约占全国城市的四分之一,其中城区人口超百万的城市有13个。环渤海地区处于东北亚经济圈的中心地带,向南,它联系着长江三角洲、珠江三角洲、港澳台地区和东南亚各国;向东,它沟通韩国和日本;向北,它联结着蒙古国和俄罗斯远东地区。

京津冀都市圈区域规划的范围包括:北京、天津两个直辖市以及河北省的秦皇岛、唐山、廊坊、保定、石家庄、沧州、张家口、承德8个地市。

天津滨海新区包括塘沽区、汉沽区、大港区三个行政区和天津经济技术开发区、天津港保税区、天津港区以及东丽区、津南区的部分区域,规划面积2270平方公里。定位是:依托京津冀、服务环渤海、辐射"三北"、面向东北亚,努力建设成为我国北方对外开放的门户、高水平的现代制造业和研发转化基地、北方国际航运中心和国际物流中心。

北京作为京津冀都市群的首位城市,任重而道远。北京作为中国的首都,任重而道远。北京旅游为了首都的国际化、国家的现代化,任重而道远。

(三)新经济、新技术、新业态

1. 新经济时代的利器

新经济是人类经济发展史中前所未有的以高科技为基础的改革型的经济。新经济作为一种全新的基于最新科技和人类知识精华的经济形态,已经成为一个新时代的全新概念,引起全世界的重视。新经济的实质,是信息化与全球化;新经济的核心,则是由高科技创新及由此带动的一系列其他领域的创新。信息技术革命的推进,新经济的发展,必然导致全球一体化进程的加快,它是人类经济发展史中前所未有的科技型、创新型经济。

随着全球化的发展,新经济已经开始影响全球经济的主流形态和运行模式。新经济时代是以知识经济、虚拟经济和网络经济为标志,以科技为发展的第一要素。但新经济绝不是仅仅包括知识经济、虚拟经济和网络经济,真正的新经济时代应是传统产业与知识经济、虚拟经济和网络经济的全面结合。

在信息技术革命推动下形成的新经济,与传统经济比较起来,具有许多鲜明的特征。

(1)知识经济创造全新价值

在新经济时代,经济的增长主要依赖于知识的生产、传播和应用。信息技术革命使经济建立在知识基础上成为可能。当顾客观念、信息和技术成为产品的组成部分时,产品和服务的知识内涵就显著增长了。知识成为最关键的生产要素,知识产品在社会生活中的应用会更加广泛,终身学习、追求知识成为社会成员生存和发展的第一需要。

(2)创新能力引领全新发展

创新是新经济兴起和发展的基础。首先是观念的创新。新经济需要新思维、新观念。在新经济时代,信息技术和互联网使人类的交往方式发生改变,使交往距离消失,使传统的连续性被打破。因此,需要用新的视角去观察、理解事物的发展过程。其次是运行模式的创新。包括制度、行为、组织结构等,只有运行模式不断创新,经济和社会才会充满生机和活力。再次是技术的创新。只有技术的创新,才能不断创造出新的市场需求,诱导出新的生产与竞争,推动经济不断发展。

(3)数字化形成全新业态

新经济时代信息处于数字形式之中,大量数字信息以光速压缩传送,当信息通过数字网络变成数字化和通信化时,一个新的世界就展现出来了,许多不同形式的信息可以被合成、创造,深刻影响商务和人类生活的许多方面。产业的边界被打破,工作的方式被改变,交流的时空被转换,从而使工作、生产、生活、娱乐等方面的业态发生显著的变化,对经济运行和旅游运营方式产生革命性的影响。

(4)网络技术延展无限空间

新经济以网络体系为基础。从发明创造、设计规划、生产销售到售后服务等各个环节,都会越来越与网络紧密相连,越来越多的公司将围绕着网络经济进行改组和调整。此外,数字化的电脑网络将产生出新的财富形式。随着网络带宽的增长、无线互联网的成长,包括数据、文本、音频、图像和视频媒体等多媒体和各种信息的传播更为方便快捷,各种新的机会将梦幻般地增长,也为各种新产业的发展和传统产业的升级拓展了更大的空间。

(四)新经济时代的中国旅游业

中国的发展赶上了新经济时代的潮流,近年来国民经济的发展驶入快车道,而整体经济的持续发展为旅游业的发展提供了动力和源泉,使得我国旅游业迅速跃入世界第五名。中国已经成为一个世界旅游大国,但还远不是世界旅游强国,主要表现在旅游业仍处于粗放经营、高速低质的发展状态。因此,中国旅游业急需寻求摆脱传统经济模式下的种种弊端,利用新经济带来的机遇,取得在全球性竞争中的领先地位。然而新经济下的种种先进技术是一把"双刃剑",既为中国提供了加速追赶的机遇,也让发达国家获得了超速发展的工具。中国旅游业也在结合自身情况,研究更好地适应这一复杂局面的新的发展模式。

1. 新经济催生旅游市场变革

新经济时代下,知识、科技等在为人类创造财富的同时,各国基础设施、接待设施的完善,信息、金融、通信服务的便利,使旅游已经成为人们日常性的消费方式。在旅游需求和消费的升级中,旅游市场也伴随着巨大变革。

(1)旅游市场的规模和范围不断扩大

中国进入WTO之后,全球化的趋势日渐明显,国家进一步开放,国际交往更加频繁,中国公民收入不断增加,国内旅游规模、数量持续增长。但随着入华外国人的增加,中国人走出国门的态势也越来越旺,2005年3000万人的数字,使中国超过日本,成为亚洲第一位的出境大国[①]。国际社会为方便中国公民出境游,采取了很多方便措施,也使旅游目的突破亚太地区,更多地向其他州域扩展。

境外旅行社在为国内公民出境创造条件和空间时,也带来了大量的外国游客。特别是入境手续的简化,促进了入境旅游人数的快速增加,除了港澳台同胞,外国人的比例也在提高。

(2)旅游需求的个性化、多元化

随着人们获取信息的手段、渠道的增多、人们生活水平的提高、旅游者旅游消费经历和经验的丰富、加上教育的发展和人们文化水平的提高,人们要求出行、要求旅游的层次也在提高。至此,旅游需求表现出越来越自主、个性、多元。

(3)旅游需求的增长带来旅游供给的全面扩大

旅游需求直接影响旅游产业的规模和结构。中国入境、出境、国内三大旅游市场的不断发展,旅游需求的多样化和个性化,必然会对旅游产品的种类、旅游服务的供给项目、旅游产业的行业结构、旅游产业的地区结构等产生影响。国内市场上,旅游产业供给能力提高,产业分工细分,众多为专业市场提供产品的中小企业数目增多。旅游交通也有新的发展,国际、国内旅游专列,包机服务等,成为旅游供给市场出现新时代变革的另一特征。

---

① 2011年出境旅游人数6900万人次,增长20%。

(4) 无国界经济带来无国界旅游

经济的全球一体化以生产、贸易、金融和信息的一体化为表现,以跨国公司作为纽带,使世界经济相互融合、相互影响,突破经济的国际界限。旅游业天生的开放性、外向型、国际化产业特征,表现在客源的国际性,即旅游活动的跨越国界;旅游活动销售、组织的国际性,经营手段的跨国行等,使旅游经济伴随着经济的全球化,打破旅游市场的地域格局,最终形成无国界旅游。

2. 旅游方式更趋多样

新经济时代背景下,以国际互联网为代表的信息技术的空间发展,不仅拓宽了旅游消费者的信息渠道,也改变了消费者的消费意识。国内游客在单一观光的传统旅游观念下开始萌生观光度假的新理念,出行方式也由铁路、公路分流出部分到航空、水运。旅游电子商务极大地改变了传统的旅游支付方式,出现了网上预订、信用卡支付等新兴的支付方式。同时,旅游产品的个性化组合、旅游线路的最优化选择等也在影响新一代的旅游消费者,转变着出门买票、随团踩点、拍照睡觉的传统旅游方式。以携程、艺龙为代表①的旅游电子中介提供了旅游者和供应商之间的无缝衔接,其延伸服务使得旅游者足不出户就能够获悉旅行前目的地的信息,旅游过程中的六要素组合等,也为跨国旅游消费提供了工具和手段。

3. 旅游呈现新型业态

新的旅游需求个性化和多元化进程的加剧,新的旅游方式的深刻改变,使旅游业态呈现出新兴的趋势,由此引发在旅游经营、管理、服务方面的深刻变革。具体表现在几个方面的发展上:

从旅游形式上说,团队旅游向散客旅游、自助旅游发展。

从旅游性质上说,单一观光旅游向商务旅游、度假旅游、特种旅游发展。

从旅游产品上说,观光产品向探险产品、体验产品、求新求异产品发展。

从经营方式上说,差旅管理系统、自由组合模式、网络拼凑模式不断发展。

从预订方式上说,网络预订、呼叫中心、一对一营销等借助互联网方便游客的方式规模化发展。

从接待设施上说,经济型度假酒店、家庭旅馆、青年旅馆、汽车旅馆、自驾车宿营地、旅游房车营地等住宿设施发展。

---

① 这些年"去哪儿"网获得长足发展,已经成为最引人关注的在线旅游企业。

4. 旅游数字化态势明显

目前,国际上旅游行业的数字化发展势头十分凶猛,突出表现在:

(1)一些国家旅游目的地的全面数字化建设,如美国已经构建了完整的基于数字地图的旅游信息系统;

(2)旅游信息获取、交流的便利性空前提高;

(3)在线旅游消费及支付手段的迅速增长;

(4)旅游企业的网络化运营程序高,如大型连锁饭店集团基本上已经实行了无缝的数字化管理与运营;

(5)各种先进信息技术与旅游业的结合紧密,率先应用,如 Google 公司率先推出的 Google Earth 服务在旅游中是应用最为广泛的领域。

国际上旅游行业发展咄咄逼人的态势无疑增加了中国目前在数字旅游建设方面的紧迫性。旅游的特点与数字化发展有密切联系。

第一,旅游活动中人的流动性特点,必然需要大量的、实时的、便利的各种信息,其中涉及目的地的信息、相关的各服务提供商的信息,以及相应的预定、支付等方面的信息。这种动态的、海量的、多点的、实时的信息需求对于数字技术及处理的要求是很高的。

第二,旅游消费的综合性特点需要通过数字技术协助解决各个环节复杂的交易问题。

第三,中国的旅游资源优势与数字化结合能够更好地发挥我们的比较优势,利用数字技术,充分发挥文化财富的资源优势,是中国在国际上提高产业竞争力的重要手段。

第四,对旅游过程中交通运输、景点景区、旅行社、饭店、餐饮业、旅游购物、旅游娱乐等旅游消费的全部经营流程和供应链的数字化,能使产业提高效率和效益。实现的景区旅游资源营销、票务代理、旅游代理、电子支付、安全认证等服务平台数字化,可以有效地解决旅游者和经营者的许多问题。

5. 旅游竞争格局复杂化

中国加入 WTO 后,旅游业同其他产业一样,融入了世界经济一体化的格局。大型旅游跨国公司的进入与走出,经营环境的巨大变化,使中国的旅游企业面临更加激烈和复杂的竞争格局。

(1)网络化服务竞争日渐激烈

新时代经济环境下旅游的全球一体化,意味着世界性的竞争,服务作为软实力,与旅游质量和旅游吸引力密切相关。服务的网络化意味着各类旅游服务设施的完备,旅游服务项目的扩大和深化,旅游服务人才的培训,服务技术的提高等。从旅游者行前提供的咨询,到行中的实际旅游消费,到延伸性的附加服务,再到行后的信息反馈,无不成为旅游服务竞争的关键点,影响着中国旅游业的国际竞争力。

(2)营销竞争技术手段多样

旅游企业在采取传统的营销技术的前提下,开始向技术方向转变。消费心理的变化,旅游者求新求异、求真求美、求舒适便捷多样化的需求,也将旅游企业、旅游目的地的营销方式带入新经济时代的大旗下。虚拟旅游提供了虚拟的世界,旅游者可以先足不出户游览目的地,形成一种前导性、创新性的感受,从产品的组合、销售的渠道、多重促销方式,手段无奇不有。技术化时代既给旅游发展提供了新的营销技术手段,可以使旅游供给水平和市场开发水平上一个新的台阶;同时,又会极大地刺激旅游需求的增长,不断产生新的市场。

(3)跨国公司主导的国际竞争国内化

在开放的过程中,各个大型跨国旅游集团已经纷纷进入中国市场,形成了在国内进行国际竞争的格局。随着进一步的开放,这个局面将愈演愈烈,这就是国际竞争国内化。国内公司要迎接来自跨国公司的挑战,就需要国内的旅游企业全面提高产业素质、增强自身实力,利用新经济的经营、管理、资本运作等理念和经验,全面借鉴国际经验,在参与国际水平分工的同时,形成国内垂直分工体系,在自我调整和否定的过程中完成升级换代。

(4)城市竞争与旅游竞争

城市竞争实际是一个城市在新经济时代经济全球化的条件下,研究城市现在的基础水平以及发展的后劲问题。

跨国公司与全球城市的发展在世界旅游经济方面也会产生深远的影响。全球城市会逐步发展成为旅游的中心城市,在旅游中心城市中聚集了主要的旅游人流,形成了主要的客流集散地。同时,旅游中心城市也变成重要的旅游目的地,强化都市旅游的发展。由于旅游活动的跨区域特点,旅游中心城市的发展又会逐步打破地域格局,淡化行政区划色彩。进一步则会形成各个全球城市之间的水平分工,以及由全球城市和其他旅游目的地之间所构成的垂直分工体系,这一发展态势将从根本上改变世界旅游的地域发展格局。

无国界经济带来无国界的旅游,无国界旅游又带来城市的集中化,将来很可能发生的情况是选择到哪一个国家去旅游已经不再是游客主要考虑的问题,他们主要考虑的是选择到哪一个中心城市去旅游。这种变化既体现了全球城市的全球化一面,同时市场也会要求全球城市形成自己的文化特色,突出文化的差异性,以扩大市场的吸引力。

(五)旅游强国,首都定位

经过二三十年的发展,中国已经形成了以国内旅游、入境旅游、出境旅游三足鼎立的市场格局。旅游业作为对外开放的窗口产业和国民经济的新兴产业,除个别年份有所波动外,始终保持了高速增长的势头。中国已发展成为名副其实的世界旅游大国,但受经济体制、综合国力、国民素质等因素的制约,大而不强,目前还不是旅游强国。

表31 中国旅游接待人数与收入

(亿元)

项　目	单　位	1978	1990	2000	2005	2010年
入境旅游人数	万人次		2746.2	8344.4	12029.2	13376.22
其中:过夜人数	万人次	71.6	1048.4	3122.9	4680.9	5566.45
国内旅游人数	亿人次	—	2.8	7.4	12.1	21.03
国内居民出境人数	万人次	—	—	1047.3	3103.0	5738.65
国际旅游外汇收入	亿美元	2.63	22.2	162.2	293.0	458.14
国内旅游总收入	亿元	—	170.0	3175.5	5285.9	12579.77

资料来源:《中国统计年鉴》

"国家支柱产业、世界旅游强国"是21世纪中国旅游业的发展目标,国民经济战略性支柱产业和人民群众更加满意的现代服务业是新时期中国旅游业的战略定位。从旅游业的发展实绩看,旅游业成为国家支柱产业,在十二五前期即可实现。在此基础上,中国旅游业将进一步跃升,到21世纪二十至三十年代,成为世界旅游强国。旅游业作为国民经济的新兴产业和永不衰落的朝阳产业,仍将适度超前于国民经济发展,提前进入世界旅游强国的行列。这一目标的实现,是中国达到世界中等发达国家的必要组成部分,也是中国成为世界强国的重要组成部分。在这一过程中,中国旅游业将以其强大的资源优势和市场优势形成巨大的经济推动力、社会促进力和文化吸引力,在中国的发展和世界旅游业的发展中创造出新的业绩,做出更大的贡献。

在此过程中,北京作为首都和中国旅游业龙头,应发挥特殊而重要的作用。

(六)休闲时代,蓝海战略

21世纪是一个追求个性、张扬个性的年代,满足个性的需求已经成为当前社会发展的趋势。当闲暇时间极大充裕和可供支配的收入越来越多的时候,劳动已经不是生活的全部,政府对居民消费的引导也促成新的消费观念的形成,人们开始由只关注工作转向关心闲暇生活的质量,"先苦后甜"的思想使人们踏实地享受自己劳动后的果实,人们最终将会从繁重的劳动中解放出来,更加自由地安排闲暇时间,追求充实的精神生活将进一步取代对纯粹物质生活的追求。毕竟,从根本上说,旅游休闲产业发展的质量标准,将取决于人的生存质量、生活质量以及人的和谐发展。

随着20世纪中叶西方经济的高速发展,人们在解决了基本生活问题之后,休闲的时间越来越多了,休闲的内容也更加丰富,以旅游、娱乐、体育健身等活动为主的休闲活动逐渐成为人们生活中不可缺少的部分,由此产生了包括旅游业、娱乐业、服务业在内的与休闲有关的休闲产业。20世纪80年代以后,在西方发达国家,休闲产业实际上已成为相当一部分国家的支柱产业,成为国民经济收入的重要来源,是政府部门制定相关政策必须考虑的因素。休闲产业的发展促进了产业格局的变化,在休闲业就业的人数占整个就业人数的比重相当大,这既解决了失业和就业问题,也促进了社会经济的良性循环。

社会发展的现实表明,为休闲而进行的各类生产活动和服务活动正日益成为经济繁荣的重要因素,特别是在大城市里,各类休闲产业已成为经济活动得以运行的基本条件。美国《未来学家》杂志曾载文指出,2015年前后,世界发达国家将进入"休闲时代",休闲将成为人类社会的重要组成部分,休闲、娱乐活动和休闲旅游业将成为下一个经济大潮,并席卷世界各地。届时,休闲服务将主导世界劳务市场,国民生产总值中会有一半以上的份额由休闲产业创造出来,人们将把生命中一半的时间和一半的金钱用于休闲的活动。

我国人均国民生产总值已经达到5000美元(2011年),这标志着中国已经进入小康社会。与此同时,城镇居民的恩格尔系数由1993年的50.2%降至

2004年的37.7%,2009年进一步下降到36.5%,农民人均消费支出的恩格尔系数也由1993年的58%降为2004年的47.2%,2009年进一步下降到41.0%[①]。我国居民消费结构除恩格尔系数明显下降外,还呈现出进一步优化的态势,即生存型消费比例下降,而发展型、享受型消费比例上升。居民生活已经从温饱的目标转为追求生活质量的层面,中国人有更多的钱可以用于消费。产业结构将发生巨大变化,服务型产业的比重加大。休闲消费作为发展型、享受型的消费,将成为居民重要的消费形式和生活方式之一,休闲产业在国民收入中的比重会越来越大。

(七)新奥运、新北京、新旅游

前面比较过的四大国际城市中三个城市共举办过五届奥运会,巴黎(1900年、1924年)、伦敦(1908年、1948年)和东京(1964年),虽然美国共举办过四届奥运会,是世界上举办奥运会次数最多的国家,但还没有在纽约举办过。而巴黎和伦敦都已分别举办过两届奥运会,伦敦还成功申办了2012年奥运会,将成为世界上举办奥运会次数最多的城市。举办奥运会对于一个城市,尤其是对于发展中国家和新兴工业化国家来说,是推动城市国际化发展的绝好机会。

首先,奥运会的举办有利于加快城市基础设施建设、完善道路交通系统和城市公共管理系统以及信息咨询服务体系,北京的首都机场和地铁的扩建工程都直接得益于2008年北京奥运会。其次,大大强化了城市居民的国际化意识,普及和提高居民的外语水平,激发了商业和其他服务行业员工学习外语的积极性。迎接北京奥运会期间,北京的窗口行业和居民社区开展了形式多样的学外语活动。再次,奥运会期间,各国记者云集,除赛事本身外,举办城市的自然风光、物质和非物质文化、风土人情、社会生活等方方面面都会成为全球关注的话题,吸引了全世界观众的眼球,大大宣传了举办城市的形象。最后,奥运会对于提高城市软实力和综合竞争力有着极其重要的意义,韩国的首尔(旧译汉城)就是由于举办了1988年第24届奥运会,使首尔的城市现代化进程提前了10年,并跻身于世界国际化城市之列。

---

① 2010年的城镇居民恩格尔系数为35.7%,农村居民恩格尔系数为41.1%。

三、北京旅游发展目标与战略

（一）总体思路

以服务大北京、配套大空间、发展大产业、提升大形象、发挥大功能、促进大文化、美化大环境为基础定位，发挥旅游业在推动区域新发展、拓展旅游新体系、衍生城市新产业、促进城乡新和谐、提升城市新品质、培育社会新生活等方面的积极作用。

全面落实科学发展观，坚持构建和谐社会，按照新的国务院批复的北京城市总体规划，借北京举办各种大型甚至巨型活动（如奥运会等）的契机，以城市建设推动旅游发展、以旅游发展促进城市建设，以城乡和谐拓展旅游创新、以旅游创新促进城乡和谐，推动旅游产业从开发到发展的全面转型，完善北京旅游产业支持体系，提升北京旅游产业的整体素质，沿着"以人为本、宜居城市"的大方向，把北京真正打造成世界文化名城、国际旅游门户和服务基地、国际超一流的旅游目的地，使北京成为世界级旅游城市。

（二）城市形象

应当把征集北京旅游目的地形象当做一个公共事件，采用多种方式，形成社会影响和国际影响。

对应市场的细分化和消费的个性化，应当考虑形成一个总体形象与细分市场形象相结合的形象体系。

在此，课题组提出了一些关于北京城市形象的初步构想：

- 现在是北京时间（Now is Beijing time）
- 大观北京
- 美丽北京，魅力北京
- 东方神韵，故国新姿
- 世界的北京 北京的世界
- 聆听历史，阅读时尚
- 万城之城，世界之都
- 北京：乐此不疲，乐不思归
- 体验北京，拥抱未来
- 国际旅游门户，温馨休闲生活

- 新商旅,新机遇,尽在新北京
- 泱泱大国,优雅北京
- 北京旅游:时尚悠久,畅爽震撼,惊喜满足
- 全球城市,闻名古都
- 北京:魅力之都
- 北京:精致文化,极致生活
- 北京:重放异彩
- 北京:极致东方
- 生动北京:沉淀历史厚重,激发现代活力
- 金色古都,绿满京华
- 情动北京
- 你奥运了吗?
- 游中国,到北京
- 皇家北京,休闲体验
- 新奥运、新北京、新旅游
- 过去现在未来,有你有我有他:北京欢迎您
- Beijing: Place of palace
- Beijing: the shining capital
- Beijing: capital of glamour
- Beijing: geniuene oriental
- Beijing: capitally oriental
- Beijing: max and mix
- Elite Beijing, essencial life
- Touch Beijing, touch capital

(三)发展目标

1. 总体目标

把北京建设成为国际化、现代化、特色化的旅游城市,国际一流的世界级旅游城市,实践旅游科学发展观的典范城市。

2. 体系化目标

(1)经济性目标

总体而言,经济目标是要实现创收、创利、创发展:总体增加收入,企业提高

利润,最终创造出新的发展局面。

旅游收入的增加,首先表现在旅游接待总量、旅游总收入、旅游创汇等这些外显性指标上。通过拥有在国内国际旅游市场上知名度较高、竞争性较强、利润率较好的旅游企业,完成北京旅游企业内部结构的合理化和形成高效率的组织体系。通过提升北京旅游企业规模化经营的程度带动北京旅游产业结构的升级和优化,谋求长远发展。

(2)社会性目标

旅游业作为北京经济重要产业,在对国家和地方作出经济贡献的同时,也承担促进就业、消除城乡差距、提高人的生活水平、推动社会全面进步的社会战略目标。

首先是通过北京旅游业的发展,扩大旅游企业对劳动力的吸纳力度,充分发挥旅游业的就业带动功能,树立企业社会责任感。

其次是通过北京环城市游憩带的建设,用城郊和谐互动、城乡和谐互动的方式实现财富流动和再分配,使部分首都核心功能区和城市功能拓展区的城市购买力向城市发展新区和生态涵养发展区转移,促进农村经济发展。

最后是提升居民生活质量和生活品位,既通过旅游发展、环境改善,提高北京市民的生活质量和品位,也提高外来游客在北京的旅游质量和生活质量。

(3)文化性目标

通过北京旅游较高的国际化程度,通过旅游活动加深不同地区、不同民族、不同文化、不同社会方式之间的沟通,达到对社会多元化的认同,实现不同文化间的交流和依存。

通过北京创意产业的集中战略,将文化创意产业纳入北京旅游业范畴,使之成为城市文化的重要组成部分和旅游的新热点;同时充分发挥创意产业对旅游业各相关要素的提升作用,为文化产业尤其是文化创意产业寻找广阔的市场价值实现空间。

通过旅游传承传统文化,弘扬新的文化,创造未来的文化,紧扣"今天的建设就是明天的文物"这一理念,树立历史责任感,借助今天的旅游发展,创造未来的文化遗产。

(4)环境性目标

一是硬环境:旅游业是资源节约型和环境友好型产业,通过发展旅游业,建设良好的自然环境目标,促进环境的保护,进而促进环境的提升和改善。

一是软环境：北京要培育友善的社会环境以及营造特色浓郁的人文环境，给广大的海内外旅游者创造一个良好的旅游环境，要给广大的旅游企业创造一个良好的经营环境，要给居民创造一个良好的生活休闲环境，创造一个总体良好的发展环境。

(5) 国际化目标

国际化的最高境界就是"不谈国际化"，将国际化融入百姓生活。这就需要强化北京旅游主管部门的职能；形成北京多元结构的旅游产品体系，提高服务文化和服务水准，完整交通服务系统和旅游线路网络；不仅要培育全国性跨区域的大型旅游集团，还要进一步培育真正强大的跨国旅游集团；建立以网络、信息和通信为基础的立体营销体系，方便各地各国游客；在轻松的旅游过程中体验厚重文化，完成北京休闲旅游的转型，真正将北京建设成为一流的国际化旅游目的地。

(四) 发展战略

用旅游激活城市，以激情创造明天。

基于旅游在经济拉动、社会和谐、形象树立等方面的突出作用，应把旅游业作为北京城市发展的战略产业的高度来认识，立足现在、综观全局、着眼未来，又好又快地发展北京的旅游业。

课题组认为，应该在旅游体验理念的基础上，主要从以下九大战略层面来提升北京旅游业的整体素质。

1. 完美北京：社会化战略

旅游是一种短暂的异地生活形态。作为首善之都，北京应该从体验点、体验线、体验面、体验场等若干层次来构建完美的体验经历，向旅游者呈现出一个完美的北京。北京社会生活中的方方面面都会构成旅游者体验北京的体验点，这其中每个体验点的好坏都将最终影响到旅游体验的质量。

为此，需要从旅游者需求角度出发，按照旅游目的地"可进入、可停留、可欣赏、可享受、可回味"的基本要求，树立"人人是北京、处处是景点"的理念，对社会生活的方方面面进行梳理、调整；处理好主体性体验内容和支撑性体验内容之间的关系，设计若干体验关键点、体验关键线、体验关键面、体验关键场，调整城市基础设施、体验场的软硬环境，调整城市的服务基础设施以及对客管理和服务，对旅游业各方面、社会服务和公共服务以及整个城市系统进行集成、细化。

当前应重点考虑的是,加大诚信旅游体系建设力度,重点提升窗口企业和窗口人员的服务能力和服务形象,推动旅游景点的立体开发、街区化发展,打造若干可行、有效的旅游街区,整合旅游咨询等多元服务功能,重组北京旅游集散中心体系,积极推动城市观光巴士项目,关注旅游业发展进程多元利益主体的合理诉求,创造"居民善待旅游者,旅游为地方经济社会发展服务"良性互动格局。

2. 品牌北京:特色化战略

德国《商报》曾刊文指出:"初到中国旅游的外国人对北京建筑感到反感。这个城市没有轮廓、没有面孔。在 20 世纪令来华的人着迷的魅力已经不见了。新市区的象征是 50 年代中苏友好时期斯大林式风格的建筑,是人们从莫斯科就已了解的。此外就是没有建筑风格的高楼大厦。……新建筑风格的实验是粗暴的。"文章直言不讳地指出,北京是一座没有特色的城市。的确,在城市化发展的过程中,北京正逐渐失去曾经的文化风华、艺术气息,正逐渐演变成一座没有品牌的城市。

从旅游的角度看,同样存在这样的问题。除了故宫、长城等"五朵金花"外,北京还缺少像金茂大厦、东方明珠之类的城市新景观,也缺乏像外滩 18 号、东方新天地之类精致的品牌空间区域,即便是什刹海等老北京的城市符号还在,但总体上还没有被开发成真正有广泛影响的品牌休闲旅游街区。

3. 精致北京:精品化战略

面面俱到、天女散花般的发展模式是无法持续的。北京旅游发展必须采取精品化战略,通过塑造若干个具有强大市场号召力的产品来提升整个旅游业的品位和素质,进而通过扩散效应带动整个地区旅游业的发展。

北京多了几分北方汉子的粗犷,少了几分南方小家碧玉的精致。这种城市风格也影响到了旅游产品的开发,粗放型的开发方式使得北京有旅游名品却少有旅游精品。

北京拥有优秀的旅游资源,拥有强大的创意资源,拥有巨大的市场潜力,拥有雄厚的资本支持,但这一切都并没有能催生出顶级的精品,这不能不说与缺乏战略思路有关。东一榔头、西一棒子,想起一出是一出的发展思路,是培育不出精雕细琢的顶级产品的。当精华成了碎片,优等品成了大路货,自然抓不住顶级的市场,也就难以产生顶级的综合效益。

4. 人本北京：生活化战略

北京城市发展总体规划（2004～2020）已经提出了"坚持以人为本、建设宜居城市"的发展目标。作为服务业先锋的旅游业，多年以来始终把以人为本作为行业发展的灵魂，并且在各项具体工作中努力落实。在新的形势下，旅游需要进一步夯实基础，发挥优势，努力成为坚持以人为本的排头兵，形成全社会落实以人为本的兴奋点。

但从北京城市整体状况来看，在实践"以人为本"这一科学发展观核心思想方面还存在很多不足，在交通等城市基础设施的设计、集散中心等旅游相关配套设施的供给、游览引导标志系统的配备等方面还存在很多问题，还不能满足一个陌生游客对目的地便利、舒适等方面的要求，"被迫消费"的痕迹还很重。

5. 悠闲北京：转型化战略

北京是我国世界文化遗产最密集的城市，也是全球世界文化遗产最密集的都城。然而，北京旅游的尴尬一方面是国际游客对北京历史文化在现代化进程中的缺失感到不解与遗憾，另一方面，国际游客面对北京的文化观光型旅游会产生一种沉重感。3000年建城史、800年建都史既给了北京丰厚的旅游资源，也给了旅游者沉重的旅游体验。奥运会的成功举办为北京这座东方古都注入了更多激情四射的活力，为北京旅游从较为单一的古迹观光向旅游、休闲复合转型提供了契机。

北京旅游转型的力量不仅应该来自外部力量的拉动，还应该从北京的城市品性中加以挖掘，从城市文化肌理中去寻找转型的智慧。那就是皇城北京中胡同生活所传承下来的悠闲。北京旅游流走马观花式的匆匆可以在纵横交错的胡同小巷中慢下来、深下去。向悠闲北京的转型可以说是城市向源流的回归，例如，"先有什刹海，后有北京城"，"一泓什刹海，半部近代史"，独具品位的景观聚合，使什刹海成了悠闲北京的最佳空间切入点之一。

应启动提升乡村旅游产业素质工程，提升乡村旅游产品的吸引力，确立若干都市休闲旅游片区，推出一定数量的"休闲品位文化、轻松体验历史"的旅游新产品。

6. 数字北京：科技化战略

北京旅游发展必须考虑两个供求环境的大趋势：一是信息化已经成为全球发展的大趋势；一是北京旅游发展需要面对的将是越来越多经过数字技术洗礼的新生消费者。全球信息化的进展将使孤立于重视数字技术作用潮流的旅游目的地发展变得越来越困难。无论是旅游企业间及旅游企业与旅游者间的交易便利性、旅游者与旅游目的地之间的渠道通畅性，还是旅游产品组合的个性化、旅游产品解说的人性化，都无法离开数字科技的应用。尤其应关注中小企业的信息化支持。

作为最适合发展电子商务的旅游业还不能仅仅停留在追赶、填补数字鸿沟的战略定位上，还应该能跟上甚至超前应用互联网最新技术，为稳固旅游业现代服务业的定位提供技术支持，这其中就包括适应国家网格技术的发展、云计算技术的发展以及更多基于移动智能终端的信息服务等。

7. 联动北京：系统化战略

（1）旅游与航空联动

2010年，全国四大机场年旅客吞吐量占总量的33.1%，货邮吞吐量占总量的56.73%。四大机场中，北京首都机场以遥遥领先的优势居首位。但值得关注的是，上海两个机场的旅客吞吐量虽然还低于北京，但是其增速非常快。2010年北京的旅客吞吐量同比增长13.1%，而上海浦东和虹桥的旅客吞吐量分别同增27.1%和24.8%。入出境旅游的流向与流量，在很大程度上与航线相关。

不过，北京的通航国家、城市数最多，航线分布也最广，从这个角度看，北京在入出境市场上的空港可进入性是最强的，要通过加强旅游与航空的联动，争取更多的来京游客，同时也通过旅游发展为航空吸纳更多的乘客。

表32　全国四大机场旅客吞吐量

（2010年）

项目	北京首都机场	广州白云机场	上海浦东机场	上海虹桥机场
旅客吞吐量	73 948 114	40 975 673	40 578 621	31 298 812
较上年增幅%	13.1	10.6	27.1	24.8

资料来源：中国民用航空总局 2010

航空与旅游联动，需要密切关注我国航空客运面临的挑战及其对北京的影响。

第一，全国机场和国际机场不断增多，在一定程度上分流四大国际机场的客流。2010年，全国有175个民用航空定期航班通航机场，定期航班通航香港的内地城市43个，通航澳门的内地城市5个，通航台湾地区的内地城市32个，国内航空公司的国际定期航班通航国家54个、通航城市110个。二级国际机场的航班不断增多将对北京的国际口岸产生一定的冲击。

第二,国航虚拟航线的开通,在一定程度上分流四大国际机场的客流。国际虚拟航线的特点是:一票到底,行李直挂,通程登机。目前,全国已有西安、成都、深圳等11个城市开通国际虚拟航线,主要挂从北京入出港的国际航班。由于行李直挂,增加了乘客从北京过境急转的概率。

第三,低成本航空在亚太地区的迅速发展,在一定程度上分流正常航班的客流。亚太区进入低成本航空发展期。2005年以来,周边国家低成本航空公司首选环渤海区域的天津和长三角的杭州,高调进入中国市场。

(2)旅游与会展联动

会展是一个高产出的行业,以国际普遍公认的1:9的带动效应而被称为"城市的面包"。会展业对城市经济发展所起的作用是综合性的、全方位的,不仅能使人流、物流、资金流当场落到实地,而且能推动知识更新、科技普及、观念转型。

北京在会展业的强劲对手是上海。目前上海居会展中心的首位,北京位居第二。北京需要研究如何发挥首都优势,争取成为中国会展中心的首席。只有首席才可能再前进为亚太地区乃至全球范围的会展都市。

北京旅游会展业赶超上海,需要从四个方面认真研究对策并付诸实践。

认识层面。北京旅游会展业更快的发展、更好的前景,需要更强的动力,强动力来自对旅游会展业的更高层面的认识,落实到旅游会展业更深度更准确的定位。上海旅游会展业的定位是:现代服务业的主体产业和动力产业。"十五"起,市政府就明确要求将上海建成"国际会议和展览中心"。"十一五"期间明确提出"旅游业与会展业比翼双飞"。目前,北京市政府对旅游会展业的认识在哪一个层面上?旅游行业对旅游与会展联动的认识在哪一个层面?

错位发展。北京旅游会展业要超上海并不是争夺同一个市场,而是要扬长补短,错位发展。会议市场在大类上划分为商业与非商业。北京的首都地位决定了其是规格高、规模大、影响大的政府和协会会议首选地;上海的经济地位决定了其是数量多、规模小、效益高的公司会议、董事会议、销售会议的首选地。

硬件层面。上海会展业引进国际会展业最发达的德国公司进驻上海,参与投资新建国际化理念的浦东新国际博览中心,全市展览场馆总面积超过20万平方米。会议场所以浦东国际会议中心龙头带动一批高档饭店。上海在城市空间布局上已形成一条会展黄金走廊。北京会展设施的单体规模与集群效应、国际化程度达到一个什么水平？北京旅游会展业的空间布局，整合效应达到一个什么水平？

软件层面。产业规模，自2000年至2007年，在上海举行的大型国际会展数量以每年20%以上的速度递增，上海新国际博览中心、光大会展中心、上海国际展览中心、上海展览中心和上海世贸商城五大展览馆成为举办会展活动的重要场所，总面积已超过15万平方米。已经成立了全市会展行业协会。专门成立了旅游会展推广中心，除积极进军国际市场，还聘任"会议大使"，从源头开始争办国际会议。上海市政府正式通过《上海市展览业管理办法》。北京旅游会展业的规模与运行如何？行业管理的政策支撑如何？进入国际MICE（会展）这个特定圈子的举措如何？

（3）旅游与休闲联动

都市休闲旅游的发展是北京城市真正走向国际化的重要表现。

北京在加快城市肌理的恢复，在积极探索城市可持续发展的路子，城市中心人口将逐渐降低。在"十一五"期间，随着国家启动京津冀区域都市圈的建设，与首都功能不相适应的产业向京外转移，同时也带来了旧厂区的改造、利用问题。借着这个机会，北京应该重视城市功能的重新定位。为了将北京真正打造成宜居城市，城市建设将日益摈弃"那些由纪念碑式的盒子组成的过了时的城市建筑设计"，走向"建筑、地景和城市规划"的融合，日益突出人性化、生态化、休闲化的发展，恢复城市的游憩功能。

城市休闲旅游功能的突出将引致对休闲旅游服务的需求，从而将从供给层面加快我国城市化进程中带动休闲旅游消费需求的拓展。同时都市旅游的发展，尤其是都市国际旅游的发展，将是推进国际化城市形象树立和推广的重要手段。从国家大都市的横向比较看，无论是巴黎、伦敦、罗马，还是香港、上海，这些城市的大街小巷都能不时看到来自世界各地的旅游者，同时为了满足这些旅游者的不同旅游需求，这些大都市也在国际化方面取得了显著的成功。

（4）旅游与文化联动

"都邑者，政治与文化之标征也"。都市是一个国家和民族政治与文化标征的集中体现。这些年，我国城市建设中普遍存在趋同性问题。主要表现在：城市建筑和城市面貌的趋同化、城市文化特别是流行文化的趋同化，以及城市人生活方式的趋同化。原本特色鲜明、风格迥异的区域文化被高楼大厦遮蔽了，原本生龙活虎、千姿百态的民间文化被流行时尚掩盖了,而这些原本应该是一个城市文化底色之所在,灵魂之所在,立于世界都市之林的魅力之所在。

北京城市化建设进程中,历史遗存被成片地拆除已成难以挽回的事实,但毕竟没有荡然无存。五个世界遗产还在,什刹海、鼓楼、大栅栏还可见老北京的踪影,以及遍布全城的博物馆、名人故居……都是中华文明的精神遗存。北京旅游需要研究如何深度挖掘这些文化内涵,如何让游客轻松体验厚重文化。

旅游与文化联动是篇大文章,对北京而言更是如此。北京旅游与文化联动需要从历史文化、地方文化、时尚文化、旅游文化几个方面入手。

(5) 旅游与乡村联动

相对于发展"文化旅游扬软实力、商务旅游显硬实力"而言,乡村旅游和休闲发展则是内化实力。北京旅游发展的使命不仅在于吸引更多的京外市场,将京外区域的"内需"变成北京的"内需",同时还需要将北京本地的市场消费实力在区域内进行内部消化。

同时,这也是市内常住人口向外扩散的内在动力机制,也是京外再访客最理想的选择,是树立"新奥运、新北京、新旅游"的大好时机,将为北京旅游从极化发展到扩散发展架设起桥梁。

通过发展旅游,可以有效地带动郊区县的就业状况改善。通过有效发展乡村旅游,可以促进乡村经济的多元化发展,增加乡村经济收入,改善当地农民生活水平;为当地的企业和服务业的发展提供市场机会和支持,创造包括自我就业在内的诸多新的就业机会,提高乡村就业率;带动手工艺生产和销售、餐饮供应等的发展,创造相应的自我就业、灵活就业等新的就业方式;增加妇女的就业机会,提高其经济收入和社会地位。乡村旅游带动就地就业,有助于降低农村人口的就业成本与风险,也有助于缓解郊区县对首都核心功能区和部分城市功能拓展区的就业压力。

据有关部门统计,2006年,北京郊区旅游对经营户的经济贡献率平均为65.3%,旅游经营户的家庭年收入比非经营户高出50%左右。截至2010年,京郊旅游直接从业人员达6万多人,年接待游客3328.5万人次,实现收入25.2亿元,已成为促进农民增收致富的朝阳产业。另外,从这几年的发展实践来看,郊区(县)已经成为北京市民需求内部消化的重要空间,郊区休闲度假是一个极具成长性的市场。发展郊区休闲度假对解决农业转型、农民增收、农村经济问题具有长期的显著正效应。

8. 多元北京：综合化战略

(1) 广泛带动社会就业

《北京市旅游统计年鉴》显示，截至 2010 年年底，全市住宿业、旅行社、旅游景点和乡村旅游接待四大行业直接从业人员 33.92 万人，同比减少 9.9%。但显然这只是旅游带动就业中很小的一部分，还没有充分考虑到旅游消费所带动的相关就业数量。由 2002 年北京市投入产出表、北京市旅游消费抽样调查结果和 2004 年经济普查数据，可以发现，旅游消费引致农业增加值 4129 亿元，引致就业 27653 人；带动工业增加值 74198 亿元，间接带动就业 93198 人；带动第三产业增加值 223120 亿元，共计带动增加值 302147 亿元，引致就业 372455 人。2004 年北京国民经济各行业就业总数为 7666756 人，故每 10 个人中约有 0.15 个就业与旅游消费间接相关。因旅游直接带动就业 619659 人，故约每 10 个人中约有 0.18 个就业与旅游消费直接相关，合计北京市每 10 个就业中有 1.3 人与旅游消费有关。另外，98 个国内旅游者可带动一个旅游综合就业，17 个海外旅游者即能带动一个旅游综合就业，2004 年旅游消费带动直接相关就业人数为 1528108 人。

表33　旅游直接相关就业人数

国民经济部门	就业（万人）	增加值（亿元）	劳动生产率（万元/人）	直接带动就业（人）
交通运输、仓储和邮政业	43	356.8		
信息传输、计算机服务和软件业	28.5	449.7		
小计：交通、邮电	71.5	806.5	11.27972	79492
批发和零售业	83.2	587.7	7.063702	69851
住宿和餐饮业	38.4	163.3	4.252604	245756
文化、体育和娱乐业	16.2	142.7	8.808642	16870
水利、环境和公共设施管理业	7.5	34.6	4.613333	71391
租赁和商务服务业	63.8	276.6	4.335423	136297
合计	280.6	2011.4		619659

(2) 创意产业有效消化

北京市"十一五"规划确定文化创意产业作为首都核心产业,北京要成为创意之都。应该说,旅游产业发展的核心也在于创新,无论是大到旅游规划设计、小到旅游纪念品开发,都需要大量创意的串联,通过创意释放更大的价值。同时,创意产业形成的产品同样需要旅游发展来消化。比如,在未来的5年~10年间,北京将致力发展成为全国的文艺演出中心、文化会展中心和古玩艺术品交易中心等7大中心,而文艺演出、文化汇展、古玩交易都需要吸引大量的外来消费人群的购买力,像798等创意空间中的新奇创意同样存在寻找市场的问题,好的创意会吸引大量的关注目光,大量的流动消费人口同样会为这些创意打造一个消费平台。

如果说文化是旅游业的灵魂和核心,那么创新则是旅游业的根本动力和源泉。作为我国政治、文化中心,北京拥有全国最大的科技文化和高等教育基地,文化与演出市场异常活跃,城市休闲需求具有先行优势,需求规模庞大,为北京旅游业创新打下了极好的发展基础,同时也为全国各地旅游市场培育、旅游产品的开发、旅游与休闲的结合提供了积极的借鉴,通过创新,将旅游业从传统服务业升级改造为新兴服务业,并为全国旅游业的新兴提高借鉴。尤其是中国旅游的资源禀赋具有非常强的文化特性,这样就会使得北京在文化旅游开发方面的创新成为全国各大文化型城市发展旅游的模范,文化形式的创新也将成为各地文化资源挖掘和创新的榜样。北京在文化创意基地与旅游发展之间的创新合作,将会成为中国旅游经济发展的参考。

(3) 文化产业释放空间

北京是我国的政治、文化中心,富集了大量高质量的文化资源,但目前北京的文化产业在发展速度上并不具有明显的优势,北京市文化产业的发展潜力还需要寻找充分的价值释放空间。无论是本地居民的文化休闲,还是京外消费者的文化旅游,都将为文化产业拓展价值实现的空间。再丰富的文化遗存和创造,都需要有文化的消费者,都需要有市场需求来维持它的发展壮大,否则只能在社会选择中淡出历史舞台。当然,更值得关注的是,旅游不失为文化软实力输出的重要途径之一。

文化是旅游业发展的灵魂和核心,文化既决定了旅游产品吸引力、影响力和可持续发展力,也决定了旅游产品品质的档次。北京也是中外文化交往的中心,不仅能为西方游客提供东方文化精品,也能为东方游客提供西方文化的展示舞台,不同的文化和艺术形式将在北京得到交流和发展。北京汇集了中国最多的国外旅游机构和国内旅游机构,许多国家和地区都在北京设有旅游办事处,国内各地区也都在北京开设了办事处。每年名目繁多、内容丰富、形式各异的国内外的各种旅游交流促进活动,为国内各城市提高了知名度并直接创造了可观的旅游客源。

9. 开放北京:双向化战略

(1)旅游的首都责任

站在全国的角度看,北京旅游的首都责任有三。第一,北京旅游为北京服务;第二,北京旅游为中央服务;第三,北京旅游为全国服务。只有做到这三点,才是首都。作为首都和经济发达地区,北京旅游的优势既表现为旅游目的地,吸引外来游客;又表现为客源产出地,向外输送客源。只有双向发展的城市,具有双向优势的城市,才可能完成为全国服务的功能以及拉动全国旅游发展的功能。

现在内蒙古、山西、河北、山东、河南、辽宁等北京周边地区从市场保障的角度出发,都在关注北京的客源,都希望能纳入到北京的假日旅游辐射范围和周末旅游辐射范围。这就是首都旅游一个非常重要的功能。当然,出京国内游和出京国际游并不完全意味着本地购买力的流失,同时还不失为促进本地居民储蓄释放的好途径。

(2)国际客源输出地

北京是中国公民出境旅游的最主要的客源输出地。在京沪穗三大城市中,北京在除港澳地区以外的出境目的地上(尤其在中远程的洲际市场),具有明显优势。由于北京集中了出境旅游业务资源(国际航线、使领馆、相关信息),旅行社组织出境游起步早,优势明显;旅行社在入境旅游市场的传统优势相应转化到出境旅游市场上,与境外市场沟通相对更快,更容易在境外建立起相对畅通的双向往来的业务关系。因此,北京居民对国际市场总体反应更快,走得更远。也正由于北京在出境市场上的综合优势,各国在华设立旅游办事处均首选北京。

北京作为出境旅游客源输出地,已经为与世界各国旅游的连通打下广阔的基础,已经并将继续对城市国际化产生深远的影响。

(3)外交和经贸促进

北京作为出境旅游客源输出地,北京旅游在一定意义上也有为中央服务的特殊功能。在过去的发展中,旅游作为国家外交工具的作用已经充分显现,但作为地方外交工具尚有不足,这是北京旅游下一步应挖掘的。

另一方面,中国已经进入了国际经贸摩擦的时代,公民出境旅游对于新时代的新问题是一个润滑剂。外贸顺差太大,通过输出旅游客人,来缓解国际经贸摩擦,这是当年日本走过的路。北京也有进出口贸易以及由此形成的经贸摩擦,通过输出游客,缓解摩擦,这不仅使旅游在中国国际化发展过程中体现出越来越突出的功能,对北京的大都市发展,也有现实意义。这也是首都功能和首都责任的更高层面的体现。

四、北京旅游发展转型与优化

(一)产业转型

经过改革开放以来的发展,北京的旅游产业已经形成了巨大的规模,产生了重要的影响。当前,面对全球化的挑战以及北京城市化、现代化、国际化的发展,旅游产业需要在传统的运行轨迹上转型,才能顺应发展的需要。

1.传统模式

由于北京具有得天独厚的观光资源优势,以此为依托,形成了强大的观光产业,构成了北京旅游业的一系列特点。

一是景区开发持续进行。目前全市成规模的景区景点已经有300多处。

二是企业经营强化观光模式。从一日游到四日游,从旅游汽车到旅行社,始终按照这个模式运行。

三是"老五件"主导市场,新景区尤其是农民开发的新景区恶性竞争。

四是企业经营效益低于一般水平,一批商务酒店也不得不低价对应旅游团队。

五是市场秩序问题突出,尤其是一日游成为痼疾。

六是都市旅游发育不足。在世界各个大都会中,与北京最有可比性的是巴黎,例如天安门广场与协和广场、卢浮宫与故宫、枫丹白露与颐和园等,几乎可以一一对应。但是,北京没有塞纳河夜游,没有满街的咖啡馆,没有浪漫的人文气息。相比而言,都市资源利用不足,新业态发育不良,新市场对应乏力。

由于多年发展模式的相对固化,在认识方面形成了习惯思维,在工作方面形成了路径依赖,在操作方式上一脉相承,又得到了市场的普遍认同,因此传统模式还在进一步强化。

2. 转型的紧迫性

应当清醒地认识到:从历史看,北京旅游成在观光,从发展看,将来可能败也在观光。如果固守以观光为主导的发展模式,一是北京的优势不能全面发挥,二是不能对应市场的深度需求,三是难以适应变化,四是不符合北京长远发展的方向,五是附加值低。

一方面,北京旅游业多年没有根本性的升级换代,基本上还是观光旅游为主导的产业体系。另一方面,在市场化和全球化的大潮中,这种模式在自发地发生变化。商务旅游开始全面发展,都市休闲产品正在产生,乡村旅游产品已经摆脱了传统观光模式,文化旅游产品创新之风也已开始。

在激烈的城市竞争中,旅游业的"北京模式"面临着根本性的挑战,如果不进行产业转型,只能陷在残酷的"红海"之中难以自拔。

但是不应也不可能全盘否定"北京模式"。一是因为这是优势发挥的自然结果;二是因为这是北京的形象所在;三是因为长期来看,这种模式仍然会保持旅游业的主体地位。从战略角度来看,基础不能动摇,但需要在此基础上开拓新领域,开发新产品,谋求新发展。

3. 转型方向

转型涉及城市发展和旅游发展的方方面面。

第一,北京旅游产品应从观光为主向复合型转化,尤其是深入开发利用都市旅游资源,形成观光产品与都市产品并重的格局。

第二,按照传统模式,旅游的发展优势也相对下降,因此需要进一步创造北京旅游的新优势,而新优势的创造会有利于保持传统优势。下一步,观光加商务、观光加休闲等组合性产品会越来越多,从而形成良性发展的格局。

第三,旅游产业应从相对独立业态向综合产业转化,即从传统的六要素全面扩张,延伸到各个相关行业。其中,扩大到城市休闲领域是长远的战略。

第四,从传统服务业向新兴服务业转化。在世界贸易组织的分类体系中,旅游属于传统服务业,在中国我们始终视之为新兴服务业,这恰恰反映了阶段性的差距。但就北京而言,由于现代服务业的迅速成长,尤其是金融产业,已经成为北京产业结构中的支柱,使得旅游业的传统性凸显。因此,必须加大力度,使之转型为新兴服务业,这也可以说是北京旅游业的"二次创业"。其中,从单纯为生活服务向为生活、生产共同服务应当成为一个突破点,其内涵就是商务旅游的发展及比重的提升。

第五,从构建和谐社会的理念出发,旅游业应当从经济性产业转向经济社会性的综合产业。通过旅游发展,提高人民群众的生活质量,提升城市的发展质量。

最终,完成从数量型向质量型转化,从以外延扩大为主的增长模式转向以集约式发展为主的发展模式,从旅游产业转向城市休闲产业,以休闲产业丰富城市生活,提高城市品质,从而全面发挥旅游业综合性强、关联度高的优势,使旅游发展为北京做出更大的贡献。

(二)产品升级

现阶段北京旅游仍然以传统的文化观光性产品为主体,这是北京旅游业的基础,长远看这种格局也不会有大的改变。

随着经济社会的发展和新的旅游形式的不断兴起,就需要在北京现有产品的基础上研究传统产品的改造升级以适应市场的变化,并创造新的旅游产品满足新的需求。

这种升级和创新仍将依托现有的资源和条件,但是在产品的内容、形式、组合等方面需要革命性的提升,丰富传统产品,提升现代产品,创造新兴产品。

1. 总体思路

(1)发展过程

应从观光主导过渡到观光主体,发展复合产品。其中,主导是战略选择和战略调整,而主体是长期存在的实际情况,复合型产品是发展方向。

(2)发展重点

应以都市旅游为龙头,以文化旅游和商务旅游为两翼。其中,都市旅游主要体现人文和人本,以城市休闲为载体。文化旅游形成深度体验,创造北京旅游亮点。商务旅游推动新业态和效益提升。

(3)发展优势

应形成复合型资源多样化发展的格局。这既是传统优势持续发挥的需要,也是新模式创造的需要。在发展中,新优势将会逐步积累,新作用也会逐步体现,北京的复合型资源通过多样化发展才能得以全面利用。

(4)市场变化

市场的变化将形成个性化需求、多元化组合的方式。现代旅游需求变化快,但万变不离其宗,个性化需求是最高要求,多元化组合是表现形式。在新经济形态下,借助高技术手段,可以把不可能变为可能。其中的难点不在于技术,而在于观念转型和组织转型。

2. 产品培育

(1) 传统的团队和包价产品将向更为灵活的产品转型

北京现在的旅游景区点、旅行社、饭店、旅游运输企业等仍习惯于传统的经营形式和管理方式,即提供大规模的团队和包价服务,对于更为灵活的经营方式和产品组合的创新动力和能力不足。如旅游景点几十年一贯制的管理和对客服务,在票务体系、服务配套、宣传促销等方面积极性不足,"等客上门"现象严重,习惯于享受垄断型资源的既得利益。北京旅游业的各相关方面需要进一步强化市场意识,创新产品,这样才能吸引更多的客人,提高目的地的吸引力,并增加回头客和重游率。

(2) 根据散客游的特点重新规划构建北京的产品

随着旅游业多年的发展,市场上散客潮的趋势日益明显,特别是自发、自主、自助的要求更高,但由于北京公共服务水平的低下导致散客游的各个环节问题很多,急需根据散客游的需要对旅游产品的供应链进行梳理,整合相关部分,使北京成为一个令人赏心悦目、舒适便利、体验丰富的目的地。一个简单的例子,目前全世界的地铁和公交系统都有针对散客的"旅游一票通"性质,包括火车都有周票、月票等多种选择。北京在此类服务方面需大力跟进。

(3) 大力完善商务旅游、会展奖励旅游(MICE)等产品的配套

目前北京在这一块市场上的上升幅度较大,从近年的情况来看,商务旅游所占的市场份额始终保持在比较高的水平,而且呈稳步发展态势。北京作为中国北方的经济中心和总部基地,虽然在商务活动的增长方面不如长三角和珠三角有力,但是依托中国强劲的经济增长态势,北京的商务旅游和会展奖励旅游有良好的市场前景。北京急需尽快完成有关商务设施的建设,特别是大型会展中心和会展型饭店的配套。可以肯定,北京完全有条件在这一方面赶超世界发达城市。

(4) 积极构建城市休闲体系,形成富有特色的都市旅游和休闲产品

总体看来,北京是一个过程型的目的地,而不是一个生活型的目的地。从目的地的类型来看,比较引人入胜的目的地包括生活型的如丽江,体验型的如西藏,文化观光型的如西安,复合型的如巴黎等。而像丽江、上海、巴黎等旅游城市的一个共同点就是生活型的城市,而不是过客型的城市,游客乐于待下来

做较长时间的停留,做深度体验。

北京目前由于城市休闲体系不足,没有形成较好的休闲片区或中央休闲区,而是仍沿用传统景点开发的模式在进行旅游开发。因而需要通过这种旅游和休闲的深度开掘,达到城市的全面提升,配套的全面优化,促进北京旅游发展的休闲化,由此来推动工业化和新兴城市化,实现目的地创新。

(5)京郊度假产品和乡村旅游产品进一步提升

由于北京的环境和自然条件所限,导致度假旅游产品的发展相对成为弱项,但北京有着庞大的人口基数,对于近距离的度假又有着较大的需求。因而周边区县具有一定条件的地区形成了一些度假设施的聚集,而广大农村地区的乡村旅游、民俗旅游也呈现快速发展的势头。虽然目前此类产品在北京旅游产品中所占的份额相对较少,但其发展将成为北京未来旅游业的一个较重要的组成部分,而且将极大地推动北京的城乡一体化发展。

随着市场的发展,此类产品的发展和逐步提升也将逐步使北京城内、城郊和城外的旅游产品能够更好地实现层次化发展并不断丰富,做到各类市场间的有机补充。

总体看来,北京旅游产品的升级不仅是传统上旅游景区点的更新改造和设施改进,而是涉及旅游供应链、服务链、价值链各环节的整体互动提升,并以此达到北京旅游业的整体升级。北京旅游业作为综合性强,产业涉及面广,拉动作用大的产业,其升级必然也要求与旅游业相关的各个行业进一步作出改进,实现从传统服务业向新兴服务业转型,实现从为生活服务到为生产生活服务转变,扭转北京服务业水平较低的状态,让北京服务业向世界先进水平迈进。

3. 产品体系构造

在北京旅游产品升级中,应构造完整的十四大体系,按其重要性和紧迫性排列如下:

(1)文化遗产体验体系

(2)商务会展开拓体系

(3)城市休闲生活体系

(4)国际高端旅游体系

(5)首都特殊项目体系

(6)节事活动产品体系

(7)文化娱乐产品体系

(8）郊野会议度假体系

(9）体育旅游发展体系

(10）乡村休闲娱乐体系

(11）社会资源旅游体系

(12）自然山水观光体系

(13）文博市场寻宝体系

(14）周边联动旅游体系

(三）开发转向

1. 形成新的旅游资源观

传统意义上的旅游资源包括两大类：一类是自然旅游资源，即名山大川，另一类是人文旅游资源，即名胜古迹。实际上结合国际的旅游发展经验，结合中国旅游业的发展过程，可以很清楚地看到，很多目的地的发展并不完全是靠这两类资源，例如深圳和上海。因此需要确立一个新的资源概念，就是社会旅游资源。

近年来，很多地方在社会旅游资源的运用上产生了非常大的作用，包括国家旅游局评定工业旅游、农业旅游示范点，也超越了传统的自然旅游资源和人文旅游资源的概念，实际上就是社会旅游资源的利用。这三大类旅游资源的定位，就意味着基本上没有不可用的东西。

另一方面，可以从观光旅游、度假旅游、特种旅游、商贸旅游几个角度研究和划分旅游资源。比如广东观光旅游资源不足，但度假旅游资源丰富，就不能简单地判断该地旅游资源不足。上海也是观光旅游资源不足，但走都市旅游开发之路，取得了成功。

在以上两个方面，由于北京资源条件好，按照优势资源形成优势发展，也取得了成功。但是一定意义上也形成了包袱，使全行业对其他资源关注不够，对市场的适应性不足。

也就是说，对旅游资源的认识必须要更加开阔一些，而且除了认识的开阔，还要进一步地细化，进一步研究资源怎么转换成产品。在有些地方可以无中生有。比如深圳，基本上就是一个无中生有的地方，但是深圳有一个"大有"，就是有市场，它的旅游产品才能无中生有。第二层概念是有中生好，就是说，这里资源是有的，但还要在里面生出好。第三层概念是好中生优，旅游开发的方向应该是有中生好，进一步好中生优。第四层概念是优中生特，创造差异化特色化产品,才能形成独到的吸引力。进一步研究组合度与优化度。资源的认识和评价除了独特性和品位之外,在实践中,更重要的是组合度,涉及区位、时间、资源品种的互补等。同理,在产品层面上,就是优化度问题。

从新的旅游资源观认识,北京的优势可以进一步体现。一是资源种类丰富,二是资源品位较高,三是开掘余地极大,四是组合度好。尤其是在一些新领域,将创造出优化度更高的产品体系。

2. 贯彻新的开发原则

(1)稳定存量,发展增量

分析存量,北京观光产品已经开发过剩,乡村旅游产品需要转型,都市休闲产品自然生长,商务旅游产品需要强化,特种旅游产品几乎没有。

因此,目前应当停止开发新的观光景区。尤其是在远郊区县,农民自发开发景区的行为必须禁止。同时,应当在城市包括各个新城开发都市型产品,集中资源,以增量拉动发展,以发展调整结构。

(2)少花钱,多办事;办好事,好办事

目前,北京各区县发展旅游的积极性非常高,大规划、大项目,大把花钱。这当然对旅游是好事情。但要确立这么一个原则,钱要用在刀刃上,让有限的资金发挥出杠杆作用来。应结合新农村发展,集中针对薄弱环节,主要是环境、交通、信息等问题。

(3)少开发,多利用

旅游发展始终有阶段性的局限,如果片面强调开发,就意味着要进行大规模的建设。但大规模建设的可行性往往难以判断,如果在没有准确的可行性判断之时就急于进行开发建设,就很可能失误。所以,在规划和发展中,应注意谋定而后动。在总体思路上,就是少开发,多利用。很多资源,尤其是文化性的资源,可以先行充分利用,整合起来就成为产品。坚持这个原则,就可以少犯错误。

北京已经积累了相应的经验,如胡同文化游,完全是在整合现有资源的基础上形成的,而且成为新的品牌性产品,受到了普遍欢迎。

(4)强化软开发,适度硬开发

在产品开发的过程中,更多的要强调软开发。软开发的核心就是规划、设计、策划,要努力将这些工作做到位。因为很多事情有一种盲动性,核心在于人们都有一种普遍的心态,即"多什么就烦什么,缺什么就想什么"。发展旅游,应该从游客的角度来考虑,游客厌倦了城市生活,才愿意亲近大自然,内地人对内地的文化体系已经看惯了,追求差异化,才跑到其他地区来,这是很自然的心态。所以,在规划中就需要强化软开发。适度硬开发,不是说不搞建设,但是要适度。只有这样,才能把资源整合做到位。

另一方面,北京要更多开发软产品,慎重开发硬产品。软产品主要指活动性产品、节庆性产品和文化性产品,硬产品是开发景区、建大宾馆等。北京旅游的观光设施及服务设施的供给不足局面早就已经结束,目前的短线制约主要是软,一是软产品,二是软环境,即良好的人文环境和高效的公共服务。

(5) 形成良性循环的开发链

把观念创新付诸规划和发展的具体行动中,形成"思路出规划—规划出项目—项目出资金—资金出建设—建设出效益—效益出发展—发展出思路"的良性循环格局。

3. 产品与市场对应

首先是资源和产品对应,然后是产品和市场对应。

现在往往是只强调资源,用资源直接来对应市场,往往形成有什么资源就开发什么产品,再去寻找市场,这样就会造成遍地开花的局面。可是如果针对市场,有选择有重点地进行产品开发,做一个,就会好一个。

各行各业都要以销定产,旅游同样也需要以销定产。如果有什么资源一定要形成什么产品,这样就会形成很多无效劳动,投入很多无效资金,甚至形成近距离低水平的重复建设现象,这就意味着自己在和自己竞争,左手在和右手打架,不会有更好的效果,所以必须研究产品和市场的对应关系。

(1) 市场分层

从消费的角度来说,市场是三个层面,高端市场、中端市场和大众市场。

一般来说,观光旅游所对应的是大众市场,休闲度假旅游所对应的是中端市场,特种旅游和商贸旅游对应的一般都是高端市场。

市场是三个层面,如果说我们把所有的精力都集中到单一观光上,就意味着只能对应大众市场,大众市场流量大,但是人均花费额比较低,甚至造成旺季的时候疲于奔命,但效益低。有一笔账很好算,三三得九不如二五一十,这样就必须研究三个层次市场的综合开发。

高端市场是主导性的市场,中端市场是主体性的市场,大众市场是基础性的市场。北京应当努力开拓高端市场,发展中端市场,保持大众市场。

(2) 产品分级

产品是四级,也对应四个层面,包括地方性产品、区域性产品、全国性产品、国际性产品。北京的文化遗产是国际化的产品,必须下工夫。乡村旅游一般是地方性产品,也需要逐步提升。

(3) 服务分档

主要体现在打造商务精品,创造文化新品,规范观光产品,提升休闲产品。使各个层次各种偏好的旅游者各得其所。

(4) 开发分时

有些项目开发早了就失败,开发晚了会错过市场机会,必须在市场最合适的时机开发,才能得到最大的效益,这是普遍情况。

(5) 新老分置

要增强针对性,兼顾新与老。一般来说,用新产品巩固老市场,用老产品开发新市场。因为老产品都是比较成熟的产品,在市场上的影响也比较大,所以要用老产品开发新市场。而老市场是回头客,所以必须用新产品巩固老市场。从这个意义上说,除了少数主题公园类的产品之外,旅游产品没有老化问题。再过一千年,黄山不会老化,故宫也不会老化,旅游者一代代地成长,只有老市场,没有老产品,因此不能简单地套用工业产品的生命周期理论。

(四) 市场优化

1. 构造新的三大市场体系

在国家层面上,我们习惯于入境旅游市场、国内旅游市场和出境旅游市场的分类。但在地方层面上,判断应有所不同。

一是中国作为一个地理大国,其面积相当于一个洲,按照欧洲概念,中国的跨省国内旅游就相当于他们的国际旅游。二是在旅游发展初期,为了入境旅游,我们形成了国际国内两套服务设施体系,随着中国发展水平的提高,这种二元模式已经从根本上发生了变化。旅游消费的国别淡化,层次性得到强化。三是对各地来说,只有发生在当地的消费才具有实际意义。

因此,从实情出发,按照消费发展水平和同质性规律,北京需要构造新的三大市场概念。

(1) 外来市场

包括国内、国际两大类,细分则有按目的(观光、商务等)、按次数(初访、重访等),但总体而言,外来客流停留时间较长,花费较多,能对北京发展贡献实实在在的消费力量。因此,入境旅游市场开发的主要作用在于推动城市的国际化发展,国内外来客人则以其规模大、数量多、消费广所产生的作用更大。

(2)本地市场

包括北京人和常驻外国人,这个市场具有均衡作用,并且在更深层次反映了北京的国际化水平。

以外交、经贸、科技文化和总部经济等为代表的常驻外国人,引领了北京的旅游休闲时尚,提升了城市的生活质量。这个市场以休闲为主,其消费逐步趋近于日常消费,但人数多,消费频繁,变化快,有力地刺激北京旅游的质量提升。

(3)出行市场

出行市场对北京的旅游消费产生了分流作用,但对于北京城市和旅游发展质量则产生了促进作用。进一步看,提高了北京旅游在国内国际的地位。其中,一是公务和商务的出行仍然是主体,具有相应的刚性。二是国内出游市场体现为自驾车旺盛,而一般性的旅游团少。三是出境仍然体现了政务多、商务多,部分奢侈性旅游也会成为趋势。但除了给经营者以贡献,对于总体拉动的直接作用有限。

这样的市场概念是一个大市场,从外延上涉及各个行业,从内涵上从旅游深化到休闲,因此决定了北京旅游市场开发的长远重心和阶段性重点。

2. 目的地营销体系

(1)促销模式多元化

旅游形象宣传是北京城市总体形象的全面展示,应当借助各方力量,采取多种模式进行。

①首脑带领型。领导人出访和外国要客访问北京的时机,正是有关媒体和公民关注北京的时候。抓住这些时机,适时地组织北京旅游的形象宣传,将会产生轰动效应。

②部门协同型。旅游部门与经贸部门和其他各个部门合作,参与北京在海外进行的各种商品展销活动,把旅游内容与有关部门、有关行业的活动有机地融会在一起,形成部门协同宣传促销的格局。

③海外联动型。与我驻外使领馆、有关行业的驻外机构以及遍布世界的海外中资企业合作,形成海外联动的旅游宣传促销机制。

④政企结合型。旅游行政管理部门和旅游企业相结合,其中旅游行政管理部门主要侧重于国家旅游形象或地方旅游形象的宣传,旅游企业主要侧重于旅

游产品的促销。

⑤明星拉动型。在主要客源市场,邀请当地的文艺或体育明星作为旅游大使,面对该市场公众宣传北京的旅游形象。

⑥主题集中型。针对专门的市场层,形成专门的主题,集中进行促销,而不追求面面俱到,这也是各国对市场细分进行深化开发的通行做法。

⑦航空龙头型。根据中外航空公司开辟的新航线和新的航点,迅速对新的市场进行集中宣传促销,追求立竿见影的效果。

⑧友好城市型。北京与世界各国结成的友好城市已达200多个,应进一步借助这个机制,采取直接或委托的方式,开拓市场,形成双向交流。

(2)促销方式多样化

从促销方式来看,现在已经形成了两大体系。一类是请进来,目前已经形成了邀请记者进行访问旅行、邀请旅行商进行体验旅行和实行旅行代理人培训计划等较为成熟的方式。另一类是走出去,进行宣传促销,从目的地营销发展到客源地建设。

这一类又包括三个主要方面:

①传统方式。传统方式的工作对象主要是客源市场的旅行商及其代理人。一是设立旅游办事处的方式,以频繁联络、方便、快捷、全面服务来开发市场。二是参加旅游展销会的方式,在短期内大面积地接触旅行商,吸引他们的注意力,尽可能达成交易或意向。三是组织巡回促销,通过召开说明会等方式以抓住重点市场进行深度开发。

②扩张方式。这一方式的主体是借助客源市场的各类媒体,面向公众进行宣传促销,通过户外广告、电视广告、广播广告、报刊广告及新闻发布会等多种方式,形成集中的媒体影响,以吸引公众的注意力。

③创新方式。通过促销方式的创新以全面吸引客源市场的注意力。一是大篷车式的促销,招摇过市、引人注目。二是社区性的促销,在社区活动中心、百货商场或大型主题公园内进行系统促销、系列促销,以扩大影响。三是综合性促销,即在促销方式上除了一般的发放小册子及各种宣传资料之外,同时增加歌舞表演、手工艺表演等活动性、参与性、文化性的内涵,激起广大公众的兴趣和来华旅游的热情。四是网络营销,即充分借助互联网,汇总旅游信息,实行动态促销,开展网上电子商务,使世界各国的旅游者都可以即时和实时获取旅游信息,成为永不落幕的旅游交易会和旅游展示会。

(3) 年度宣传主题化

应在明确年度营销主题基础上,继续根据市场发展情况,提前深入研究、提前确定主题、提前操作运行,以求得更好的市场成效。

①逐步深化。一是主题逐步从笼统到具体,从资源性主题到专题性主题。二是从政府运作到政企结合。资源性主题主要由旅游局运作,到专题性主题形成政府和企业结合的格局。三是从形象到产品。主题活动的主旨是进行北京旅游形象的总体宣传,在发展过程中也从形象总体宣传逐步发展到产品组织和产品宣传。这一历史过程是宣传形式主题化逐步深化的过程,也是全行业不断积累经验,改正不足,逐步提高的过程。

②逐步展开。在逐步深化的基础上,继续加大宣传形式主题化的工作力度,逐步展开,形成产品性主题。

③逐步提高。宣传主题的确定,给产品开发指出了方向。应围绕这些主题,提前着手有关旅游产品的开发并搞好促销。从长远发展来看,主题年活动还需要巩固并逐步提高:一是呼应世界性的主题并借助各类国际组织所提出的主题;二是紧密配合国家的主题和国内各部门所形成的主题;三是结合北京发展重点所形成的主题。

(4) 运作机制创新化

①办好北京国际旅游博览会。目标是要把该会办成体现北京特色,展示首都风采,聚合各方资源的高档次专业旅游展销会,成为北京城市对外交流的重要渠道和窗口。在内容上,既要作为卖方也要作为买方;在组织机制上,要形成部门协同,按照国际化运作规则进行;在设计水平和具体组织上,各个方面都要按照高质量、国际化的目标来追求。

②设立海外旅游办事处。根据入境客源市场发展的需要和北京人出境旅游的发展需要,适时适度设立驻外办事处,提供人员和经费的保障,实行机制创新,以更大程度地发挥效能。

③营销机制的创新。目前北京旅游局和旅游企业相结合的宣传促销机制已经基本形成,需要进一步创新。一是要统一规划,按照入境市场开发的总体需要,组织力量形成拳头产品,进行宣传促销。二是要对重点市场进行重点促销。三是把总体形象宣传和产品促销进一步结合起来,努力形成集团军作战的态势,反对游击行为。四是在旅游企业中,要以大旅行社的产品促销为龙头,结合航空公司、饭店集团和主要旅游景点等各个方面进行综合促销。

(5) 制作国际化宣传品

应集中人力财力,尽快制作一批高质量的国际化宣传品。包括一部电影、一个系列电视剧,一批专业性小册子。同时强化到访后的信息服务,设计北京休闲脚本,饭店客房内摆放北京城市旅游手册,在主要地点发放北京旅游活页。

3. 加强市场体系建设

市场,市是交易,场是场所。政府兴办常常是有场无市,民间兴办则常常是有市无场。而旅游市场的建设则又有特殊性,无形市重于实体场。因此,在市场建设上应注重市与场的结合,形成体现场所的建设项目、体现产品的活动项目和体现市场的营销项目。

(五) 区域协调

1. 争当第一

从空间发展来看,北京主城区是区域旅游发展转型的重中之重。同时,按照北京十一五旅游规划提出的"一区两圈"和各区县发展的重点,需要培育一批旅游强区强县,应进一步树立信心,发挥优势,争当第一,从而丰富北京旅游的整体功能,树立新的北京旅游形象。

一是东城(含原崇文)、西城(含宣武),构成中国第一都市旅游区。

二是朝阳区,目标是中国商务旅游第一区。

三是海淀区,目标是中国文化旅游第一区。

四是顺义区,目标是中国空港会展第一区。

五是门头沟和延庆两区(县),具备比较成熟的条件,可形成相对独立的高质量目的地。

六是其他区县,构成中国环都市休闲度假第一区。

以上只是粗略定位,实践中自会形成进一步的分工,从而在16800平方公里的土地上全面整合旅游资源,创新旅游产品。

2. 主辅结合

在保护和发展以城区为核心的古都文化旅游区基础上,进一步拓展旅游目的地空间。先以门头沟区和延庆县为开端,在配合城区旅游发展的同时,规划建设相对独立的目的地。要在保护生态、文物前提下,按照国际/国内一流旅游目的地的目标进行规划建设。形成北京旅游的未来增量。在"古都北京"基础上,创造新的旅游目的地吸引主题——"山水北京"。根据发展情况,在有条件的区县推广。

3. 新老结合

按照《北京城市总体规划》，北京将建设11个新城，每个新城70万~90万人口，这同时也意味着大量旅游需求的转移。因此，应结合未来北京新城建设，配合城区人口外迁，应发展新区旅游服务中心和有特色的休闲娱乐设施体系，一方面亲民、便民，满足需求，另一方面缓解中心城区接待、交通压力。

4. 建设环北京旅游接待服务基地

考虑到北京旅游与天津、承德、保定等地的联动发展，结合交通设施和资源条件，应在通州、怀柔、昌平、石景山予以重点考虑。接待基地以度假酒店、乡村酒店和汽车营地为主要载体，与新城发展统筹规划建设。

各郊区县应按照国际标准，建设汽车旅游营地，服务北京人，服务外地人。在郊区县推广民俗主题酒店、乡村酒店，提供税收等方面的鼓励政策，推动旅游资本与农民多种方式合作经营乡村旅游。促进乡村旅游从农家乐向乡村酒店、乡村俱乐部、乡村旅游社区、乡村度假区和旅游小城镇的方向逐级提升发展。

5. 领头构建环渤海旅游区

按照资源共享、市场共拓、客源对流的要求，以"一核（北京）、两环（水陆两条环线）、三中心（天津、大连、烟台）"的发展格局，构建以北京为核心的环渤海旅游区。

通过游线组织、宣传促销以及政府、企业和行业协会之间的联系与合作，整合北京、天津和河北的承德、秦皇岛等部分地区的旅游资源，扩展北京旅游的空间地域，打造以北京为主要接待服务与集散基地，涵盖天津、河北部分地区旅游线路组织在内的3小时（时距）首都旅游圈。实现无障碍旅游和区域一体化，通过构筑以北京为核心、跨行政区域、共享市场的首都旅游圈，开发新的观光旅游区（点），丰富北京观光旅游内容，扩大历史文化旅游区（点）的环境总容量，带动京郊及北京周边邻近省市的旅游发展。

（六）机制转轨

北京集中了全国传统的旅游大企业，也由此形成了北京的一种特殊现象。但恰恰因为这种集聚，使北京旅游行业呈现了新旧交织的市场特点，目前又面临着新老交替的格局。一个世界旅游城市必须拥有一批世界级的旅游企业，所以，机制转轨也必然提上议事日程。从北京旅游行业总体发展角度来看，需要分层对待，全面发展。

1. 中央旅游企业：给空间

大量中央旅游企业在京发展的主要制约是物理空间的制约，缺少发展用地，难以搞建设。针对这种情况，可以集中开拓空间，或给予相应政策支持，使它们留下来，能发展。

2. 外资企业：让市场

目前，世界顶级饭店正在纷纷进入北京，这主要是因为奥运和商务发展的吸引。但是，目前世界主要旅行社集团、饭店集团、邮轮公司等中国区的总部多数集中在上海，这反映了开放程度的差异，更反映出公共服务的差距。为此，应当进一步开发，以市场的姿态汇集旅游总部，创造新的增长极。

3. 市属企业：促交换

按照旅游经济规律，旅游集团必须是网络化集团。多年以来，首都旅游集团作为北京第一大旅游集团，在网络化发展中取得了大的成绩，也面临着重重困难，各地的市场保护是主要原因。为此，可以先对各省和各主要城市开放北京市场，以此来交换各地市场的开放，以支持首旅集团和其他市属旅游企业的市场扩张。

4. 民营企业：非歧视

近年来，一批民营旅游企业已经在不经意间发展起来。在产品方面，民间博物馆迅速发展，各类旅游文化市场已成品牌。在服务设施方面，饭店建设和房地产一体，出境游旅行社从地下转向地上，并且产生了一批新型旅游网络公司。从现状看，民营旅游企业已经成为北京旅游市场的生力军。从发展态势看，势必成为市场主流。对于这类企业，关键是实行公平的管理，采取宽松的方式。这样，既可以支持它们的发展，也可以吸引更多企业进入。

5. 海外发展：日本的启示

1985年，日本作为世界工厂，形成了巨额外贸顺差。为此，美国、联邦德国、法国、英国和日本签订了广场协议，日元急速升值，日本提出转变国家战略，从出口导向型转向内需主导型。与此相对应，日本的观光局和企业分别采取了一系列的对策。

一是制订出国旅游倍增计划。1985年日本出国旅游500万人，目标到1990年增长到1000万，当时世界旅游界为之轰动。

二是跟进"黑字"环流计划。即把外贸形成的顺差（黑字）通过旅游渠道释放一部分，在这个过程中旅游变成了有效的经贸工具，变成了缓解国家对外经济摩擦的润滑剂。比如当时埃及提出来要抵制日货,后来日本观光部门出面,承诺来年增加输送20万客人到埃及,埃及的观点马上不同了。

三是企业跟进。由此又形成了利润回流的方式。所谓利润回流是因为一个国家出去的人多了,企业家也跟着出去投资,构成了一种特殊的方式,日本人出国坐日本汽车,坐日本飞机,住日本饭店,吃日本饭菜,当地实际上就是挣点景点钱,挣点服务钱,主要的利润还是回来了。

日本的这三条,充分把握了机会,虽然日元升值对日本经济造成很大损失,但在当时的环境下不得不为。

另一方面,积极扩大国内旅游需求,日本也采取了几个措施:

一是假日制度调整。从1985年之后日本开始实行双休制,同时增加了一部分公共假日,构成了黄金周消费高峰。

二是企业组织员工旅游。为此日本观光局推出一个政策,其中一部分可以视为培训,计入成本,这个政策对当时拉动日本旅游起了很大的作用。

三是培养孩子。这一政策一直到现在还在持续。日本的学生出国叫做修学旅游,在国内叫做见学旅游。从那个时候一直到现在二三十年时间,是在培养一代代未来的旅游者,这都是很有战略性的做法。

北京现在恰恰面临着这个局面,如何通过旅游促进消费,首先需要促进旅游消费。如果说在这几个方面能够主动一些,至少可以把一部分出境游的花费形成利润回流。从全球一体化的经营过程来说,只要能挣钱就是好事。在世界范围内,北京都是出境大市场,分量很重,做好了,一是可以成为有效的外交工具,二是可以成为积极的经贸工具,进一步应该成为构建和谐社会的重要工具。

(七) 发展转型

1. 体系化转变

发展转型说到底,是按照中央的要求:从外延式增长转换到内涵式增长,最终形成集约式发展。历史和逻辑的一致是北京旅游业的国际化发展,这就要求有国际型的眼光、国际型的决策,遵循国际惯例并培养和使用国际型复合人才。国际化发展将开拓一个新的广阔的空间,使北京旅游业全面进入国际分工,并在分工中升级。

不但要培育全国性跨区域的大型旅游集团,还要进一步培育北京的跨国旅游集团。而这一目标的实现,首先有赖于全面实施新时期的旅游发展战略体系,在这个历史过程中达到集约型经营、质量型竞争、效益型发展,使北京旅游业为首都经济和社会的发展,为中国和世界旅游业的发展做出更大的贡献。

(1) 积极促进要素转化

一是资源转化为产品。这个任务目前只完成了一半,大量社会旅游资源仍然处于资源状态。

二是产品转化为市场。现在已经形成共识,并见到了相应成效。

三是市场转化为资金。北京在国内大体处于中游偏上,和其他国际大都市相比差距更大。

四是资金转化为发展。目前北京旅游业的总体情况是资金利润率不高,转化率也低。

五是发展转化为品牌。目前多数情况还是在搭便车,即借助首都品牌和遗产品牌,对首都品牌贡献不匹配。

(2) 体系化发展路径

从发展的角度来说,需要构建一个体系化的发展局面,这个新体系归纳起来是六个围绕。

一是围绕需求促进旅游。需求持续增长,所以要围绕需求促进旅游的持续增长。但这里边需求不仅是一个数量问题,还有需求的层次问题和质量问题,要把数量、层次、质量认真研究透,对应市场就比较有主动权。

二是围绕旅游形成市场。因为旅游是人的流动,旅游者来了就会就地形成购买力,就地形成市场,使当地的很多东西就地升值,所以这样一个市场性的作用是非常强的,也构成了市场的繁荣。

三是围绕市场开发产品。由于奥运的拉动,近年来北京旅游开发势头很猛,也有隐忧,主要是普遍开发和遍地开花,造成近距离低水平重复建设。因此,必须围绕市场开发产品,市场需要什么才能做什么。

四是围绕产品组织产业。市场形成了,产业一定会形成,之所以用组织这个词,是因为政府在里边发挥更多的作用,不能凭着市场自然发育,自然发展。如果只是自然发展,就会形成秩序混乱、质量低下的局面。所以要围绕产品组织产业,同时要形成产业链,在发展过程中,这个态势已经非常清楚了,就是随着旅游需求的扩大,形成一个需求链。旅游企业形成了一个经营链,形成了一个服务链,进而延伸了产业链,比如工业旅游、农业旅游,原来都不是旅游企业的概念,但是现在不同了,包括社区旅游,在一定意义上都形成了旅游企业,当然可能不是完整的旅游企业,但却意味着这个产业链不断延伸,产业面不断扩大,产业群迅速形成。正是在这样一个基础上,旅游的综合拉动作用才能越来越突出。

五是围绕产业合理分工。这个问题可以说是现在北京旅游业所面临的一个重大问题,因为大家对旅游的认识程度提高了,积极性也高涨了,有资源就想开发,所以产生了相应问题。但是积极性不宜阻挡,只能引导。比如房山区发现11个溶洞,已经开发了几个,但显然不能都开发出来。因此,一个合理的分工体系的形成至关重要。分工是一个产业发展的基础,也是产业成熟的标志。只有围绕分工,产业的全面发展才有可能。

六是围绕分工全面发展。所谓全面发展,不仅仅是旅游企业的发展,是要通过旅游拉动整个经济、社会、文化、环境等方方面面的全面发展,拉动各部门各企业的全面发展。进一步而言,在旅游发展中,不但要研究如何依靠旅游发展促进经济发展的问题,还要研究旅游发展促进社会、文化等其他方面发展的问题,形成一个体系化、全面发展的局面,构成旅游发展促进经济、社会、文化、环境全面发展的态势。

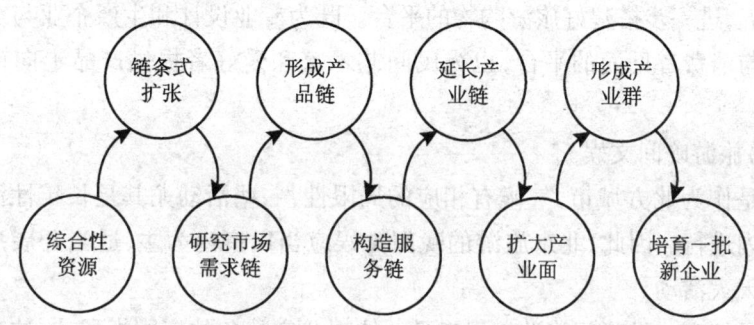

图3　产业发展转型

2. 产业结构优化

产业结构优化的关键是突破薄弱环节,提高要素配套水平,优化要素配置。其中的要点是旅游购物和旅游晚间文娱。

(1) 旅游购物

旅游购物在旅游花费中的比重低,旅游购物市场混乱,是长期存在的问题。为此,北京旅游局(现在已改为北京市旅游发展委员会)联合有关部门,已举办了五次旅游商品设计开发大赛,购物市场的治理整顿也一直是工作重点之一。

下一步需要进一步加强如下有关工作：

第一，形成大市场和泛产品概念。一是推出北京的工业制造产品，尤其是具有比较优势的生活用品。二是开发系列的农副土特产品，目标是让自驾车旅游者装满后备箱。三是琳琅满目具有北京特色和景区特色的纪念品。四是文化产品和收藏品。五是高档礼品。

第二，建立市场化机制。旅游商品品种多，批量小，价格又不能高，致使低档货充斥市场。但低档货虽然有价格竞争力，却绝大多数是大路货。为此，需要采用四种方式。一是北京设计，外地加工，以形成价格竞争力。二是专业设计，基于单一工艺生产，使之既符合旅游商品特质，又能够降低成本。三是政府组织，批量采购。四是向市民和农民订货，提供设计，就地取材，创造北京特色。

第三，在北京市旅游局设立专门机构和人员，统盘规划，全面协调，系统组织，必要采购，推动旅游购物的发展。

第四，向消费者宣传，开辟新的购物领域和购物渠道。同时继续加强旅游购物市场秩序的维护，建立规则，处理好投诉。

第五，进一步搭建好旅游购物的平台。既为专业设计和生产企业与个人提供产品与消费者见面的平台，也为民间艺术家和爱好者提供产品走向市场的平台。

(2) 旅游晚间文娱

一是作为北方城市，气候有相应的局限性，一些活动尤其是长年性活动只能在室内进行。因此，北京旅游的晚间文娱应当以室内为主，适当开展户外活动和露天大活动。

二是培育一批晚间旅游文娱产品。体现北京特色的京剧折子戏，体现北方特色的杂技，体现中国特色的歌舞，体现时尚气息的晚宴秀等，在北京均已产生，但始终处于"温吞水"的局面。但是，西安"唐乐宫"十几年不衰，"印象刘三姐"一炮打响，"云南映象"一票难求，已经体现了新的发展趋势。国外，纽约百老汇成为艺术圣殿，也是旅游者的高端需求，巴黎的晚间文娱更是花样百出，使人体验到浪漫之都的深层次魅力。其中也有规律性可循，艺术性、特色化、精品化是必由之路。

三是全面整合场馆资源，形成多样化、长年性场所。

四是充分挖掘北京的人才资源，培育成熟的精品节目。

五是支持民间文娱团体和节目。

六是通过政府课题的方式推动研发,通过政府采购的方式启动,在精品化的基础上逐步市场化。

(八) 高端突破

在北京旅游产业中,应抓住高端旅游的发展,形成突破口,以带动全面转型。

1. 北京之强

从发展高端旅游来说,北京的"强"体现在五个方面。

一是大国之都。中国原来只是人口大国、地理大国,现在不同了,是经济大国、政治大国,中国已经成为一个有世界性影响的大国。作为这样一个大国的首都,必然要有世界性的影响,世界性的影响要求我们有世界性的视野,把大国方方面面的资源充分挖掘出来。

二是资源丰富。北京的旅游资源可以说无可比拟。全国 30 多个世界自然文化遗产,北京拥有 6 个。不仅是传统旅游资源丰富,北京的政治资源、经济资源、文化资源、教育资源等都非常丰富,这一系列资源撑起了大国之都,这一系列的资源也恰恰是培育高端旅游的资源。所以高端旅游资源一定要超出传统的自然旅游资源和人文旅游资源的概念,要把社会旅游资源充分挖掘出来。朝阳中央商务区 CBD(Central Business District)这几年的发展使土地大幅度增值,也同时构造了一个商务环境。

三是商务发展。北京的商务发展是其他很多城市可望而不可即的,对北京旅游产业也是一个重要的发展前景。在商务发展中,思路应开阔。高端商务主要针对老板和白领以及国内的一些官员,还有国际会展活动。实际上在进一步研究商务发展的过程中,应构造国内中小企业到北京经商的商务环境,在这个过程中,它们会从中端逐步转成高端,甚至从低端转成中端,再转成高端,这肯定会有个过程。大家可以想一想,多年以来,多少到北京打工的人现在都成老板了,只不过需要一个过程。

四是资金注入。北京作为经济发达地区,2005 年财政收入已经达到 1700 多亿,2010 年进一步增加到 2354 亿,同时还有外资、民资等大量资金源源不断地进入,形成北京发展高端旅游的重要条件。

2. 北京之弱

一是好大喜功的公共设施。这是外地人和外国人到北京来最头痛的一件事,西客站、首都机场等公共设施存在较为严重的好大喜功现象,其结果是好看不好用,不便于消费者。

二是"以人为敌"的细节设置。公共设施和许多服务设施的细节还没有很好地做到以人为本。这是北京最突出的一个问题,也构成了北京整个环境的问题。

三是大爷心态的服务意识。北京官本位的意识最强,一切从官出发,这是很自然的,培育的意识就是大爷的心态,这也是北京旅游的薄弱的环节,造成环境不友好。很多外地人进了北京发愁,很多外国人提起北京摇头,这不是旅游的问题,是整个社会环境的问题。

四是体系不全的高端产品。现在一部分高端产品有了,但是体系不全,形成短板效应。

五是缺少极致的精品开发。有一些项目有精品意识,也逐步在向精品方向发展,但是缺少极致,就意味着没有真正有震撼力的产品,通常是文化性的震撼力有,但是其他方面的震撼力差一些。反观上海"新天地",给人的感觉就是精致,但文化方面不足以称道,所以上海人对新天地的评价不高,可是外地人、外国人看完了都觉得不错,都觉得非常精致,上海人欣赏不欣赏是另外一回事。北京缺少这样的项目,如果说在各个领域能有一批精品,高端的市场就形成了。

3. 设立高端目标

北京应当从世界城市的目标升级到全球城市。随着跨国公司的发展,随着经济全球化的发展,全国和全球市场以及全球整个运作都需要中心地点,这样的中心地点就被称为全球城市。客观来看,全球化、无国界经济带来无国界的旅游,无国界旅游又带来旅游活动和旅游功能向城市的集中。市场发展趋势,不是选择去哪个国家旅游,而是到哪一个中心城市去旅游。这是全球城市的全球化发展趋势,同时也要求全球城市形成自己的文化个性,突出与其他城市的文化差异性,强化吸引力。

从现在的市场情况来看,大家到中国只是一个虚的目标,实的目标是到北京、到上海或者到杭州、到广州,这已经是市场的态势。以中心城市为中心的旅游发展态势就要求城市必须形成自己的高端产品体系,这样才可能具有长远的竞争力。

4. 高端突破的思路

第一,强化中心功能。要把北京作为旅游中心城市来打造。这个旅游中心城市的概念首先是全国中心,但是现在全国中心还只是一个说法,因为三大口岸形成三个中心。其次是区域中心,对于环渤海地区,北京毫无疑问是中心,但是中心功能的发挥要和周边协作紧密联系在一起。

这样,作为一个旅游中心城市,北京不仅是一个客流集散地,同时也是一个终极目的地。多年以来,北京作为客流集散地的功能在强化,但是终极目的地的概念一定意义上在弱化。这就像广州,改革开放刚开始的时候,港澳同胞首先到广东,然后再分散,那时候集散地功能很强,现在深圳、珠海等机场都起来了,都从广州的头上飞过去了,使集散地功能弱化,终极目的地的功能也弱化了。

随着进一步开放,尤其是航空口岸建设的完善,类似广州的状况在北京不是不可能出现,这就要求强化终极目的地的吸引力,其中最重要的抓手是高端旅游,因为它的时尚性、示范性、导向性,自然产生吸引力。同时,高端旅游需要中低端的基础,没有足够的中低端的基础,高端也发育不起来。此外,更重要的基础是城市的文化氛围和城市整体环境的改善。

第二,完善产品体系。应当分门别类排队,抓紧工作,现在缺什么,尽快补上。构造一个比较完善的高端产品体系,至少北京要有一些像外滩18号这样的东西。当然,北京需要形成自身的特色,如强化皇城文化,或者强化士大夫的文化,但是档次应该高端。建设高端体系,应该做到每个环节都是完善的,同层次的,使每一个环节上都能够衔接起来。比如会展旅游一共是10个环节,如果这些环节都能达到,这个展览就绝对成功。体系化的链条要达到同层次,如果达不到整体在一个层次,往下降一档也可以,但是不能参差不齐,高的高低的低,最终还是达不到理想状态。

第三,调整服务体系。更重要的是公共服务体系的调整,包括边检等诸多门户服务态度与效率等问题。当然这些问题不是旅游能解决的,但是作为一个高端城市,作为一个全球城市,这样的服务体系必须调整,而且这方面的问题直接影响着旅游的发展。

类似这样的公共服务体系都是给北京的脸上抹黑。这样的事可以说举不胜举,公共服务人员常常把被服务者当做虐待对象,可以任意吆喝、任意训斥,这也是外国人和外地人对北京人最头疼的问题。这样一个公共服务体系意味着,旅游行业再努力,其他高端达到了,公共服务体系的低端还是会让整体档次降低。尽管很多人觉得上海人看不起外地人,但是人家能把基本的服务做得严丝合缝,更何况随着这几年上海市民的置换,上海人已经不会看不起外地人了。北京不同,在皇城脚下,是大爷,永远看不起你们,外国人照样看不起。这是一种文化传统,也不是短期能调整的,但是类似这样的问题应该明确提出来。

第四,构造国际体系。构造国际体系需要国际化的心态、国际化的机制和国际化的运行。因为北京有很多高端人才,所以在这一点上不是很落后。现在相应缺乏的是国际化的心态,这也是全国普遍存在的一个问题。比如组织大活动,领导的要求一定是万无一失,但是越是大活动失败的概率越高,如果追求完全的、全面的万无一失,就意味着活动根本没法搞。所以,很多在国际上赚钱的事情到中国就赔钱,比如上海承办亚太经济合作组织(APEC: Asia – Pacific Economic Cooperation)会议,全体市民放三天假,形成一个小黄金周,就是为了解决交通问题,很有效。但是接待会议的饭店,平均亏损30万,最多的一家亏损100万,本质上还是一个国际化心态的问题。这种万无一失的要求,严格地说还是弱势民族的弱势心理。从和谐社会的构建出发,也包括中国人与外国人的和谐,群众与官员的和谐,真正的国际化是融于老百姓的生活体系之中,而不应当干扰日常生活,这也需要一个过程。随着中国的经济发展,现在大国意识越来越强,很大程度上提高了整个民族的自尊心和自信心,这意味着国际体系构建的条件越来越具备。

(九)休闲时代,轻松旅游

1. 旅游与休闲管理创新

休闲是旅游发展的蓝海,对于新兴的旅游与休闲领域的管理,创新体现在思想意识、管理方式、管理手段、管理内容和管理形式五个方面。

(1)思想意识创新

这里面涉及一系列认识的与时俱进问题,包括对于前述一些模糊观念的厘清,对于产业重要性的认知,对于中国经济和社会发展趋势的把握,对于管理差距的明确等。这种思想认识上的创新需要把现有的一些研究成果转化为国家意志和行政行为。克服掉一些认识上的误区才能够把握时势,发现机会,创造机遇,寻求突破,从而使得管理工作能够得到拓展,获得新的生命力。

(2)管理方式创新

重点是要实现由行政管理向服务和引导的转换。由于中国实行计划经济多年,管理部门和管理者对于行政命令式的管理方式驾轻就熟,而且这种管理方式对于管理者来说基本上是无风险、有权力、没义务的,但是随着经济发展的市场化越来越深入,传统的管理方式将会进一步萎缩、失灵,这种情况下,市场化的手段、符合经济和社会发展规律的方式方法才会起作用,因而对于旅游这种传统上计划经济色彩不浓的部门,越是在这样的形势下越有开拓和成长的空间,转换起来也越容易。

(3) 管理手段创新

由前置审批和市场准入的管理向市场引导、过程监督、质量维护、等级评定等综合性的管理转变。管理拿住了市场这根指挥棒就能够较有效地发挥作用,而且也更能获得市场的认同。通过比较与休闲产业相关的不同部门管理的差异可以看出,有些方面的管理还是几十年前的老办法,而有些部门的管理则较为新颖,这种差异之中显示出了发展的机会。

(4) 管理内容创新

旅游是休闲的基础,休闲是旅游的延伸。休闲活动使社会的消费结构发生了重要变化,也增加了很多新的内容,从而也使得旅游部门的管理能够由目前的"一亩三分地"向更广阔的领域延伸,内容可以包括目前涉及旅游和休闲的很多比发达国家落后、相关部门不管、国人没做好、管理不到位的方方面面,如:与第一产业中的农林牧副渔相关的休闲、工业生产与活动中的休闲、体育运动休闲、文化艺术娱乐休闲、城市休闲、户外探险以及各种新形式的旅游等,其涵盖的范围广泛,而且交叉和边缘之处甚多,发展机会无限。

(5) 管理形式创新

新的管理可较多地借助于行业协会、民间组织、社会中介的形式,通过专业化的方式进行,在市场上树立标杆。由于西方国家较多的是小政府、大市场、大社会的管理方式,因而对于休闲产业的"管理"相对较弱,更多的是"促进"。

2. 创新工作重点对策

从推进经济和社会发展的角度来看,对于休闲产业的发展应逐步进行以下工作:

(1) 界定休闲产业范围,疏理产业发展脉络

比照联合国的分类和其他国家的探索,结合中国的国民经济统计标准,初步可以认为与休闲产业紧密相关的产业体系应包括以下大类和小类:

水资源管理、自然保护、环境治理、公共设施管理(市政公共设施管理、城市绿化管理、游览景区管理)、洗浴服务、文化、体育和娱乐业、俱乐部类组织。

此外，还包括农业、牧业、林业、渔业与旅游休闲相结合的交叉产业以及基于工业旅游与旅游休闲相结合的制造与体验产业等。

北京可以在全国首先推进，初期可适当地对产业进行分类，为后续的发展与管理工作打下基础。

(2) 制订《北京市民休闲计划》和《休闲发展纲要》

近年来一些部门陆续制定了一些与休闲相关的政策，但都因受部门局限而没有在更广泛的社会层面进行推进。如文化部、国家计委、财政部《关于进一步加强基层文化建设的指导意见》(2002年1月30日国务院办公厅转发)，中共中央办公厅、国务院办公厅中办发〔2005〕27号《关于进一步加强农村文化建设的意见》等。

从整体的角度来看，目前对于休闲的种种认识仍限于学者的探讨和业界的呼吁，因此，应将其中已经比较明确的认知从国家政策层面进行必需的界定，提出其中的目标、任务、重点、产业体系、发展规划、发展政策、实施措施、相关的技术标准。其中应包括：

——经济发展目标：

增加新的投资、生产和消费，形成新的经济增长点

创造新的工作岗位，增进就业

调整产业结构，改善经济结构

传统产业的升级、改造与提高

缩小地区间的贫富差距和经济不平衡

——社会发展目标：

人文精神的培育

文化艺术的繁荣

居民身心的健康

行为素质的提高

国民创造力的发挥

环境的优化美化

和谐社会的创建

通过体育运动促进国民健康

——社会和谐目标：

促进社会融合,促进安全,让国民产生归属感,增进民众的团结(通过群众性体育运动)

参与文化与艺术活动提高知识和智力水平

增加文化的多元化

——设施建设目标:

休闲场所

休闲街道

休闲社区

休闲城市

休闲社会

将以上内容进行分类细化,最终形成综合性的指导文件《北京国民休闲计划》和《北京休闲发展纲要》。这两份综合性指导文件对北京市旅游局涉入休闲领域管理具有至关重要的意义。

对此,我们可以从《全民健身计划纲要》对国家体育总局的影响中得窥一二。自 1995 年 6 月《全民健身计划纲要》颁布至今,全民健身计划已经进入到第二期工程第二阶段(2006~2010)。更重要的是,通过实施《全民健身纲要》,国家体育总局获准使用我国体育彩票公益金的 60% 用于纲要的落实,总局有了重要的工作手段。根据 1994 年~2004 年体彩公益金使用情况统计,用于全民健身计划的体彩公益金为 95 亿,用于扶助贫困地区体育事业发展的为 5 亿多。正是由于有了雄厚的资金作保障,体育总局自 1997 年开始利用公益金推进全民健身工程以来,已经实施了"健身路径"等全民健身设施建设、针对老少边穷地区的"雪炭工程"、针对青少年儿童、农民、职工、妇女和老年人的"五个亿万人群"健身活动等诸多项目,从 2005 年起还与国家扶贫基金会共同设立"中国体育彩票·新长城助学基金",这些行动为总局塑造了良好的社会公众形象,也为进一步开展工作营造了良好的社会氛围。

(3)制定北京休闲产业发展的相关规划和标准

这是在宏观层面的政策引导下,对操作层面的技术要求。这一方面的空白点很多,可以形成一个更为完整的体系。旅游行业目前已经有的比较有效的包括饭店的星级标准、景区分等定级标准、优秀旅游城市标准等。而休闲产业由于其涵盖的范围更广,内容更丰富,需要制定标准和规范加以引导的地方更多。

例如关于体育休闲的标准即可成为一个大类。对于乡村旅游，可在原农业旅游示范点和农家乐的标准上形成更为广泛的休闲农业的标准。通过一系列的标准化工作和技术规范，将会极大地促进休闲产业上轨道、上档次。此外《休闲场所标准》可把现有的各种休闲场所涵盖进来，为其提供设施和服务方面的指引，促进其提高水平，而休闲场所可以包括博物馆、科技馆、体育馆等，从而改变目前北京这些领域的落后状况。此外，对于一些原有领域也需要提出标准和指引，如旅游度假区，以前只是划定了度假区，提出了一些简单的原则要求，对于规划和具体的技术方面的东西没有跟进，可考虑进一步跟进。

(4) 出台北京休闲城市发展指引

目前，中国正处于一个快速城市化的发展过程中，经济的发展促使城市化的速度惊人，但是在城市化发展过程中，相应的社会服务没有跟上，到处只是盖楼修路，由于急功近利和投资急迫，在西方发达国家中较为关注的休闲化的问题没有足够的重视，从而导致城市的环境存在诸多不足，没有成为宜居城市。这种现象需要"休闲化"加以引导，从而能够吸收发达国家城市化过程中的优点而避免其失误。因此，"休闲化城市"将是未来中国建设和发展过程中的主要方向。

北京原来已有"中国优秀旅游城市"的工作基础、标准和机制，除了应在此基础上引导城市旅游功能的强化外，还要注重由居民和旅游者结合的"休闲型"、"休闲化"发展。可借鉴西方国家城市的经验，制定相关的"北京休闲城市发展指引和标准"，指导城市的开发、建设、管理、运营。

(5) 组织管理机构的调整与确立

由于休闲是一个综合性的大产业概念，加之政府机构庞杂且条块分割，关于休闲产业目前的管理分散于各个部门，具体包括：建设、文化、体育、林业、文物、旅游、商务等多个部门，一些部门之间内部又有较多的交叉之处。由于产业边界难以界定，往往也导致事权、管理权限难以像传统产业那样明确划分，从而导致各个部门之间的交叉重叠。在这种情况下，行业管理不能再延续计划经济时代的管理模式，而需进一步向服务市场的方式转变。

在新的产业发展中沿用原来明晰的"楚河汉界"的思路划分事权和管理权是一种狭窄的管理思路，正是由于产业的复杂性和多样性才决定了发展的空间和拓展的需要。对于和相关部门的关系，旅游部门应当适当交叉，合理争取，在市场经济尚未完全发育成熟、政府和相关职能部门的运作没有到位的情况下，旅游部门可以积极主动发挥作用，并开创新的管理格局和天地。

旅游部门作为休闲产业的一个基础部门，应该说原来有一定的管理基础，加以延伸是顺理成章的事情。从内部来看，可先考虑在旅游主管部门内设立一个休闲业发展处。由休闲发展处出台相关的政策指引、标准等，并召开相关会议，进一步形成产业和行业的概念，形成体育休闲、文化休闲、休闲城镇、休闲街道、休闲社区、休闲园区、休闲景区、度假区、休闲城市等一系列的标准和指引。

(6) 发挥民间机构和组织的作用

对于旅游业的管理向休闲领域延伸，涉及几个大的转变，即从原来管理外来者的活动向管理全体居民的活动扩展，从管理旅游目的地的部分内容向管理居住地的全面发展扩充，因而必须借助和发动更为广泛的社会力量。

可借鉴的例子是香港康乐及文化事务署，除了营运各类设备、完善康乐文化场地外，还举办林林总总的康乐活动和文化节目，增进市民和游客对文化、艺术和体育的兴趣，积极推动艺术和体育发展，保存文物古迹，美化环境，突出香港作为世界级大都会和盛事之都的地位，进而加强了对外来旅游者的吸引力。在初期，旅游部门必须借助社会力量达到推动休闲和管理发展的目的。

(7) 开拓休闲管理空间

从旅游管理权限与休闲消费方式匹配分析可以发现，旅游度假区可以作为旅游行政主管部门开拓休闲管理空间的重要手段。1992年旅游度假区的建设起步，已发展多年，但需要注入新的内涵，在新的起点上进一步推动发展。应该借休闲消费大发展的良好局面，在目前旅游度假区等国家标准基础上，积极推进旅游度假区等工作设想成为现实。

此外，还可以结合国家的大政方针、宏观战略以及经济大势，把握休闲消费的主体领域，探索发展体育旅游区、生态旅游区、民族民俗旅游区等全新的休闲管理领域。对这些新兴休闲管理领域的探索和开拓可以采取以下具体工作程序：联合部门调研、出标准、抓试点、做推广、开展创建、验收、挂牌子、复核。

(8) 营造好环境，把握主动权

媒体的力量在开放的中国已经变得越来越强大，这种力量不仅仅表现在舆论营造上，还表现在对大众消费生活的引导上。旅游部门要确立有效的媒体关系计划,积极利用媒体的力量为自身职能的发挥和行业的发展营造出一种好的舆论环境,同时也要积极利用媒体的力量来引导大众树立健康的生活理念、正确的休闲消费方式,为旅游管理向休闲领域扩展寻求需求方的支撑。

除了营造好的舆论环境外,还需要在研究环境方面有所作为,要积极介入到休闲研究领域。通过大力支持与休闲相关的学术研究,发挥好专家学者在行业管理推进过程中的重要作用。同时要瞄准管理"缺口",适时推进休闲卫星账户的研究,有计划、分步骤地发布卫星账户的研究成果。这样就能在社会上树立起旅游行政主管积极推进休闲发展的部门工作形象,在行政格局中也能通过"搁置存量、开拓增量"的方式紧紧把握住工作的主动权,开辟崭新的管理空间。

五、北京旅游发展环境与支撑

北京目前已经进入后工业化发展阶段,一个重要的标志就是北京市第三产业生产总值占 GDP 的比重已经超过 70%。从北京的产业结构来看,以现代信息电子产业为主体,产业结构逐步优化。但与工业化程度相比,城市化水平和现代化程度滞后于工业化发展水平,特别是在一些关键环节存在"瓶颈"。

北京旅游业经过二十多年的发展,已经到了一个较大的规模和较发达的水平。但是比照发达国家先进城市的旅游业,仍有很大的提升空间。这可从海内外旅游者的感受和评价中体现出来,因为北京几个重量级的旅游景点虽然具有无与伦比的吸引力,但是旅游者仍然感到在北京旅游的经历是一种在发展中国家旅游的经历,感受到的是一种亚洲发展中城市的旅游感受,这些感受和在具有国际水准的世界级大都会的旅游经历和感受是不同的。旅游者多的是异域异地文化的体验,但是在城市的生活方面又确有很多不便和难以理解之处,需要重点予以统筹解决。

基本的思路就是对照发达城市如巴黎、伦敦、纽约、东京、香港等找差距,根据"基准化"管理的原则,确立各方面应达到的水平。

(一)若干基本问题

北京作为我国的首都,地处华北平原的开阔地带,有着 800 多年的建都史和 3000 多年的建城史,城市化水平较诸国内外的很多地区有较好的基础。但是在城市发展中的一系列历史和现实的问题却导致北京和国内外的发达城市相比形成了反差,这些反差也制约着旅游业的发展和提升,主要表现在(1)基础设施:无论是硬件与软件以及数量与质量方面均有较大的不足;(2)城市环境:硬环境(自然、气候等)和软环境(人文、商业等)两方面也有着一些明显的制约因素;(3)服务与管理:其水平与首都的地位极不相称;(4)市民素质:历来形成的官府习气和八旗遗风影响着市民的能力水平、进取精神和素质提升;(5)系统集成:北京在很多方面处于较先进的水平,但是整个社会运行系统的整合性差,系统集成的能力低,没能形成很好的合力。以下对重点方面进行分析,试图通过较显明的落差面来寻求应达至的目标。

1. 生态环境

作为北方城市,北京面临着城市规模过大、缺水、沙尘暴、空气污染严重、自然绿化不足等一系列严重的问题。这些生态环境方面的因素影响着北京旅游业的形象,也影响着旅游业的经营。

2. 城市环境

尽管北京是中国的首都,并且是一个世界上屈指可数的特大型城市,但是在城市的基础设施建设配套和整体环境方面仍是发展中国家城市的状态,离发达国家和发达城市仍有差距。主要是两方面的问题,一是很多方面仍存在短缺,不够用。二是有些方面基本满足要求,但是不好用。

(1)相关的设施配套与环境优化仍有欠缺

尽管随着经济的发展和奥运工程的建设,北京在市政设施和各方面的配套方面已经投入了巨资进行改进,但是与世界上那些真正旅游方便的城市相比,差距是明显的。如巴黎号称"绿城",有450个公园和花园;号称"不夜城",夜间200栋建筑被照亮;号称"文化城",有141座博物馆,22处纪念馆,85家电影院;号称"休闲娱乐之城",有150家剧场,122处表演场所,3家歌剧院,70家迪斯科和俱乐部。

(2)城市的可亲近性和人文主义精神体现不足

这与北京的历史和传统有关,作为皇城只有上对下的威严,下对上的服务,但缺乏平民化的生活。而且所有的建筑、公共服务和一些场所均是体现面上的"大气",而缺乏细致的设施与科学的安排。这和西方发达国家的首都形成一定的反差。比如北京的很多街道和游览场所均没有设立游人和行人的休息座椅,所以导致很多人在地上垫报纸,留下垃圾。而在华盛顿,从国会山至白宫沿途的人行道上随处都有座椅可坐,在公园里、休闲街区、公共场所等基础设施无不为游人着想,但在北京的大部分地方看不到这些东西。北京无论从市政设施还是人文精神上都不是一个让人亲近的城市,而是让人敬畏,最后就是敬而远之。这一点北京在城市市政建设和发展中甚至都比不上杭州、上海等处于同样发展状态的城市。

此外,城市的休闲功能不足,尽管近年来政府在社区街角兴建了大量的健身设施等,但是,整体的城市休闲配套仍然薄弱,缺乏一种让游人和外来者放松的氛围。在国外的城市基本上随处可坐,随处可玩,随处可赏,而北京仅有城市的骨架,缺乏城市的肌肉,更少城市的血液。因而下一阶段的重点是在骨架之外做更多的工作。

3. 风貌与景观

北京是一个历史悠久的城市,也是一个处于急剧变动与发展中的城市,所以存在着很多"共时态"的东西和景象,既能在城市中看到世界上领先的一方面,也能看到最原始落后的一些方面,从而导致在城市的风貌和景观系统方面与发达国家城市相比存在着一些感受上的不足。主要是地标性的大景观分量够,但是辅助性的东西不足;景区地段够,社区地段不足;门面区域够,里街背巷不足;重点地段够,非重点地段不足。有的地方像欧洲富人区,有的地方像非洲贫民窟,这种状况主要是自然和历史遗留的原因,但需要我们有意识地加以规划建设,从而打造成一个整体上环境美观的城市。

虽然多年来一直呼吁保护古都风貌,但是拆除得仍太厉害。老城区由于受历史原因局限,城市的道路系统、地下管理线系统、绿化系统等欠账太多,提升难度较高。新改造的区域已然失去特色。这可能造成北京城在传统的老城区和几个重点历史文化片区形成"景点孤岛"和"文化孤岛"。因此,北京在新的片区改造和开发中需要强化景观和环境配套,创造出好的环境和吸引人的场所感。一个简单的例子是当年纽约的中央公园,尽管纽约当年的开发过程中也是寸土寸金,但是市政府仍在曼哈顿辟出大片土地建立中央公园,它不仅为城市和市场服务,也形成了一处游客必到的新景观。

此外,在北京近年出现的新的建筑群体中也没有形成新的地标性的东西,构筑出新的超强吸引物。处于大发展中的北京是有这种可能的,如上海的金茂大厦、香港的中银大厦、悉尼歌剧院等。

乡村地区的发展总体水平仍不足,村镇建设在卫生、村容村舍、环境美化等方面都存在着诸多问题。农家乐和民俗旅游有助于新农村建设,但是离欧洲的乡村旅游甚至日韩的乡村差距仍较大。

所以除了历史上传统形成的厚重的皇家的那些东西外,北京的外围仍显土气,而新搞的洋气的东西除了中国大饭店和东方广场等具有标志性意义外,其他区域总体上还是不足。

此外,城市的各种缆线系统布局凌乱,没有实行三线入地,所有的缆线系统都是临时搭放的,与城市景观格格不入。

4. 可进入性

(1) 航空交通方面仍有待提升

如香港机场的运力预留为8000万人次,巴黎、伦敦、华盛顿均有两个机场,纽约有三个机场,无论是运力还是布局方面均能满足要求。而北京首都机场虽然一扩再扩,但是仍显不足,而南苑和西郊机场为军用,不是作为民用布局,因而在航空方面需要进一步根据长远发展留出足够空间。此外,在航空与铁路、公路的交通联运和配套方面基本没有什么考虑,离枢纽机场的地位相去甚远。

(2) 铁路交通

北京虽有四个火车站,但是其吞吐量、配套设施和服务、便利程度仍是发展中国家"车马店"的水平。需要在京沪、京广、京津高速铁路发展的基础上,大力提高站、车、场、店的层次,以后火车站修建过程中,要避免北京西客站建设中的种种失误和弊端,真正向发达国家如日本、法国和德国的铁路交通水平看齐,从而使铁路和车站在旅游运输中发挥更大的作用,而不是成为国内外游客的一种无奈的选择和抱怨的焦点。特别是在车站的方便化、实用化、人性化、简洁化设计等方面要有革命性的改变。此外,在流向、出口、出租车服务、公交的一体化、长途汽车的配套、餐饮、购物等方面要有更具前导性的考虑。

(3) 公路交通

北京市内的长途公路运输也需要大力提高,特别是在发挥中短距离的旅游运输方面。主要的问题是信息和服务水平较差,如杭州市公共交通已经统一起来,可实现一个电话号码集中解决游客的问询。北京在这些服务的细致化方面仍有差距。随着北京通往景区的公路的新构建、郊区公路的改造、市内路网的提升,除了传统上的旅游大巴的经营方式外,利用社会服务的旅游交通方式应能更便捷。此外,针对自驾车和自助游的公路交通服务也会有所改善。

(4) 市内交通

现阶段北京市内交通的拥堵与公交的不便是市民和游客对北京不满意的主要方面,而且也是外国游客对北京印象降低的一个重要方面。此问题在现有的路网格局情况下要想解决有较大的难度,但是随着北京地铁系统的增强、轨道交通的增多,有望获得缓解。目前在市内公共交通的改进方面仍有很多方面需向发达国家城市学习,特别是各种不同交通工具的衔接、票务的预售、不同的票种组合、信息引导、标志系统、司乘人员的服务意识、服务水平以及公交系统的标准化、规范化、正规化方面和国际化大都市的差距很大。

(5) 针对散客的交通服务

核心的一点是北京的交通从大面上来说满足团队的运行基本能够顺畅,这里的团队主要是较大型的使用旅游大巴的团队。但是对于市场中日益扩大的散客群体和小团队则又显得缺点较多,无法做到像发达国家城市那样的便捷程度。

5. 社会环境

(1) 服务的欠缺

整体的服务意识和服务水平不足,特别是公共服务欠缺。主要是受北京传统的一些落后观念的影响,导致北京缺乏现代服务意识,市民往往具有一种"大爷"心态,受限于传统的思想,体现在服务态度上不愿意,服务技能上不学习,服务技术上不研究。不仅是旅游行业,而是社会生活的各个方面服务均不足。尤其是北京官办的、吃财政饭的单位较多、较集中,因而服务方面的问题更多。此外就是服务行业对于外来者的宰客欺生现象较严重。

(2) 首都意识不强

市民的首都意识不强,形象意识不强。市民缺乏那种"外国人面前我代表中国,外地人面前我代表首都"的责任感和使命感,在不少人身上体现的是一种纨绔的浮世形象和没落的贵族心态,多的是痞气,少的是朝气,对于外地人更有一种恃强凌弱的虚幻心理优势,在外国人面前又有一种不明就里的自卑感。这些方面需要加强教育,在北京培养一种有气度、有风度、有节度的服务文化,形成殷勤接待的好客氛围。

(3) 语言环境需改善

对于国际商务活动和国际旅游市场来说这一点尤为重要,由于历史和多方面的原因,英语已经成为事实上的国际语言,无论我们接受与否,要想做国际的生意就必须有外语的基础和语言环境。这一点北京和具有殖民地传统的香港及海派文化的上海相比要差,需要大力改善与提升。

(4)经营环境不足

体现在政府部门对企业的监管过度、约束过度、支持不足。北京的旅游企业和经营单位较少享受到优惠的政策,也没有沿海地区相对灵活的经营机制。其次是作为首都的特殊性带来的一些限制,如对于安全和保卫方面的一些其他要求等。

(5)管理环境较差

在旅游的管理上综合协调能力不足,联动机制不畅,从而形成管理上的不善。如北京的各个职能部门之间各自为政,相互协调的情况不够理想,在政府管理的改革方面远远落后于深圳等沿海城市。在旅游管理方面就是一些方面管理过度,如把高星级酒店当做唐僧肉,谁都想来揩一把油;另一些方面又无人管理,如对于城市环境的一些方面和细化。还有就是一些热点和难点问题协同不力,导致反反复复,不见根治。如一日五游的黑车黑导问题,拉锯多次,这种现象还依然存在。总之,需要研究基于综合协调机构和制度的建立,提升北京旅游的管理水平。

6. 协调问题

(1)地方与中央的协调

由于大多中央单位驻在北京,在一些方面的管理难度加大、效果打折,如部队的问题、央产的问题等。

(2)与相关省市区的协调

北京周边的旅游吸引物和资源十分丰富,能够形成较为丰富的产品组合,与周边的河北、山西、内蒙古、天津、辽宁等地也存在一个互补互促的问题。但是如果以老大自居,不借助周边省份形成区域中心,则也会影响发展。特别是北京机场和车站作为交通枢纽的地位确立后更应强化与周边省市及景区的一体化发展。

(3)北京中心区与郊区的协调发展问题

仅把城区有限的几个点搞好不足以扩大旅游业的拉动力和影响力,还需要考虑郊区县的统筹协调发展。此外,城内不同区域也有一个互为补充借鉴的关系,而不是盲目竞争。

(4)旅游部门与相关部门的协调配合问题

这也是目前工作开展中较难的一块,由于现行的行政管理体制的弊端,部门之间条块分割严重,协调配合较困难,由于不同政府部门制度的差异、管理水平的差异、观念的差异、国际化程度的差异,形成一些短腿因素,制约着整体水平的提升。如北京呼吁多年的大型会展中心的问题、旅游市场秩序问题、散客旅游的问题等始终得不到有效解决,而在上海和外地一些省市相对解决得较好。

(5)国内旅游与国际旅游的协调问题

国内旅游急需提高质量,同时,国内旅游对于资源的占用也影响到国际旅游的提升。

(6)对内与对外开放的协调

对外开放在商业存在、市场准入、自然人存在等方面的主要问题已不存在,但是须进一步扩大对外开放的范围和水平。特别是在基础设施的配套方面,如北京的道路系统的英文标志问题较多;主要服务窗口的语言环境不佳,使用外语者比例较低,水平不够;一些关键环节没有按照国际惯例进行服务和管理,如边检;此外,对于一些旅游业的重要配套如租车服务、超豪华酒店、航空服务等领域均需有新的突破。对内开放主要是两方面的问题,一是外来旅游经营者在北京的合法商业活动存在的限制;二是外来旅游者在北京的无障碍旅游。目前长三角16个城市已经实现一体化的无障碍旅游,任何一个城市的团组和车辆到另一城市旅游均无须再转手或交纳额外费用。但是北京仍因一些特殊原因维持着一些原来的固有做法,如对于车辆进京办理许可证等。

除了直接的旅游行业的开放外,与旅游相关的社会服务方面的开放仍有大幅提高的空间,特别是提供公共服务的部门和单位亦应逐步向民营经济和外来投资者开放。

7. 系统集成

北京作为一个大型的城市系统,在某些子系统方面均能正常运营,但作为城市综合体在各个子系统的集成方面尚有大量的空白区和薄弱环节,达不到一个高水平的管理和运营状态。总体上看,北京综合旅游城市功能不强,离全球化城市和无边界、无障碍旅游的要求还有很大差距。

8. 顽症治理

这里包括两个方面的问题,一是北京旅游业从游客数量等方面来看已经有了较大的规模,旅游业已经发展到了较高的程度,如何实现在较大基础上的持续增长,需要解决深层次的问题,仅仅依靠常规工作和手段难以取得突破性的进展,特别是涉及大环境和大配套的方面。二是一些问题根深蒂固,思维相对定型,提高相对较难。如市场秩序的治理,很大程度上已经形成了黑社会性质的运作模式,难以治本。此外,服务质量的提高等方面更涉及市民文化和思想观念的转变,更非一朝一夕之事。

(二)综合环境建设

1. 自然环境

"绿色奥运"一方面是指北京奥运会的场馆建设和饭店等其他与奥运相关的设施要充分贯彻环保的理念、采取环保的材料、运用环保的技术等,另一方面绿色奥运的延伸就是绿色北京,也就是指北京的自然环境建设要"处处充满绿色,时时享受绿色",让北京有一个优美的自然环境,而绝不是沙尘暴、灰霾天气的"京华烟云"的环境。

但是现在的北京,自然环境相当"恶劣",沙尘暴威胁、水资源严重不足、绿化规划不到位等一系列的自然环境的问题,肯定会在一定程度上影响到北京旅游的长远发展。要解决这些问题,单靠北京自身的力量是不足的,但北京需要努力,要加强对自然环境的保护。

对于北京市旅游主管部门而言,由于受到部门分工的限制,有些工作无法参与或无法发挥主导作用,但应该尽力设法协调,而对于部门职责之内的工作,应该加大工作力度和进行一些工作上的创新:

第一,遵照《旅游业标准体系表》中的景区环境质量标准,由北京市旅游行业协会继续开展对北京市旅游区(点)环境质量的测评工作;

第二,评估预测旅游景区的容量,提出旅游客流和旅游产品调整建议,解决由于游客数量激增、旅游景点超负荷运转而导致的旅游环境和资源破坏问题;

第三,协调增加旅游资源环境保护建设投入,建立全社会多层次、多渠道、多方位的投入保障机制;

第四,协同相关部门,建立旅游资源和环境保护的实时动态监测系统,配套完善旅游区(点)资源及污水处理、垃圾收集处理等环境保护基础设施与措施,注重生态建设;

第五,加强对生态涵养发展区、重要饮用水源地、自然保护区等生态功能区域的综合管理,强化旅游对资源和环境保护的促进作用,对于破坏资源和环境的旅游项目，不批、不建、不推。通过政府行为提高人们的资源环境保护意识，倡导"绿色"旅游方式和行为。

2. 人文环境

"人文奥运"的遗产也体现在人文北京上，就是要强调城市的人文关怀、体现城市居民的友善态度、创建一个和谐的社会环境，处处都要"以人为本"。

第一，北京作为一个特色浓郁的旅游城市，应该在大都市发展的过程中必须形成自己相应的文化风貌，应该在活文化上，在民间文化、民俗文化上进行深入挖掘，更多地体现古都风貌。

第二，一个地方要有特色，不是靠高楼大厦，而是靠传统文化的积淀，靠建筑语言的表现，靠鲜活的生活气息，形成浓郁的人文环境。这需要对自身的文化有充分的认识，要珍重自身的文化，要热爱自身的文化，要提升自身的文化，这也是对各地文化素质、审美情趣的考验。

第三，将北京培育成一个友善的旅游目的地。主要是在对待外地人的态度要友好，要少宰客，让大家不害怕北京，觉得北京有亲和力。北京作为全国的首都，具有游客人群与办事人群混合，旅游目的与办事目的的混合的特征。除商务游客外，因私事来京同时在京旅游的人群也有很大比例。为来京机构和个人提供旅游之外的附加协助服务，实现旅游服务质量的超越化、跨越式发展，能够很好地提升北京旅游和首都城市的形象。

第四，营造旅游氛围。在北京的各个游人集中地区和商业中心区，设立旅游信息咨询亭（岗），免费向游客发放《北京旅游手册》、《北京旅游活页》之类的宣传材料，同时在进出京的列车上播放北京旅游宣传片，让旅游者在旅途中也能感受到北京的旅游氛围。

第五，在城市的建设中，要突破部门局限，从北京旅游发展、北京城市化、国际化的大局来考虑，积极和相关部门协调，从基础设施建设到配套设施建设，要站在"消费者"的角度来规划、设计和施工建设，为未来北京旅游的新发展创造一个有良好的人文关怀的硬件环境。

3. 出行环境

针对北京目前存在的问题，旅游出行环境建设主要应该从以下几个方面入手：

第一，推行"一日游一卡通"。北京的外地散客比重很高，针对黑车黑导黑社严重、非法一日游横行的旅游市场，市旅游局除了要加大市场秩序整顿外，重要的是需要提供新的解决方案,通过发放一日游旅游车车票和门票结合的一卡通方式来疏导。即由市旅游主管部门派驻人员或外聘人员在旅游集散中心,负责销售专门的一日游一卡通,这种一卡通实行实名制,旅游者上旅游车和进入指定的景区景点时,需要结合身份证一起使用,但在价格上能够享受到很大的优惠。

第二,强化旅游集散中心功能。旅游集散中心不仅仅是为旅游者提供交通服务的中心,还应该提供导游、信息咨询、票务预订等功能。针对北京城市化和国际化水平的不断提升,需要在集散中心提供多语种服务,让每一个旅游者能够得到满意的服务。

第三,旅游便利化行动。开展"北京旅游便利化行动",即推出向旅游者免费赠送北京旅游介绍、旅游车辆绿色通道、开通城市旅游观光巴士、景区购票一站化服务等。

第四,在交通等窗口单位提供为游客服务的亲切友好的旅游信息公共服务。将旅游要求加入到北京城市交通系统的优化工作中。硬件上,在"一场三站"设置有针对性的专门游客服务站,在建筑及设施外观上精致美观并彰显北京特色,在公交(含地铁、城铁)车站设置北京旅游宣传展板。软件上,旅游信息、游客服务信息"进公交车"、"进出租车"、"进地铁"、"进城铁",通过车载图文、车载电视、车载电子信息屏、车内广播、司乘人员人工介绍服务等形式,向乘车游客提供北京旅游信息,特别是交通工具沿途的旅游信息。

4. 城市环境

第一,尽量打通并发展城市步行系统,街道两侧的建筑要考虑沿街行人遮阴、避雨和停留的需要,要形成使行人感到亲切友好的街道界面。

第二,主要节点和街道要遍植花木,增加明确的便于停留和使用的空间场所,空间组织追求曲径通幽。

第三,滨水空间尽量向公众开放,建立与水体的直接的联系,体现城市的亲水性。

第四,将现有平房顶逐步改造成坡屋顶,恢复城市建筑的传统气息;加强市容卫生工作保障空间清洁等。

第五,组织制定特殊区景观标准,将重点街区、社区、道路、经济开发区、商业区、公园、广场等逐步纳入景区标准规范体系,要求美化、适当旅游功能化、特色化、具有文化气息和适当主题等,评定特殊A级景区,并可结合民政等部门的工作,评定"休闲社区"、"魅力社区"、"园林道路"等。

(三)构筑休闲环境

1.城市休闲体系功能

(1)扩大市民休闲空间

家庭空间不足,生活范围要扩大到社区,社区空间不足,需要扩大到居住城市。但很多人对社区不看重,只看重城市的休闲空间。

(2)丰富市民休闲内容

城市的休闲体系提供了家庭和社会都不能替代的更为丰富的休闲内容。

(3)营造良好城市氛围

我们现在处在工业化发展的过程中,多数城市,尤其是大城市和特大型城市,休闲氛围严重不足,能感受到的就是紧张,实际上这是城市发展初期公共生活不足的体现,城市休闲体系要提供一种白天紧张忙碌,晚上悠闲宽松的较好的城市氛围。

(4)培育宜居城市生活

在良好的硬件条件下,宜居城市一定要有宽松气氛,要有一个和谐的社区氛围和人际关系。比如说晚上吃完饭想出去散散步,周围一点绿地都没有,只能在马路上散步,呼吸的都是汽车的尾气,这样的城市显然不宜居,培育城市的休闲功能,就是培育宜居的城市生活。

(5)提升城市总体品牌

城市休闲体系是提高城市竞争力、提高城市知名度的重要内容,也是提高城市竞争力、改善城市软环境的重要途径。投资商不仅注重城市生活成本、土地成本、创业成本,同时也非常注重城市的休闲环境和休闲内容。城市的品牌里必有休闲品牌,而且休闲品牌对城市的提升有极大的益处,蕴涵着创业机会,蕴涵着发展机遇。

2.城市休闲体系的基础

(1)市民日常休闲

主要包括看电视、打扑克、打麻将、侃大山、读书等,可分为积极休闲和消极休闲,是进一步构建城市休闲体系的基础。

(2)培育社会休闲氛围

这在短期内难以办到,它是社会转型、发展阶段转型和观念转型共同构成的结果,在社会休闲氛围培育出来之后,城市就会可亲、可人,会感觉城市惬意而舒服。

（3）挖掘文化底蕴

休闲的重要特点之一，就是同质化程度很高。如何挖掘一个城市的文化底蕴，形成特有的城市休闲氛围，是非常关键的一步，这取决于相关的思路、措施和手段。同样是城市建设，思路到位了，才能取得好的效果。

例如，各个城市都有立交桥，上海是高架桥的概念，上边开路，下边还可以利用；北京的立交桥下边基本上是停车场，要么就是闲置；成都中心立交桥下边建了一个老成都民俗公园，有茶馆、酒馆，也有一些露天的休闲设施，挖掘了一个有成都文化底蕴的休闲空间，是城市休闲体系建设的神来之笔。类似这样的思路实际上就是城市休闲体系构建的重要基础，关键看认识是否到位。

3. 三个重点

（1）城市公园

城市公园可以说是城市市民休闲生活的一个重要环节，对于城市公园有四个基本要求。

第一，布局广。从布局角度来说，在城市的各个区域都应该体现出来，城市不能仅靠大公园支撑，西方国家这种大公园比较突出，但是不能忽略它们的小公园，实际上小公园才是城市最根本的特点，所以布局要广。

第二，规模小。我们的街头绿地、街心公园都少，小型的城市公园更适合市民直接消费。如果过于追求大公园的效应，实际上就会使城市休闲体系和市民的生活隔绝。

第三，区位近。一定要贴近社区、贴近日常生活，这才可能使城市公园的休闲功能充分地体现出来。

第四，绿化好。绿地是城市的肺，城市的绿化面积越大，城市的质量越高。不仅要有大绿地，更要有数量众多的能够让人与之亲近的小块绿地。

第五，文化足。对于城市公园来说，文化方面把握的要点是地域文化的体现，包括历史文化的组建，比如北京的天、地、日、月四坛现在都是城市公园，都有很深的历史传承，也充分体现了地域文化。比如老人遛早，养鸟的逗鸟，唱戏的溜嗓子，这都是很典型的地域文化体现。

（2）市民广场

同等道理，我们追求的是大，大马路、大广场、大绿地，这造成广场不是市民广场,而是政绩工程,并且种做法已经形成了工作惯性,也造成了很多不良后果。城市需要大广场,但是不需要大而无当,如果多建一些小广场,从休闲生活的提高来看,具有更重要的意义,这也是城市休闲体系建设的重点。市民广场建设有三个要点:

第一是亲民,便于市民在日常生活中使用。

第二是近民,区位适当,交通方便,距离市民的居住地的距离较近。

第三是乐民,方便市民开展相关的娱乐活动,在广场上要有很多娱乐性的内容、很多表演构成乐民概念。让市民去了可以玩,尤其是孩子去了可以玩。

市民广场需要把握的文化要点是广场活动和广场艺术,我们现在基本上没有广场艺术,历史上有,比如天桥广场艺术,说相声就是从地摊开始,这就是广场的技艺,侯宝林那一代的相声演员,都有一手绝活,撒沙成字,手里握着把沙子往地上一撒,一行字就出来了,而且字还很漂亮,这就是广场艺术的一种体现,如果到西方,可以看到广场艺术非常丰富,比如说画家画画、杂耍表演、人体雕塑等。广场艺术能看到一个城市文化的底蕴,更重要的是体现了活文化。

(3)中央休闲区

中央休闲区,第一,区位条件比较好,构成"中央"的概念,第二,有相应的商业氛围,第三,主要的功能在于游憩,第四,形成一个街区。中央休闲区实际上是每个城市最有特色和最有吸引力的一片街区,其全面体现和展示了城市生活、城市文化。在城市的各个功能区域里面,中央休闲区应该成为城市旅游的一个亮点,也应该成为一个重点。现在中央商业区的概念有了,北京的王府井、西单,上海的南京路、淮海路,都是中央商业区的概念。这两年又提了中央商务区的概念,北京的朝阳区就要建成中央商务区。北京又形成了中央金融区的概念,比如说,北京的西二环路正在向中央金融区发展。这些都是构建功能化城市的体现,但中央休闲区的概念还不是很清楚。

中央休闲区应该是多要素、多功能、休闲性的街区,它代表了城市文化、城市生活的风采,成为外来游客到这个城市的必游之处,也是城市居民自身生活休闲的街区。

各要素当中,第一是休闲,要有相应的休闲项目、休闲氛围、休闲活动;第二是文化娱乐性元素,并要表现得比较充分;第三是商业,有各种各样的商业设施;第四是饮食,餐饮设施很丰富;第五是文化,有各种各样的文化小品。

区别于中央商务区、中央商业区的大高楼、大银行、大公司、大商场,中央休闲区的基本要求是小,小娱乐、小商业、小饮食、小文化,在这样的环境里人可以完全地放松,非常从容地生活,但是总体面积并不小,构成了一个街区。比如说历史上老北京的天桥、上海的大世界,基本上都是这样的概念。

北京现在比较符合中央休闲区概念的是什刹海,到了什刹海才觉得这个城市有味道了。尤其是到了晚上,非常热闹,享受着清风明月,喝着冰镇啤酒,大家聊聊天,何其从容。上海现在比较典型的是新天地,几个元素体现得都比较充分,只不过它的表现是更加精品化,更加高档化。人们对中央休闲区的喜爱代表了城市生活的新时尚,体现了一种长远的发展方向。

4. 城市休闲体系构建

(1) 夜景营造

每个城市都需要夜景营造,但不是营造整个城市的夜景,而是重点区域的夜景。夜景营造的要求一是灿烂,二是辉煌,全世界的典型就是拉斯维加斯。现在北京、上海等众多城市都在搞景观照明工程,其中也需要解决运营机制问题,只靠财政掏钱,这条路走不下去。目前,北京的方式分了四种:日常灯光、周末灯光、节日灯光、特大型节日灯光,分别有不同的要求,基本上是一个分摊保障机制。

(2) 餐饮体系

餐饮、酒吧、茶座等构成了多元化的城市餐饮体系,是城市休闲体系的重要组成部分。餐饮体系建设的基本点是物有所值的菜肴,发展方向是提升餐饮文化理念,不只是卖饭菜,而且是卖文化,进一步的发展是形成各自的文化特色和文化主题。服务员的讲解要像导游词一样进行专门设计,还可进行厨师餐饮制作的现场表演等,表现形式多种多样。

(3) 娱乐体系

娱乐体系的特点是多层次的,大中小体系俱全,高中低体系俱全。既要内容丰富,包括民俗文化、地方文化、都市文化等文化内容,又要形式多样,有大型的综合舞台演出和游客自娱自乐的项目等,以满足不同顾客的需要。娱乐体系的要点是特色化,即特别要强调文化的异质性,异质性越突出越能吸引各种类型的客人。

(4) 健身体系

健身体系主要包括运动场馆、水疗、足疗、保健等。中国现在比较像样的城市保健中心约7000个，总的资产大概是270亿元，并形成了水疗、足浴、保健等产品和品牌。

健身体系的要求第一是方便，第二是项目、细节齐全，第三是锻炼方法科学。此外还要配备相应的指导人员。例如这几年时兴的瑜伽，如果没有老师，是练不下来的。进一步讲，就是在科学性之下需要有娱乐性，如健身操、健身舞等，如果总是一种枯燥的活动，人们很难坚持下来。

(5) 文化体系

包括图书馆、博物馆、多厅影剧院、剧场等一系列内容。这种文化体系的培育现在比较受到注重，尤其是博物馆，很多城市将其当做品牌来打造，并产生了一些比较成功的范例。从世界来看，真正形成体系，具有世界性影响的是纽约和巴黎的博物馆。多厅影剧院也是这些年出现的一种新休闲方式，即一个影剧院被分为十几个空间，体现了人们对休闲质量和文化品位要求的提高。总体来看，城市文化体系已成为各个城市建设过程中人们非常关注的内容，并不断提高了市民的生活质量。

文化体系的要点就是在多层次、多元化的基础上雅俗共赏。很多高雅艺术，在历史上都曾是平民艺术。例如京剧是中国现在的国粹，是高雅艺术，但原来也是老百姓的艺术。所以，文化在历史上有一个由俗变雅的过程，现在也有一个由雅变俗的过程，最终形成了雅俗共赏的局面。

(6) 购物体系

从休闲的角度来说，购物体系主要不是大商厦，而是商品街和精品店。现在国际上的购物中心面积极大，同时集购物功能、娱乐功能、文化功能于一身。严格地说，它是以商业为主体功能、以对应全面休闲为主旨而形成的一种特殊的商业业态。国外有一些精品购物中心，有自己的文化主题，功能极其丰富，进去后给人的感觉是进了一个主题公园，能够满足人们多方面的需求。除了这种新的形式之外，还有一种主体形式是商业街加精品店，目前各个城市都有。商业一条街或各类精品店的集中，使商业街的功能越来越丰富，在本质上变成了一条休闲街。

购物体系的要求是文化与时尚的融合，要从休闲的角度来定位，而不是从一般日常消费的角度来定位，最重要的是追求一种时尚及由此所获得的心理满足。综合性和大众化发展是购物体系的另一个发展趋势。

5.休闲城市的文化追求

(1)永恒的追求

在休闲发展的过程中,文化的追求越来越突出,越来越形成品牌,因为文化的追求可以说是休闲发展的本质,也是一种永恒的追求。可以归纳为四句话:文化是休闲之基、特色是休闲之魂、环境是休闲之根、质量是休闲之本。文化是休闲之基,也是休闲的本质。文化的表现是特色,所以特色是休闲之魂,没有特色的东西很难长久立下来。这四句话凑在一起构成一个永恒的追求。

(2)发展的文化追求

总体来说城市休闲体系归纳下来应该是四个方面的追求。

第一叫做以人为本,这是文化的本质性规定。城市休闲体系的经营必须尊重人、关心人,为人提供相关服务。在休闲的过程中,消费者具有个性化比较张扬的特点,对休闲服务也就提出了更高的要求,因此必须做到以人为本。

第二叫做以特为魂,在文化追求方面一定要努力形成自己的特色。这一点怎么强调也不过分,但必须要处理好度的问题,不能过于夸张,更不能达到一种负面效果。

第三叫做以新拉动。因为所有的休闲里边都蕴涵着一个时尚的概念,时尚的概念要求不断地变化,不断地创新。

第四叫做以繁取胜,繁荣、繁华,花样越来越多,方式越来越多。这都是繁字里包含的概念,由此构成了整个的城市休闲体系。

六、北京旅游发展对策与措施

(一)加快旅游资本集聚

1.规划建设旅游商务区

北京是国内外旅游重要的客源输出地、中转地、口岸和趋势风向标,深受旅游发达国家和地区的重视,应整合北京国外市外机构众多、外来人员多、开放氛围浓的优势,吸引全国各地和世界各国在京设置面向北京、中国以及全球的旅游常设机构。

依托北京作为中国首都、全国政治、文化中心和世界著名古都、现代化国际城市的综合优势,结合北京城市功能和旅游业发展优势,规划建设"北京旅游商务区"。吸引海外驻华旅游机构、国内旅游机构、包括旅游企业和政府旅游代表机构进驻，使之成为国际和国内旅游宣传、交易、会展、体验等复合功能型旅游要素集聚区，成为国内一流、世界领先的旅游产业总部基地和资本集中区，为北京现代服务业发展提供新的载体，形成新的增长点。

2. 吸引旅游资本向北京集中

提高旅游产业开放程度，破除地方保护意识，从"招商"、"待商"、"用商"三个环节进一步改善旅游投融资环境和综合商务环境，吸引更多的旅游企业在北京旅游领域的投资、创业。

（1）对外开放

随着入世过渡期的结束，各行各业再次迎来新的机遇和挑战，北京旅游要利用现有对外开放基础，进一步深化旅游产业的对外开放步伐，在面对阶段性的政策障碍时，要在供给公正合理的旅游综合商务环境（不仅限于投资环境）和经营秩序上加大力度、做足文章，促进在京国外旅游经济主体更加自如地开展经营业务，成为吸引新的国外旅游经济主体进入中国的首选之地。

（2）对内开放

对国内其他地区的旅游经济主体和要素也要像对待国外同类主体和要素一样，给予与本地情况相同的待遇，制定实施优惠政策，吸引国内尤其是经济发达地区更多、更好的旅游及相关经济力量入京，促进北京旅游发展，如引进亟须的大型会展企业。

对其他行业的经济主体和要素消除壁垒，提供公平待遇和优惠扶持政策，将优质经济发展因素引入北京旅游领域，吸引其他行业有实力的大企业集团进入旅游业发展，吸引高服务质量、综合服务功能的行业中的人才到旅游行业就业，促进实现北京旅游服务综合程度的延伸和服务质量跨越式提升。

3. 建立旅游要素市场

利用北京优势条件，举办每年一度的"北京中国旅游要素交易交流会"，吸引食（饮食）、住（住宿）、行（交通）、游（游览）、购（购物）、娱（娱乐）六大旅游目的地吸引要素和信（信息）、境（环境）、科（科教）、制（制度）、文（文化）、合（合力）六大目的地发展要素的供求各方进行集中交易交流，达成成果。在此基础上进一步建立日常的"北京中国旅游要素市场"乃至"中国旅游要素市场"。

4. 增加政府资金支持

政府配置必要的资金渠道，引导和保障北京旅游业的发展。主要采取六类措施。

(1) 北京旅游发展基金

对经济效益较少，但具有提升城市形象以及社会、文化、生态、对外事务等其他方面效益的旅游开发项目，或对在增强城市旅游功能方面具有导向性、示范性和公益性的大型旅游项目，给予立项、规划和优惠投资政策方面的支持。旅游局每年编制开发项目计划报市政府审批，其所需资金由市财政局筹措解决。

引导和支持北京金融行业机构，对有市场前景的旅游项目，尤其是大型旅游项目提供资金投入，支撑产业发展资金。

(2) 专项奖励基金

在会展旅游拓展、旅行社产品线路创新、旅游商品开发设计、观光农业等旅游重点领域，政府设立专项奖励基金。

(3) 多种渠道商业融资

采取多种方式鼓励多种经济成分投资旅游业。按照旅游资源所有权、管理权和经营权三权分离的原则，以特许、转让和承包方式，广泛吸纳外资和民资，积极推行项目融资、股权置换等融资方式，实现投融资主体多元化。市旅游局根据旅游发展总体规划的需要，确定旅游开发建设项目，对旅游开发项目实行招标、投标制，本市各企事业单位，均可参加投标竞争。"谁中标，谁建设；谁经营，谁得利"。对中标建设或经营的单位，可给予一定的政策优惠，以促进本市的旅游开发建设。

对于具有潜在经济效益的旅游活动（如市场营销、事件活动等），通过商业利益吸引社会赞助，作为互惠条件，给予赞助方合理的优惠待遇（如获益机会）。

(4) 老城区文化旅游转移支付

通过旅游产品的真实文化体验化提升，开展"老城区文化旅游转移支付计划"（"北京文化旅游员计划"）。从北京旅游综合收入和相关产业税收中提出一定比例，重点专项用于补贴改善前门、后海等老城区旅游功能区内居住的市民，尤其是"老北京"人民的生活水平，鼓励乃至要求其保持老北京的原生态生活形态和内涵，特别是传统休闲娱乐形式。

该项财政补贴以"津贴"的形式发放，鼓励居民将保持原汁原味的活文化并接待游客作为职业，提出要求、发放基本津贴，并由从中获利的旅行社二次分成，结合胡同、四合院保护催生四合院宾馆、家庭旅馆、民居宾馆群（民俗旅游度假区）等业态，将相关市民纳入旅游就业体系当中，同时给游客带来"真北京人"、"做北京人"的真实体验。

这一工作同时作为文物保护（以胡同、四合院为主）、活文化保护（非物质文化遗产保护）工作的创新措施，会同文物、文化部门协同开展。

（二）拓新旅游产品空间

在经济全球化、城市空间结构与形态日益多元化和复杂化以及大都市日益国际化、区域化、网络化的背景下，国内外大城市的发展走向一个共同的方向，即对外进行区域联合，对内发展多中心城市体系，呈现出"轴向、带状、多中心"区域紧密协调发展的趋势。城市形态与空间结构演化的本质是经济社会要素在地域空间上聚集与扩散的运动过程。

为顺应这一发展趋势，把握北京未来旅游发展的客观规律和机遇，需要通过考核北京各项旅游资源，结合城市空间结构，在综合分析北京城市发展历史和目前存在的问题以及城市的经济社会、土地、水资源和区域联系等重要发展条件的基础上，按照《北京城市总体规划（2004～2020）》的原则以及城市和社会经济发展目标与战略，对北京旅游发展的空间格局进行相应调整，形成北京旅游发展的新局面。这一举措有利于实现集约发展和提升城市核心功能、有利于促进区域协调和推动城乡统筹、有利于疏解城市功能和改善生态环境、有利于保护历史文化名城和延续古都格局。

1. 空间布局

（1）都市核心旅游区

指城市中心区为主、向外扩展至六环路以内的区域。发展重点：结合40片历史文化保护区的建设以及京城水系和古典园林历史风貌的恢复，强化古都历史文化旅游产品开发力度，适时推出新的历史文化旅游产品，形成相应的旅游配套服务体系。同时，充分挖掘都市旅游资源的开发潜力，大力推进商务旅游、购物旅游、文化旅游、科技旅游、都市休闲娱乐旅游、体育旅游等城市旅游功能建设，适应国际化大都市的发展需求。

（2）郊区旅游圈

在都市区外，包括六环路附近及其以外的郊区地域范围，以门头沟和延庆作为开端，重点打造若干个相对独立的一流目的地。发展重点包括以下几个方面：

一是强化和完善新城的旅游服务功能，培育各具特色的主导旅游产品和旅游服务项目，形成区域性的旅游服务基地。

二是重点发展休闲度假、名胜观光、生态康体、会议服务旅游产品，完善旅游度假区的综合配套服务体系，强化生态型项目的建设。

三是依托现有的大型采摘园、高科技农业园区，提升休闲农业发展水平，发展企业化管理，集农业生产、科技示范、农产品加工、休闲游憩等功能于一体的综合性休闲农业园区。

四是在全力保护世界遗产以及国家级和市级风景名胜区、自然保护区、森林公园、湿地等旅游资源的前提下，积极推进这些区域的基础设施和服务设施建设，改善旅游环境以适应公众日益提高的旅游需求。

（3）环首都旅游圈

包括环北京周边地区的河北、天津和山西等省市，是北京旅游发展的主要扩展区域。发展重点：

以北京为核心，以京张、京承、京沈、京石、京开高速公路和京原国道为旅游交通走廊，通过区域协作，实现资源共享和市场互育，形成北部自然生态旅游、东南部海滨休闲度假、西南部历史文化观光、西部自然与文化观光四大特色鲜明的区域旅游板块和多条特色旅游线路。

（4）东北亚旅游经济区

北京应依托自身丰富的旅游资源、独一无二的首都地位、入境重要口岸和国内旅游中心等优势，在全国旅游界树立旗帜和发挥引导作用，建立国际化的空间发展战略。在发展大北京旅游的基础上，不仅要整合环渤海的各项旅游资源，还要整合包括辽宁，甚至日本、韩国、俄罗斯、蒙古、朝鲜等国家的旅游资源，抓住目前东北亚地区还没有形成龙头国家的机遇，力争成为东北亚旅游经济区的领袖。

2. 空间分工

北京城市总体规划将北京的城市定位调整为，"国家首都、国际城市、文化名城、宜居城市"。规划对旅游业发展提出了更新更高的要求，为北京旅游空间发展格局调整和资源整合指明了方向。按照"两轴—两带—多中心"的发展思路，结合北京市"十一五"旅游规划提出的"一区两圈"和各区县发展的重点，以北京城市总体规划中的六个优化为原则，提升中心城的核心职能，发挥优势，争当第一,从而丰富北京旅游的整体功能,树立新的北京旅游形象。

(1)以东城(含崇文)、西城(含宣武)为中心的中国第一都市中央游憩区

结合古城保护和古建筑的大规模修缮和保护,大力发展古都传统文化与民俗文化旅游以及特色街区商业购物与名人文化旅游,不断推出新的历史文化和现代文化旅游产品,着力开发都市观光一日游产品,增设旅游观光巴士、旅游集散及旅游咨询服务等设施。

(2)以朝阳区为中心的中国商务旅游第一区

强化商务中心功能,利用其作为首都国际交往重要窗口、城市中央商务区(CBD)、现代体育文化中心和高新技术产业基地的优势,大力发展商务会展旅游、现代体育旅游和都市休闲旅游,强化旅游集散和旅游咨询服务设施建设,推动城市游憩商业区(RBD)的发展。

(3)以海淀区为中心的中国文化旅游第一区

强调文化中心功能,利用皇家园林、山水湿地、森林等旅游资源,发展风景名胜观光和都市休闲旅游。结合国家高新技术产业基地的产业特色以及著名高等学府和科研机构聚集的优势,发挥海淀在国家交流、科技、信息、人文等方面的突出优势,充分利用市场机制,积极推动文化产业的发展,重点发展科技教育旅游和修学旅游。

(4)以顺义区为中心的中国空港会展第一区

强化北京市新的现代制造业中心和空港物流中心的功能,利用其处于东部发展带的节点,结合新城发展定位,重点开发商务旅游、会展旅游、体育休闲和度假旅游,构筑服务设施完善、基础设施配套的旅游产业服务中心。

(5)建设五大新旅游区

在巩固原有优势产品的同时,结合北京发展的新格局和新机遇,提出以下五个新旅游区。

第一,奥运会遗产旅游区。

以奥林匹克公园为核心,建设集体育竞赛、会议展览、大型节庆、文化娱乐和休闲购物于一体的多功能精品旅游景区。

第二,特色产业园旅游区。

按照北京市在文化、科技、文化创意等领域的"十一五"规划,将会形成一系列主题产业园区。例如:潘家园古旧文化品交易中心、高碑店古旧家具及民俗村落、三间房动漫产业基地、798艺术园区、高井影视传媒文化园等。这些特色

产业园区,本身是旅游需求的创造者,同时也是旅游者可以体验的新兴场所和产品,完全可以成为新的旅游吸引物。在这些特色园区规划和建设中,应有意识地增加旅游设施和服务功能,丰富体验内容,这对园区本身发展也是有利的。旅游局应把这些特色园区纳入旅游产品序列,通过标准化等方式,鼓励引导其形成特色旅游吸引物和旅游区。争取在行动期内,能指导创建若干以特色产业园区为主体的 A 级旅游区(点),同时也形成北京市现代旅游产品的独特品牌。

第三,京都山水文化度假区。

以门头沟区和延庆县为核心,结合其作为首都生态涵养发展区的定位,按照国家级度假区的标准,建设生态与人文结合的大尺度休闲度假区,发展休闲度假旅游。

北京市曾确定 6 个市级旅游度假区,其中 4 个在郊区,分别是怀柔红螺山、昌平桃峪口、密云白河、平谷金海湖。郊区非市级旅游度假区有 13 个。这些度假区的发展,总的说来比较迟缓。部分度假区没有按照规划实施,多年不开工;有些度假区的宾馆饭店、培训中心及房地产项目发展较快,游乐项目过少;很多度假区项目规模小,档次低,缺乏市场竞争力。

门头沟区和延庆县的休闲度假区,应该瞄准面向国际/国内市场的目的地,高起点规划,高标准建设,深生态发展,切实为北京旅游业创造拉动性强、互动性高的空间"增量"。

第四,环京城体育健身带。

以五环、六环绿化隔离带为主线,建设国家级休闲体育带。

第五,老北京生活深度体验区。

在保护前提下,实施居民置换,在二环内四合院集聚区,把传统民居改造为民俗主题酒店、客栈。以此为主体,发展老城区的旅游主题社区。进一步开发吃住老北京胡同与四合院、体验老北京风俗民情的特色游览,让游客深入百姓社区,体验"做北京人"的感觉。

该区域重点发展以文博休闲为主要类型的都市旅游,对现有文物、博物馆类景区点和旅游功能区进行精致化提升,完善文物展示方式与解说系统,增加对吸引物文化内涵的品位的纵深空间,提高文物的传播和体验价值,利用科技手段,立体展示文化价值内涵。

在住宿业结构上,总体上形成城内商务酒店、民居主题酒店为主体,郊区县度假酒店、乡村酒店联动发展的格局。

目标是使二环内成为集文化观光与休闲体验于一体的"中央游憩区"。

3. 整合旅游与城市交通

一是城市观光巴士。遵循国际现行运营模式,成为北京旅游国际化的一个形象;巴士车辆外观独特美观,本身就成为城市的一道流动的风景线。

二是水上观光游船。集合护城河及大运河等水道的疏浚,开发水上游览线,恢复水上古都的历史面貌,形成新的水上旅游风景线。

三是旅游地铁。把城市地铁沿线的景区景点门票与地铁票整合销售,推出北京地铁旅游套票。

四是观光城铁。把城铁票与沿线景区景点门票组合配套,形成城铁观光线路。

五是人力三轮车。主要在胡同游及适宜的旅游功能区采用人力三轮车游览的形式。

六是自行车租赁。进一步规范向游客出租自行车进行城区观光的服务体系。

七是观光飞行器。协调开辟空中看北京的观光直升机、观光飞艇、观光热气球等高端观光产品,在保障首都安全等前提下,以空中俯视视觉效果好的线路为重点。

八是旅游专线巴士。完善在城郊之间等长距离旅游吸引空间单位之间的旅游巴士服务。

九是趣味旅游交通。主要是在适宜的旅游功能区内部开设骑马等趣味旅游交通方式。

(三)大力发展商务和会展旅游

1. 以朝阳区为龙头发展商务旅游

以朝阳区为重点,提升完善现有商务旅游配套硬件设施,引进和培养专业化的商务旅游人才,鼓励发展以商务旅游为中心的专业化服务公司,面向国内外高端、中端、低端各种市场档次,形成品牌优势,提供优质、多样化、个性化和人性化的商务旅游服务,主要提供会展旅游、奖励旅游、一般商务旅游、政务旅游、学术旅游、大型事件旅游等产品。以高端和国际化为重点,将全国和世界范围经济主体的商务旅游活动,乃至商务活动引入北京开展。

开创商务旅游工作的新领域和新局面,北京应率先在国内制定地方性行业标准,指导商务旅游行业发展,并推动各旅游企业参与商务旅游的行业评定,进而成为全国性的行业评定标准。

北京聚集了众多的商务酒店,应率先在全国启动商务型酒店的标准制定,规范引导商务酒店业的发展,这有利于更好地树立起北京作为全国首选商务旅游目的地的形象和品牌。

2. 建设国际会展目的地

确立将北京建设成为"国际会议展览中心"的长远战略目标,制定发展对策与策略,积极参与国际性重大会议和博览会的申办,同时把现代化场馆建设作为城市基础设施项目,充分发挥协调和扶持的作用。

(1)培育三大会展功能区域

结合北京城市发展定位和会展业发展特点,通过资源整合、市场开拓和品牌创建,形成规模效益明显、分布相对集中、优势互补且配套完善的会议、会议—展览和展览三大会展功能区域。东城、西城为主的首都功能核心区以会议为发展重点,朝阳、海淀为主的城市功能拓展区以展览—会议并重发展,顺义为主的城市发展新区以展览为发展重点。

(2)建设五个会展中心区

依托现有基础,结合北京新城建设规划,重点完善和建设五个会展中心区,即:朝阳CBD会展中心区、海淀北部会展中心区、奥运场馆会议中心区、顺义天竺展览中心区、亦庄展览中心区。

(3)建立会展业的"绿色通道"

改革管理体制,简化市场准入手续,把目前的多头审批、多头管理向地域性行业管理过渡,改被动的限制准入为积极的市场准入。加强中央单位与北京市之间以及海关、税务、商检、工商、公安、交通、城管等部门之间的协调,提高办事效率和服务水平。由行业协会配合有关部门对在京举办会展的主办单位资质条件、项目类别、所属行业、报关要求以及时间、场所、规模、配套服务的单位等实行初审登记制,减少重复办展,避免恶性竞争,巩固和拓展会展业市场。

(4)出台北京市会展业管理规章

加强北京地方性会展行业法规或行政规章体系的建设,尽快完成"北京市会展业发展管理办法"的制定并及时组织实施,在全国性会展业管理办法出台后再进行调整、补充和细化。北京市会展业管理办法要对政府统筹规划协调的管理体制（包括办展活动中有关治安、消防、交通组织和交通安全及市容等公共服务方面的协调管理机制）、行业主体及准入、行业协会的功能与作用、信息交流、政府部门和机构办展的条件、展览项目审查的协调机制、展览活动的市场监管、人才培养、对外合作等方面予以明确规定，以鼓励有序竞争、规范办展，为会展业健康发展创造良好的法制环境。

（四）积极开拓节事旅游

除奥运会外，目前北京的旅游节事主要是以"北京国际旅游文化节"和"北京国际旅游博览会"两大旅游节事活动为代表，但并没有构成足够的市场吸引力和国际品牌。下一步，要结合北京现代特色与传统文化内涵，策划、举办市场性、经常性、全年性、永久性的旅游节事。

1. 提升现有事件活动

对北京旅游文化节、龙庆峡冰灯艺术节、丫髻山庙会等现有的事件活动按照三个思路提升：品牌运作、延伸运作和文化运作。

（1）品牌运作

在现有基础上，协调引入知名活动策划运作专家作为全程顾问，参与制定事件策划和运作，并结合更加广泛地邀请媒体采访、提供大幅度优惠、加大广告力度、配套事件主题购物等要素跟进方式，强化现有事件品牌效应。

（2）延伸运作

根据北京旅游的具体情况，主要有两个延伸思路：

一个思路是向公益化、社会化方向，多元延伸现有事件。"公益化"主要体现为组织并联络媒体炒作传播以北京商务机构及个人，乃至前来的游客参与的各类公益活动，如向北京奥运组委会、希望小学、贫困地区、受灾地区、弱势群体、民族企业、公益事业，开展捐赠、支援、资助等形式的事件活动。"社会化"主要体现为在通过事件彰显北京旅游魅力的同时，与北京市各种社会性组织、群体和活动相结合，开展有利于深入普及宣传旅游文化、全面提升北京市民的旅游文明意识、社会文娱活动开展、社会精神文明建设、公民生活质量提升等的旅游节事活动。事件全过程媒体宣传，并对参与支持的北京商务机构及个人，乃至前来的游客，给予活动荣誉证书、纪念品、旅游权证、免票或优惠旅游机会等回馈。

另一个思路是向企业化（尤其是区内企业）延伸现有事件。主要指将现有节庆、论坛等事件活动，以各种形式与区内企业的同向诉求结合起来，以借助区内企业的人力物力、品牌、影响力等方面的力量。如与企业庆典、企业营销（可通过事件冠名，指定企业产品为事件专用品、纪念品、赠品等形式）、企业业务（如事件承办过程中的各个环节参与可作为企业的业务，最典型的是事件承办作为旅行商的业务）、企业文化建设，乃至企业管理等结合共办。

(3) 文化运作

文化是旅游营销事件活动的"魂"，旅游营销事件活动的文化运作有两个方面。

一是体现供给方的文化。通过人的因素（如服务）、物的因素（如文化类纪念品赠送）、事的因素（如事件中文化艺术交流表演、学术研讨等部分或成分）等体现作为供给方的中国的文化。将事件的供给方从北京扩展为中国乃至世界，如提升"北京旅游文化节"为"北京中国旅游文化节"或"北京世界旅游文化节"。

二是体现需求方的文化。通过人的因素、物的因素、事的因素等体现作为需求方的游客、其所属机构组织或来自客源地的文化，具体体现形式需要根据情况协商确定。如提升"北京旅游文化节"为"北京—巴黎旅游文化交流节"。

三是体现相关方的文化。通过人的因素、物的因素、事的因素等体现作为相关方的旅行商、交通运输业态或媒介地的文化，具体体现形式需要根据情况协商确定。如提升"北京旅游文化节"为"北京奥运旅游文化节"。

2. 创造新的节事

旅游事件活动具有内在的成败规律：在主办上，政府得天独厚；在主题上，市场自发选择。切忌计划经济时代的思维惯性，由政府充当"运动员"，强行举办形不成真正人气的事件活动。

战略：以在市场上自发成功的旅游相关要素为核心或启动吸引力，延伸形成有影响力的旅游事件活动。

可以形成以下思路[①]：

一是以潘家园旧货市场、798工厂等北京新兴旅游休闲要素主体为核心或

---

① 最初的思路中还包括以2008北京奥运会为核心或启动吸引力，延伸形成"北京旅游日"等事件活动。建议"北京旅游日"拟定于每年的8月8日8点8分（2008年北京奥运会开幕的时点）起举办活动，从2007年开始，每年推出主题，引导社会各有关方面对旅游发展的关注和促进。"北京旅游日"作为北京一个重要的地方性节事，由市委市政府牵头举办，市主要领导出席并参与活动。此外，借助奥运影响，北京还可以举办一些大型、国际级的体育赛事或节日，以及"北京奥运旅游文化节"等。后来每年8月8日被定为我国的全民健身日，另每年的5月19日定为中国旅游日。

启动吸引力,延伸形成"潘家园年展暨潘家园文物古玩文化论坛"、"798休闲文化节"等特色事件活动。

由政府协调组织,每年一度举办,以潘家园和798工厂的运行模式和链条体系,企业赞助,综合运作,拟成为文化性、公众性的事件活动。这类事件活动的举办主要依靠企业家、艺术家、学者、爱好者等特殊人群的参与,特殊人群聚在一起不容易,其参与的旅游事件活动有三类形成机制可以操作。第一类是"市场机制",第二类是"组织机制",第三类是"营销机制"。

"市场机制"——可选择、鼓励、引导、支持有条件的旅行商及其他企业,如文化公司,开发以北京为目的地的特殊人群的旅游事件活动产品。

"组织机制"——可协调利用"特殊人群"所属的机构单位、社团协会、交际圈子等正式或非正式的组织,召集以北京为目的地的"特殊人群的旅游事件活动"。

"营销机制"——将以北京为目的地的"特殊人群的旅游事件活动"作为一种产品向"特殊人群"的市场进行广义营销,这样操作时要锁定人群进行营销,对前来的"特殊人群"一般还要有物质及精神上的回报。

二是以长城等传统标志性热点景区为核心或启动吸引力,延伸形成相关主题事件。例如"龙的传人——决胜长城之巅"为成龙选接班人的电视选拔活动,就是此类事件之一。旅游部门可以与媒体等相关方面合作,策划题目方案,举办这一类事件,并实现更多的旅游价值。

三是以在京企业为核心或启动吸引力,延伸形成组织产业事件。

旅游中的产业事件是企业降低市场营销及其他方面成本的有效手段,有着强劲的市场需求。以会展为例,据英联邦展览业联合会调查,通过推销员推销、广告、公关等一般渠道找到一个客户,需要成本219英镑,而通过展览会,成本仅为35英镑。

北京可以组织地域特色经营产业,如文化创意产业、服装业、古旧家具业的生产商和经销商到北京市旅游,召开生产商和经销商会议,与其共同谋求产业发展。为这些产业的业者提供为本企业或产业搜集市场信息、寻找市场机会、促进产品销售、开展营销活动、诱导甚至创造消费者的需求。

组织产业事件总的来说要发挥"地理优势"和"经济优势",配以综合性的"措施优势",为参与方创造良好的氛围和自由活动的空间(可将其转化为北京的经济收入)。

四是以在经济运行中的市场热点为核心或启动吸引力,延伸形成主题旅游事件。

经济体系的运行中会形成某些持续时间或长或短的热点领域,如持续时间较长的房地产市场、家用汽车市场,持续时间较短(迄今为止)的艺术市场、电影市场。这些市场热点为旅游事件的组织提供了人气和吸引力的基础。

北京可以结合相关产业市场主体,举办或进一步优化"北京国际烤鸭节"、"北京国际汽车节"、"北京国际音乐节"、"北京国际影视文化节"等事件或活动。

五是其他新目的地事件主题。

北京策划举办目的地事件还要有广阔的思路,其主要宗旨是将北京自身实际与时代和国际国内重大主题结合起来,如北京亚洲城市论坛、北京生活质量论坛、北京商业休闲论坛、北京中国文化年、北京生活节奏调整周、北京中国新区和谐社会与新型公共管理论坛、北京大中华休闲状况与休闲素质论坛、北京宠物选美赛(如"美狗运动会")、北京白领丽人大赛、北京爱心旅游节(关怀弱势群体等社会特殊人群)等。

3. 利用旅游要素及相关设施举办事件

利用北京已建和即将建设的国家大剧院、国家博物馆、国家美术馆等策划大型文化艺术旅游活动。

利用已建和即将建设的中国电影博物馆、汽车博物馆、首都博物馆、印刷博物馆、国家数字博物馆等,开展专题专项社会历史文化旅游活动。

利用北京戏曲艺术中心、北京广播艺术中心、北京电视艺术中心、北京青少年活动中心,首都剧场、吉祥剧院、长安大戏院、国家话剧院等活动场所,以及国际传媒大道、国际演艺大道开展适合大众文化需求的假日休闲活动。

4. 引导机构在京组织举办事件

组织和引导企事业单位在北京举办营销性事件活动,如赠送礼品、发放要素消费优惠权证、流动宣传(如巡回旅游信息宣传车)、文艺演出、庆典举办等,政府或旅游局做好引导、支持和协调方方面面等工作。

(五)发展乡村旅游,建设旅游小城镇

目前北京的乡村旅游以农家乐和观光农业为主体,在发展中呈现出产品文化内涵不深、活动项目不丰富、资源低层次开发等问题。因此,需要进一步提升,加快乡村旅游产品从观光型向综合型方向转变,从以餐饮住宿收入为主向以旅游综合收入为主转变,注重本土化开发和特色化开发,推进乡村旅游产业链本地化和乡村旅游经营者的共生化。

这个转化和提升的基本路径就是:农家乐→乡村酒店→乡村俱乐部→乡村旅游社区→乡村度假区→旅游小城镇。其中旅游小城镇应该是北京乡村旅游发展的一个较高目标。

1. 科学规划,合理布局

要做好重点发展的旅游小城镇总体规划,与产业布局规划、区域交通规划、历史文化遗产保护规划和旅游发展规划等相关规划衔接,要以丰富旅游功能、促进农民增收为目标,结合小城镇的历史、现状、人口、区位等实际,正确处理当前与长远、建设与发展、城镇与农村、现状与发展需求的相互关系,合理确定城镇规模、功能分区和设施配置,努力做到科学布点、合理分工、特色鲜明。旅游小城镇的旅游产业规划,要以小城镇总体规划为指导,切实做好与土地利用、交通网络、资源保护、社会发展等各方面规划的衔接与协调,以保障规划的可行性。对于有特殊生态环境和文化遗产的旅游小城镇,要有专项的资源保护规划。旅游小城镇的各项规划,要突出特色,切忌雷同,要做好对接,避免相互排斥。在科学规划基础上,要严格规划实施管理,加大规划督察力度,确保规划实施不走样。

2. 重视文化建设和资源保护

历史文化遗产、民族民俗文化以及乡村文化,是大多数小城镇发展旅游业的优势和潜力所在,也是小城镇特色化发展的重要基础。旅游小城镇要做好对历史文化、特色文化的挖掘、保护、传承和发展,增强当地居民的文化凝聚力和自豪感,提高小城镇对旅游者的文化吸引力。

在小城镇发展中,既要重视对传统建筑、历史文物等物质文化遗产的保护,也要重视对语言文字、民风民俗、民间工艺等非物质文化遗产的保护和传承。要按照发展循环经济和建设节约型社会的要求进行城镇建设。在建设和改造过程中,要做到修旧如初,新老分离,避免对有价值的历史建筑、街区以及文物等文化遗产造成破坏。要防止盲目照搬大城市的建设模式,生硬模仿大型旅游主题公园的做法。

自然风貌和历史文化资源具有不可再生性和脆弱性,一旦遭到破坏就无法恢复。旅游小城镇要树立可持续发展的观念,强化资源环境意识,坚持保护优先、开发服从保护的原则,要做到违背资源保护的不开发,保护措施不落实的不开发,要明确划定资源保护范围,制定保护措施,强化保护责任。在政府财政性资金以及依托自然和文化资源的旅游经营收入中,要有一定比例用于自然和文化资源的保护。要对重要的历史文化遗产和自然资源进行登记备案,建立专门的保护机构或队伍,制定严格的资源保护制度和切实可行的监督机制、奖惩机制,以保障对资源的永续利用。

3. 突出特色旅游功能

旅游业是旅游小城镇的特色产业、优势产业,乃至主导产业。要在基础设施、服务设施、资源配置等方面满足旅游业发展的要求,满足旅游者对产品和服务的需要。要加强对旅游与小城镇协调发展的分类指导,充分挖掘地域性的旅游资源,丰富小城镇旅游内容,延长旅游产业链条,树立旅游特色品牌,提高旅游服务质量,努力满足旅游消费需求,也为小城镇发展创造新的条件。

基础设施条件是制约农村地区旅游小城镇发展的重要因素。社会主义新农村建设和旅游需求的增长,要求旅游小城镇加快基础设施建设,包括水、电、路、通信、广播电视、环境卫生等公共设施,也包括旅游者必需的旅游厕所、接待中心、预定网络等。推动旅游小城镇发展要更加重视农村地区的公共基础设施和旅游服务设施条件的改善。应针对这些问题,制定切实有效的措施,发挥市场机制的作用,给予必要的政府投入,引导企业、个人和社会各方面参与的积极性。

旅游小城镇与中心旅游城市和重点旅游城市的发展模式应有区别,要尊重旅游发展规律,树立分工观念,在旅游设施和服务要素上做好配套和衔接,避免重复建设和资源浪费。小城镇旅游服务要跟得上旅游市场发展的需要,努力提高旅游服务质量、完善旅游服务体系和强化旅游服务功能是旅游小城镇发展的重要任务。要通过标准化等手段,规范服务行为,提高服务质量。应加强小城镇旅游管理队伍和管理水平,加强旅游人才队伍的建设,在当地居民中培养一批具有经营管理能力以及旅游服务技能高的人才,并且要吸引和邀请环保、文化、文物、艺术等专业人才,积极参与到旅游小城镇的发展中来,承担起保护生态环境和文化多样性的责任。

4. 让农民切实受益

旅游小城镇是建设社会主义新农村的具体实践,必须满足农民的发展要求,保障农民各方面的利益。要以农民增收为目标,让农民利用自己的资产和劳动直接参与城镇发展和旅游发展。政府要创造良好的交通、环境以及政策条件,在工作中充分尊重农民意愿,允许农民将房屋等资产转化为经营性资产,从小城镇和旅游发展中直接受益。要支持和引导小城镇周边地区农民利用自己的庭院进行家庭旅馆、"农家乐"等特色经营,鼓励农民以出资入股和投工投劳等形式,参与小城镇发展和旅游经营。

旅游小城镇在旅游项目选择上,要重点发展依托当地优势资源的劳动密集型项目,例如农副产品加工和销售、传统工艺品生产制造、旅馆餐饮业等。要注重地方特色经济与旅游消费的结合,发展壮大旅游商品生产和销售规模。旅游小城镇在旅游等项目建设上,要保护农村基本农田,涉及拆迁的要严格遵守国家相关法律政策,要严格遵循城乡规划和土地利用规划,避免以发展旅游项目为名变相进行商业性房地产开发等现象。

旅游小城镇发展中,要健全劳动保障机制,要把吸纳当地居民和农民就业比例作为衡量企业投资和经营效益的重要指标。要多渠道、多方式加强对当地居民的职业培训,要有面向农民的旅游技能公共培训机构,让农民掌握旅游经营服务的知识与技能,不增加农民负担。要从当地农村的实际出发,充分发挥农民参与的积极性和创造力,让农民得到实实在在的利益,激发农民热爱家园、勤劳致富的热情,形成农民自觉参与旅游小城镇发展的良好局面。

5. 提高综合管理水平

在旅游小城镇发展中,要把公共管理与旅游管理结合起来,把社区服务与旅游服务结合起来。旅游小城镇在规划建设中,要注重改善居民生产生活环境,为当地居民和周边农民提供文化、娱乐、休憩等服务场所。要高度重视旅游公共安全,建立健全公共突发事件应急体系,建立专门的旅游安全应对机制。要科学制定重点地段、旅游景区(点)和集中活动场所的容量控制指标和紧急疏导方案。要规范设计、合理布置公共信息和旅游信息引导标志,使旅游区域的安全设施和信息提示规范、齐全。当地安全救援和医疗机构要提供对旅游者的救援救助服务。

旅游小城镇要针对旅游者等外来流动人口多的特点,着力搞好社会治安综合管理,做到体制完整、队伍完善、措施得当、保障有力,严厉打击各类刑事犯罪行为和邪教等非法活动,建立良好的社会秩序和旅游环境。要依托城镇综合执法体系,建立小城镇旅游综合执法机制,规范旅游经营行为,维护旅游市场秩序。要加强社区共建,在旅游小城镇各项规划和建设中,扩大居民参与程度,广泛征求社区群众意见。要引导当地居民和农民移风易俗,破除迷信,革除陋习,形成有文明、有礼貌、不欺生、不敲诈、乐于帮助旅游者的良好氛围。

6. 加强统筹协调

发展旅游小城镇,涉及民族民俗、文化文物、自然生态等多方面资源的利用与保护,涉及建设、旅游、规划、农业、土地等多个政府主管部门。应从不同角度、不同层面,按照建设社会主义新农村的总体要求,坚定为农民服务的思想,加强部门之间的沟通协调,整合资源,联合推动,共同促进旅游小城镇的和谐健康发展。

(六)跳出旅游着眼营销

实施"321"北京旅游营销战略,跳出传统旅游目的地营销的局限,着眼城市营销,兑现北京旅游、北京、中国旅游、中国的价值,最终形成优质的品牌。

1. 利用城市资源开展"三地"建设

北京旅游营销总体上利用首都综合发展基础、影响力和各类外设机构在旅游媒介地、客源地、目的地进行营销建设。

媒介地指从旅游的角度看,除了客源地和目的地之外,其他能为区域旅游营销发挥积极作用的地点或现实和虚拟的空间,主要由媒体、交通、会事、旅行社四类组成,包括上述类别中单位或相关人员的所在地和活动地。

客源地指北京旅游客人的常驻地,是游客的空间来源。客源地包括居民日常工作、生活的一切地域,以及深入到其中的各类渠道(包括客源地中的组织等)。

目的地即北京市,是满足游客旅游需求的地区。目的地是游客主体所到、消费所在、体验所产生的地区。

(1)媒介地营销建设

利用北京在媒体等方面的公关和协调优势,通过建设与各相关方面良好的合作关系,优化建设属于北京的旅游媒介地体系,达到稳定有效地撬动营销工作效果的目的,其核心是确保北京旅游形象通过媒介地向客源地施加长期、稳定、有效的影响。

媒介地营销建设的思路是发挥北京作为首都的相关优势,通过切实为各类媒介及所属机构、个人、事件等的根本利益提供帮助,赢得对自身目的地营销的各种积极作用。

①传媒

采取综合方式建立稳固有效的媒体合作关系。提高走访、接待、记者招待会等活动的规格,给予传媒特别待遇,举办传媒联谊活动,密切媒体合作关系。

②会事

主要指各类旅游交易会、推介会、说明会等,突出旅游参会主题,开拓会事范围,提高参会效能。

③旅行商

旅行商主要指旅行社、差旅公司,畅通与旅行商的沟通,合理进行旅行商让利,优化与旅行商的关系。

④交通

充分利用飞机、火车、企业、轮船等各类交通工具和交通路径进行营销建设。

(2)客源地营销建设

利用北京在公关、协调等方面的操作优势,通过参与建设客源地日常工作生活的地域,建设北京旅游的客源地体系,达到提高营销工作触动力的目的,其核心是确保北京旅游形象在客源地深入、渗透地发挥直接影响。

客源地营销建设的思路是发挥北京作为首都的相关优势,通过切实为客源地域的发展和当地人民福祉贡献独到而长久的帮助来赢得客源地市场的关注、青睐和忠诚,形成目的地和客源地积极、牢固、共赢的良好关系。

①公共广告投放与媒体宣传

充分发挥政府的主导作用,建立公共信息储备(如"北京旅游信息库"),定位高端品质媒体,通过公共广告投放和媒体宣传树立北京旅游的公共形象,强化网站媒体、社区(包括作为本地客源地的北京社区,尤其是望京小区等人口众多、收入较高的小区)户外展示媒体等新兴媒体在广告和宣传中的作用和多语种的国际化广告宣传。

作为工作重点,加强网络媒体的营销力度,提升北京旅游信息网,建设旅游网络营销应用系统和旅游呼叫中心,为旅游者提供信息查询、行程导航、线路设计、网上预订和网上支付等服务,建设北京目的地营销系统(DMS:Destination Marketing System)——目的地城市旅游信息化建设完整解决方案,它通过一系列的信息技术产品和相应的支持服务来实现)。

②客源地营销触角

利用北京政府、企业、民间组织散布在全国和世界各地的众多驻外分支机构及其它们在当地的影响力,让众多分支机构负载北京旅游在驻地营销的客源地建设功能。

北京在客源地营销触角的设置应该与吸引全国各地和世界各国在京设置旅游常设机构相结合,以在京常设机构及对其开展各类活动的支持协助为桥梁和纽带,对其中北京旅游主要的客源国和客源地实现"客源触角交换"。工作上,以设置旅游市场代表处、以营销功能风味餐厅为主要形式的营销功能店馆以及在客源地举办的营销事件活动为主。

③通信服务体系

综合运用各种现代通信方式,在主要客源地域市场形成北京旅游通信服务体系。主要进行以下工作。

一是通用通信方式。

通过开设信函、传真、电话、短信、E-mail、网上论坛、MSN 专号等方式,接待客源地人群联络,分为"游前联络"和"游后联络",每种联系方式既有游客主动联系北京(如意见投诉),又有北京主动联系游客(如电话回访)。当旅客需要咨询时,要积极提供服务;在通信联络中发现任何问题,要及时记录、反映、处理,反馈、道歉(游客提出意见时要当即代表目的地表示歉意),游客进行过程和结果的告知(如对投诉的处理)。

二是特色通信方式。

设计一些特色通信方式,将北京旅游形象融入到客源地人群的通信之中。如:联系企业赞助拍摄一些隐含宣传北京旅游的幽默的手机短片,上传到网上供网友自由下载,尤其向市场定位人群推广;在网络上提供北京旅游形象图片彩信和北京旅游主题手机彩铃下载;在网络上提供北京旅游相关形象电子贺卡下载,并做适当推广。

④举办事件活动

在客源地举办事件活动可以起到较直接的市场效果,但难度和成本较大,北京可以在主要客源地定期举办以下事件活动。

一是文化公益活动。

组织协调在市场定位客源地域开展各种形式社会文化公益活动,参与客源地当地社会发展进步。

二是北京旅游卡派赠。

对特定地域(市场定位客源地域)、特定人群(市场定位客源人群)进行北京旅游卡的派赠活动,该活动可以通过银行或其他机构协助完成,首先由北京的社区开始开展此活动。

(3) 目的地营销建设

建立北京旅游目的地建设的营销导向,达到提高营销工作原动力的目的,其核心是以营销作为引导目的地发展一切工作的重要方向,建设营销型的目的地。

目的地营销建设的思路是发挥旅游产业的相关比较优势,通过释放旅游的价值,切实使目的地单位和人员分享利益,赢得目的地的积极支持和努力参与,形成合力发展的目的地营销态势。

① "一场两站"印象区体验建设

北京的机场、火车站和长途汽车站作为游客的主要出入口,是重要的游客印象区(第一印象区和最终印象区)。改善游客对"一场两站"的体验,对市场起着重要的作用。主要分为十个方面的工作。

一是建立旅游咨询中心。

在"一场两站"设立北京旅游咨询中心,以便于提供旅游咨询服务和受理游客投诉。

二是进一步改善换乘效率。

通过增加出租车、公交车、专程巴士等的数量来提高换乘交通运力、提高交通组织管理水平、对游客及其他乘客进行换乘协助(如设置行李车、行李员,帮助游客携带和搬运行李)、为游客提供换乘信息咨询服务(如通过标志改善和积极、规范的人工咨询服务,帮助游客尽快了解换乘方法)等措施,节约每个游客的换乘时间,改善游客在换乘过程中的体验。

三是改善综合环境。

加强"一场两站"游客所处空间的卫生环境、自然环境、人文环境、设施环境等方面的改善建设,重点打造首善的"首都门面"。

四是提供高质量的游客综合服务。

"一场两站"的游客服务人员,实际上是北京和中国重要的形象大使。通过高投入、高标准、高要求、高待遇,甄选和打造顶级水平的游客服务,建议引入"金钥匙"服务体系,打造一批旅游"金钥匙"品牌服务人,设置在"一场两站"为进出京旅客服务,带给口岸旅客"满意+惊喜"体验,除了进行传统的咨询等服务外,还应该把旅客扶助、旅游意见建议征询及其后续服务、北京旅游宣传品(乃至礼品)赠送等提升性服务也纳入到规范的工作要求中。

五是北京(中国)旅游形象展示。

在机场路沿线等"一场两站"周边重要地段,设置表现北京(中国)旅游形象的展示空间,综合运用雕塑、展牌、花木等要素彰显北京(中国)魅力,给游客留下有冲击力、美好、深刻的印象,如在首都机场设置"首都旅游画廊"。北京(中国)旅游形象展示可以与要素企业户外广告相结合。

六是迎送客情景体验营造。

采用情景规划和体现设计以及背景音乐等手段,在"一场两站"为游客塑造出京味的"好客"、"惜别"、"祝福"等主题的动人体验,要求充分体现北京和中国传统文化中的相关精华。

七是标志服务活动。

把"一场两站"作为活动场所,进行具有积极意义的服务旅客的活动。如市长、旅游局长、名人、青少年儿童、志愿者义务为游客提供各种服务,体现城市政府和社会为游客服务的诚意和友好的城市人文。这类活动可以密切结合媒体传播,以放大效果。

八是景点化打造。

探索"交通站场+景点"的发展模式。软件上进行趣味体验设计,将候车、候机等游客空闲时间利用起来,如安排卡通人物与旅客嬉闹、留影,增添小型表演性活动和参与性活动等。硬件上,设置适宜的旅游吸引物、景观小品等。

九是主题化打造。

探索主题"交通站场+景点"的发展模式。主题可以有固定永久的主题(如北京的旅游品牌形象)和变动的主题(如奥运主题)两种选择。具体表现形式体现在软硬件设置的内容上。

十是周边要素业态品牌化、印象化发展。

避免"一场两站"周边业态仅仅满足基本需求的状况,引导发展适宜的旅游要素业态,如打造面向首都机场下飞机游客的"北京迎客餐"、"北京放松吧"等缓解和补偿游客旅途不畅的要素品牌。此外,引导"一场两站"周边消费业态利用消费环境、消费服务、店铺体验、礼品赠送等手段,形成"印象化"的经营文化,进一步带给客人对北京、北京旅游深刻而美好的第一印象和最终印象,可采用引导北京重要旅游要素企业在"一场两站"周边开设带有营销功能的消费业态等具体手段。

②市场管理能力建设

目的地是客源市场管理的心脏,优化引导酒店、旅行商等旅游要素企业找准目标市场(提供信息和指导)、运用建立数据库管理重要客户(尤其是商务旅游,按照美国运通公司的做法,将大量旅游顾客的姓名或名称、地址、喜好、交易量、人事等内部情况等各方面的个性化的信息纳入数据库管理利用,信息通过与顾客持续、随时的沟通及时形成、更新)、将旅游要素企业的营销纳入到目的地整体营销之中(政府可以出面协调组织,以资源共出、工作分担的形式打造一个公共的平台)、开展公关活动(开展旅游关系营销)、熟客联络管理(主要针对度假和商务旅游,培育高忠诚度的顾客群)、设计和提供个性化产品和服务等。

③营销合作协调建设

在三个协调方向上开展共赢的营销合作(共生营销):横向协调——与媒介地或其组成部分(如旅行社、其他目的地)开展营销合作,双向协调——与客源地或其组成部分(如客源组织)开展营销合作,纵向协调——与目的地上下级政府或部门(包括国际组织)开展营销合作。

北京旅游共赢的营销合作主要为以下具体内容。

一是横向协调。

主要指与服务于北京的旅游企业,如商务旅行商进行联合营销。如积极利用各种节庆活动和旅游博览会等形式,推广旅游企业品牌,加大对政府服务理念、政策扶持的宣传,形成政府促销旅游形象、企业促销旅游产品、不同细分市场间协同的促销格局,推进全面协同促销。

二是双向协调。

主要指与在京企业(尤其是跨国公司)的营销合作。一方面,北京可以通过旅游为企业(尤其是跨国公司)提供商机,如企业(尤其是跨国公司)邀请代理商、经销商代表以奖励旅游的形式包机前来洽谈业务,促成交易,北京还可提供企业(尤其是跨国公司)要求的服务接待、事件活动、产品项目、行程安排等方面的个性化支持。另一方面,企业(尤其是跨国公司)可以为北京的营销提供很多便利,最重要的是企业(尤其是跨国公司)可以利用其延伸到各国各地的各种分支机构,作为北京深入其市场定位客源地的"客源触角"。此外,通过参与企业事件活动等形式也能起到较好的营销合作效果。

三是纵向协调。

主要指积极融入国家旅游局的旅游促销网络,并积极加入各类国际旅游相关组织,成为成员,参与有关市场开发促进的活动。

④目的地旅游服务建设

在加强旅游行业服务质量规范管理的同时,采取四个方面的措施,进一步提高目的地旅游服务质量。

一是形成长效旅游服务质量管理机制。

首先,制定一批旅游质量标准,作为地方甚至行业、国家标准,并上升到法规的约束层面;其次,形成督察机制,确保标准的实施,督察机制要吸取国内外有价值的经验,如引进"神秘顾客"制度,并将是否达标作为评级评星等工作的硬性指标;再次,建立并有效运行服务质量投诉举报系统,结合媒体和社会大众的监督,建立健全落实到人的奖惩、赔偿机制;最后,建立长效多部门协调机制,规范和提升游客所能接触到的其他行业领域的服务和公共服务。

二是引入外部市场化手段创新提升与北京旅游地位相匹配的顶级服务质量,打造"北京金钥匙旅游服务体系"。

"金钥匙"是国际顶级的服务品牌,以世界金钥匙组织(国际民间社团)为代表,以为顾客提供"满意+惊喜"的服务为宗旨,具有一套科学完整的顶级服务提升保障体系。"金钥匙"服务理念引入国内后催生了世界金钥匙酒店联盟(公司性组织),并正在筹组金钥匙旅行社联盟。

与世界金钥匙组织、世界金钥匙酒店联盟、金钥匙旅行社联盟(筹组中),以及相关专家和旅游机构合作联办一个国际性机构——北京世界金钥匙旅游服务总部(以下简称"服务总部")。该机构拟分国内部和海外部,对国内外旅游要素企业(商务酒店、旅行商等)及其他服务接待主体提供有偿或公益性的各类支持,包括培训、人员支持、远程协助、危机解决难题攻关等。

"服务总部"经过发展可以为服务对象进行品牌认证和命名(与世界金钥匙组织、世界金钥匙酒店联盟、金钥匙旅行社联盟等共同操作)。北京市内旅游要素企业和其他服务接待主体,以及对北京市提供旅游服务的外部企业和其他主体,依靠天然优势,有望普遍获得"服务总部"的较多支持,引入金钥匙服务操作体系,并获得较大规模的品牌认证和命名,形成巨大的群体服务优势、品牌反响和积极的舆论,对旅游市场产生很强的吸引力。

此外,北京旅游整体引入国际顶级的金钥匙服务体系,并成立"北京世界金钥匙旅游服务总部",作为一项事件,本身就具有较强的市场品牌效应,实际操作中需要进行全过程、全方位的综合传播炒作。

2. 依托城市设施落实"二次"营销

二次营销体系是指对已经来到目的地的游客进行再次的营销,使其在来到目的地之后尽可能多地对各种要素进行消费并促进形成对目的地的良好印象的目的地营销体系分支,是与"一次营销"(客源招徕营销)相对应的游客消费营销体系。

北京的"二次营销"需要与向北京本地人群营销"北京本地短途旅游休闲产品"的营销相结合,利用相关城市设施进行落实。

(1)咨询站点二次营销

加强和规范目前游客中心和其他游客咨询站点的"二次营销"职能,同时避免向要素企业"寻租",建议组织推出标准的《北京旅游要素消费指南》、《北京旅游消费地图》等,在游客中心等游客咨询站点发放。

(2)城市设施二次营销

利用城市户外空间、交通站点(如地铁站——包括地上和地下部分)、出租车、社区(包括作为本地客源地的北京社区,尤其是望京小区等人口众多、收入较高的小区)、发廊等非旅游业态、各类城市公共信息标志系统等城市设施,提供便利,引导要素企业通过发放北京旅游要素宣传品、媒体广告等形式营销北京旅游要素企业和要素消费项目。

(3)要素互为二次营销

本质上北京市域内不同旅游要素间存在较为典型的互为营销的关系,要尤其重视二次营销体系。如会展活动可以扩大酒店的知名度,酒店可以拓展景区点的影响。

在政府或旅游局的协调下,互相利用空间、服务等资源宣传北京其他旅游要素企业及要素消费项目。如《北京旅游要素消费指南》、《北京旅游消费地图》进酒店房间、北京旅游信息网设为酒店上网首页,旅游信息厅进酒店大堂等。

(4)重点品牌二次营销

在长城、故宫、烤鸭等传统北京旅游要素知名品牌的基础上,研究选择潘家园古玩旧货市场、798工厂、奥运公园及奥运旅游功能区、欢乐谷、新会展中心等新的北京旅游知名品牌,形成质量可靠、能代表北京形象的"新北京旅游重点要素消费品牌"系列,如"北京旅游新十样",由政府发力,利用各种机会和形式,协调各方面资源重点进行品牌推广,并将这些要素品牌与北京旅游的整体形象联系起来。

3. 代言城市整体树立"一流"形象

旅游是城市的代言人。旅游业对北京城市营销的贡献体现在树立与北京城市发展相匹配的国际"一流"城市形象上,主要通过以下几项工作进行。

(1) 完整提炼城市识别系统

完善品牌形象是客源地营销建设的基础和统率,在北京市的区域旅游品牌形象中,要充分带有北京旅游的文化色彩,体现北京旅游的文化内涵,提出系统化的旅游品牌形象,同时也作为北京城市的识别系统。

①理念设计

北京旅游品牌形象理念中要体现古老与现代的融合,国际与民族的结合。

②宣传口号

从游客体验的角度出发,推出总体宣传口号,并在此基础上发展针对不同市场细分和不同产品推广的宣传口号体系。

③视觉识别

组织设计一套包括标准色、徽标(Logo)、经典视觉形象、吉祥物、形象大使等视觉识别要素,应用于媒体广告传播、旅游商品包装、旅游接待品、旅游服务人员的着装等载体。

④听觉识别

设计管理北京旅游的特征声音、主题旅游歌曲等北京旅游的标志性声音。

⑤典型印象

评选北京知名旅游品牌,形成一说起"北京"游客就会联想起的典型印象。

(2) 广泛推行北京旅游目的地营销

北京旅游目的地营销,即"三地"营销建设和"二次"营销机制的"广泛"推行主要体现在六个方面。

①设定营销的主体

主要为北京市人民政府,由旅游局和其他相关部门执行,营销的主要参与者设定为在京企业、组合和市民。为此,通过相关政府工作和社会工作,将"通过旅游营销城市,树立城市一流形象,营销北京国际旅游城市"上升为市委市政府认同的理念和北京所有社会群体共同的理念,尤其在广大市民中形成"更加亲善,以客为本"的文化氛围。

②设定营销的客体

地域上,重点为北京主要的国内外旅游客源地(包括北京本地),但不限于这一范围,在全国和世界各地进行旅游营销工作,尤其是"城市识别系统"的广泛传播。人群上,除了主要客源人群外,结合商务旅游营销,改善城市的消费、投资环境,面向城市整体产业的主要消费者和投资者,以及其他经常来京人群。

③形成长效机制

以长效机制组织高质量的人力、物力、财力投入到北京旅游目的地营销,即北京城市营销的系统工作之中。

④提升"北京大产品"意识

打造"北京大产品",尤其是把城市空间意象的优化建设,提炼和升华到城市营销的高度来重视和推进。

⑤制定营销优化程序

制定并形成营销优化程序,打造品牌形象:设立品牌形象顾问团,品牌顾问团可从多家国际公关公司中筛选而出,并最后确定一家国际知名公关公司组建专门的品牌顾问团;其次,不断进行使用现代手段的大规模市场调研,并在北京及全球的政界、商界领袖中进行广泛的意见调查。

⑥更新具体营销手段

在营销优化程序的基础上,根据市场反馈,不断更新广告等旅游及城市营销的具体手段。

(3)丰富落实将北京旅游与城市营销紧密结合的综合举措

①形成旅游形象社会开放机制

无偿向社会各界提供北京旅游整体和各类要素形象的产权,并鼓励在京企业、组织和个人使用这些形象用于各自目的。

②政府课题立项

设立"北京城市营销"课题立项,可由北京市旅游主管部门牵头组织承担,研究北京城市营销的战略方案。

③实施具体举措

研究实施一些具体举措:如设计一套以旅游形象为主要艺术形式的北京"城礼",作为首都各类外事、交流等活动的政府礼品,用于相关实际交往活动;

又如设计一套使用北京旅游形象的标准政府名片底版,要求政府机关工作人员使用。

(七)组织保障与人才建设

1. 旅游发展领导小组

成立北京市旅游发展领导小组(以下简称"领导小组"),作为北京市人民政府的常设机构,统筹协调和全面领导北京市旅游业的发展,统一协调管理旅游局系统和商业局、交通委等旅游相关部门。

北京市主管旅游副市长兼任"领导小组"组长,形成以旅游和发改委、商业、交通、文物、文化、园林、城建、公安等相关部门共同组成的大旅游管理体制,使得旅游业管理由单一部门管理转向社会综合管理,为北京市旅游及相关方面综合发展提供制度保障。

"领导小组"的主要工作是协调旅游和其他旅游相关部门,乃至上级旅游主管部门和国家其他旅游相关部门的工作关系,形成多部门的长效联动机制。

2. 在街道办事处、乡镇设立旅游休闲办公室

各街道办事处和乡镇人民政府增设旅游休闲办公室,依法全面促进辖区旅游行业健康有序地发展。主要职能有:贯彻执行旅游业方面的法律、法规;发掘整理辖区旅游资源;协助旅游相关发展措施在辖区的落实;协调辖区内社区居民委员会、村委会工作人员落实旅游发展举措;协助辖区居民开展健康有益的旅游休闲活动。

3. 实施旅游人才战略

在新的发展时代,旅游业属于知识密集型的产业,在全国和世界范围内,信息、人才、发展经验等因素也构成十分重要的产业发展资本。北京应利用自身优势条件,组织和利用好旅游人力资本。

以"北京国际旅游市场信息交易交流会"、"北京国际旅游人力资源交易交流会"、"北京国际旅游管理咨询交易交流会"等事件作为具体工作手段。就旅游信息、旅游人才、旅游智业三个主题领域,会聚国内外相关单位和个人,进行合作、交易、交流。还可考虑以论坛的形式举办,如"北京国际旅游市场信息论坛"、"北京国际旅游人力资源论坛"、"北京国际旅游管理专家论坛"等。

积极争取参加各种和旅游相关的全国性和世界性组织,争取其在北京开展组织活动,并加强与这些组织的相互交流和各方面合作。

一是绿色通道。如以优惠政策、待遇和发展空间吸引全国、世界范围内优

秀的旅游人才，尤其是建设方便引进高端及商务旅游等亟须的旅游人才的"人才绿色通道"；又如通过网络等手段的"客源信息绿色通道"、通过设立发展顾问制度的"专业咨询绿色通道"等。

　　二是双向通道。既要能够"引进来"，又要能够"走出去"。如建立选派旅游相关从业人员，尤其是管理人员到国内外其他旅游发达国家和地区、高水平旅游相关研究机构、院校等进行交流、学习，如有计划地选派专门人员到国外会展业发达城市和地区学习其运行规则和先进经验，鼓励北京会展企业到发达国家和地区参加国际性会展，学习成熟的经验和做法；又如通过"北京旅游发布"等形式向国内外相关方面传播北京旅游的信息和发展经验，吸引发展机遇，提高位势影响。

第四篇
北京主要区县旅游发展

一、新东城，新旅游

(一)新东城的新格局

东城区和崇文区合并，构造了一个新的发展格局，不是简单地"1+1"，增加了辖区面积，而应该是一个"N+N"的概念。

第一个"新"，就新在一个文化大品牌的形成。

第二个"新"，就是要在现有基础上构成一系列新型优势产业。比如，东城毫无疑问要成为世界首屈一指的国际会议基地，打造一系列具有广泛影响的会议饭店。

第三个"新"，是资源的整合，但不是资源的相加。比如崇文区和东城区合并不仅是地理意义上的贯通，而是在管理格局和市场层面上的贯通，从而构造出一个新的一体化发展的格局。

第四个"新"，实际上也是一个品牌的相加。两个区各有各的品牌，现在品牌加到一起，就构造了更大的品牌。但同样需要我们创造更新的品牌。

第五个"新"，是人才的相加。包括整个旅游行业的人才队伍的相加和交流。

这些"新"都是两个城区相加后形成的，是相互补充、相互支持、相互促进的必然，同时我们也要研究在整合过程中会有哪些可能的冲突以及相应的解决方案。

历史上，北京的区划变了很多次。明朝的时候，北京就是两个城区，一个城区叫宛平,一个城区叫大兴。以长安街南北划界,凡是南边都属宛平县,北边都属大兴县。东城有一条大兴胡同,其名称由来正是因为当年大兴县的县衙就在这个胡同。这种区划格局的调整是很正常的事。如果用一个新的概念来说,这个城市的发展过程是小区合并成大区,大区构造大都市,大都市构造大都市圈。这是一个必然的过程。

在城市发展中,也有很多东西已经失去。当然,失去的是农业社会的一种传统,或者说是一种诗意,一种田园牧歌。但是,在新的时代面前,能不能找回一些东西,核心就在于文化。现在北京提出建设世界城市,东城提出了"世界城市看东城"的目标。看东城,看什么?怎么做?核心就是建设国际化、现代化的新东城。

1. 新要求

首先是新要求。市委市政府要求:北京要成为服务全国的政治文化中心、科技创新中心、金融管理中心和国际商务中心。

区委区政府要求:在发展定位上,本着超前定位、差异定位、特色定位的原则,综合考虑新首都功能核心区的功能要求、自身发展基础、外部发展环境、未来发展愿景等多种因素,提出"首都文化中心区,世界城市窗口区"的总体定位,同时明确了"首都政务服务重要承载区"、"历史文化传承发展示范区"等6条职能定位;在发展战略上,提出了"两新四化"总体发展战略,即打造文化新引擎,拓展发展新空间,着力推进产业发展高端化、公共服务优质化、城市运行智能化、区域发展均衡化;在空间布局上,提出了"一轴两带五区"的构想,即以旧城传统中轴线为依托的历史文化传承发展轴、王府井商业核心发展带、东二环高端服务业集中发展带、和平里商务新区、雍和文化创意集聚区、前门历史文化休闲区、龙潭湖体育产业园区、永外现代商贸区;在产业定位上,提出了"1+4+3"的发展方向,即做强文化创意优势产业,做优金融服务、商务服务、现代商业、信息服务四大支柱产业,做大中医药、体育休闲、低碳服务三大新兴产业。要继续强化"文化强区"的理念,努力把历史文化资源优势转化为发展优势,不断提升首都文化的国际影响力和软实力。要以建设"国际一流的旅游目的地"为努力方向,充分整合利用东城区丰富的文化旅游资源,健全政策,制定规划,重点开发商务旅游、文化休闲、国学旅游、会议展览、中医药健康旅游等高端旅游产品,努力做到旅游资源多样化、旅游服务便利化、旅游管理精细化、旅游市场国际化,全力推动旅游业的跨越式大发展,积极打造旅游休闲之城。

2. 国际化

不过,目前的思路基本上是按照新东城的资源优势,研究如何将现有资源整合成产业,产业如何扩张到区域。实际上,更进一步还应该更多地从高端产业体系构建的高度来认识,还需要研究新东城的国际化、现代化问题。

这里的国际化大体体现在以下几个方面:

第一个是国际化视野。从地方到世界,我们要在横向的比较中看到差距。北京比较的对象不是上海,更不是广州,北京比较的对象应该是巴黎、伦敦,和这些地方比一比,北京现在差在哪儿?这就要求我们必须具备这样的视野。

第二是国际化理念。从传统到文明,尤其是强化高端的生态环境。我们一般说生态文明,总觉得这就是大自然,城市怎么能讲生态文明呢?实际上这恰恰是一个误区。高端生态文明不仅意味着人和自然的高度和谐,也意味着人与人的高度和谐和今天的人和古人的高度和谐。所以这里边有人文生态,有社会生态,而不仅是自然生态。

第三是国际化思维,从自身到超越,要具备前瞻性。从这一点来说,北京还有所不足。这些年来,尤其是从旅游市场上来说,形成了一个"国际竞争国内化,国内市场国际化"的格局。我们在家门口就感受到国际竞争了,这个市场就是一个国际化的市场。因此,需要更加开拓思维。

第四是国际化资本,从个别到全面。现在国际化资本已经大批量地进入了东城,从这三十年的发展过程来看,进入东城区的资本至少得有三分之一是国际化的资本,多了可能二分之一是国际化的资本。过去国际化资本在硬件建设中发挥了很大的作用。未来,随着国际化资本进入,国际化的制度、国际化的管理方式等一系列东西都应相应进入。也就是说,国际化资本多数将体现在软开发方面的影响。

第五是国际化机制,从引进到创造。其中自然包含了一系列国际化政策。机制是根本,政策是技术。新东城建设,能不能搞点大政策,像海南国际旅游岛这样的。当然,海南国际旅游岛机制是最关键的,政策是次要的问题。

第六是国际化运作,从接轨到发展。因为国际化也在变,所以我们要研究自身的问题,看重原生变化。东城区已经融入了全球,这就必须要研究,在这个国际化和全球化的发展过程之中自己怎么变化,因为我们的变化本身也会构成一种国际化。这并不是说老外做的事都是对的,我们做的事都是错的。

第七是国际化规则,从接受到介入。目前是发达国家制定规则,发展中国家接受规则。未来,发展中国家也需要介入到规则的制定过程中,这恐怕是一个非常重要的问题。比如说中国作为一个经济大国,在国际上已经有很大的发言权;作为一个旅游大国,在国际上也有很大的发言权,比如参加一些国际旅游会议,中国代表团如果不表态,这个会议就没有结论。从这一点上,我们好像觉得中国很强了。但实际上,对于规则的制定权、秩序的维护权、价格的协调权,我们并没有多少发言权。30年前开始,基本上就是外国人定价格我们接受,如果说我们那时候以入境接待为主,但我们的国际发言权并没有随着大量的中国人出境旅游而明显增长。

第八是国际化市场,从周边到世界。就东城旅游自身而言,市场不用操太大心,每年有无数的人到北京来,就这个国内市场就够吃的了。但是,我们不能只满足于这一点,我们还需要深入研究国际市场需求。

第九是国际化分工,从垂直到水平。就我们的制造业而言,到现在为止,基本上还处于垂直分工中,也就是说最挣钱的、利润最高的、附加值最高都是人家做的,我们基本上处在垂直分工的末端,所以很多污染密集型、劳动密集型、资源密集型的都转移到中国来了。这样一个分工体系,是历史形成的,我们短期内想改也很难改过来。但是旅游不同,在旅游运营中,技术因素不是主导因素,可以直接跨越进入国际水平分工系列。也就是说,在旅游的这个层面上我们和国际上基本上是可以比肩的,水平分工也就意味着我们应该把握发展的主导权。

第十是国际化组织,从创业到扩充。目前已经有了一些基础,可以在各个方面介入和开拓相应组织。比如,东城既然要建设世界一流的国际会议基地,那么就应该有相应的机构,相应的组织。多年以来,总觉得国际组织是很神秘的事,实际上并不尽然。如果我们总觉得自己举办国际性会议是一种荣耀,那正说明我们的心态还是弱势心态,说明我们还没有真正以一个平等的视角,没有从一个水平分工体系的角度来研究国际化。因此,东城区得好好研究研究自身的优势,也可以琢磨能否成立与自身发展密切相关的国际组织。

第十一是国际化心态,从紧张到从容。因为多年落后,使我们的民族心态紧张,生怕人家看不起。这还是一个弱势民族的弱势心态。我们现在一定要摆脱这种观念,要用一种正常的心态来看待这些事情。其实,真正的国际化就是国际化融入了市民的日常生活,大家见多而不怪。有一次,笔者当团长,带一个中国旅游代表团去法国尼斯参加世界旅游组织一个国际会议,800人的国际会议,有 30 多个部长参加。在我们看来,这显然是一个高规格的国际会议。可下了飞机就没人理你,自己打车到酒店,到了酒店办个注册手续,给你一个会议手册,会议手册上有各种安排,你该怎么参加就怎么参加。对于这种状况,我们大家都纳闷,后来一了解才知道,尼斯是一个 40 万人口的城市,这样的会议一年有 300 多个,如果都像我们一样办会,又是倒计时、又是签名,那还得了?

第十二是国际化人才,从单一到复合。整个北京的旅游队伍在全国可以说是一流的,东城区在北京又拔了一个尖,这是客观评价。但是,现在缺少复合型的人才。比如,外语很好,但只能当翻译,比如老总很优秀,可能外语又不行。或者说,旅游这一行很懂,但是稍微超出一点范围,知识结构就不够了。因此将来要有一个大发展的格局,就是需要既懂旅游、又懂金融、又懂管理的复合型人才。当然,这和旅游行业本身有关。20 世纪 80 年代,一个饭店要招工,是社会新闻,无数的高端人才都涌过来了。现在人才都跑到别的行业去了,社会上高端行业、高端职位比旅游业有更强的吸引力。因此,现在恐怕最重要的就是如何培养复合型人才。

第十三是国际化产品,从模仿到拓展。发挥优势,拓展新产品。有一句话说,越是民族的,越是世界的,这是一个国际化概念。另一个概念,就是要追求标准化,追求现代化,这两个概念很好融合。文化是我们自己的,但服务和标准(包括一些高端产品)则应该是国际化的。

第十四是国际化设施,从豪华到文化。我们总觉得不豪华怎么算得上国际化呢? 实际上这也是一个谬误。一般而言,商务型的要求是豪华,但度假的要求则是文化,我们应该多多发展主题性的建筑。这就是一个国际化设施的概念。

第十五是国际化管理,从孤立到全息。在东城这么一个地盘上,要形成全息性产品、全息化管理。现在有一个概念叫物联网,从旅游的角度,可以考虑打造一个旅联网的概念,也就是借助现代科技形成一种旅游方面的贴身服务,形成一种网络化的服务。

第十六是国际化服务,从环节到无缝。现在的国际化服务,大体上还是某个环节很强,某个环节很弱。应该创造无缝化的服务模式,以此来培育高端服务品牌。否则就是一个短板效应。比如大家说这个地方不错,那个地方不错,但是有一个环节差,整体印象就跌下来了。应该说这么多年来,我们总是在不断地进步,现在需要强化的主要在于整个链条的整合。

第十七是国际化语言,从单向到中性。我们一说话就是单方面的官方语言,这种官方语言我们已说得很溜了,和谐发展观,以人为本,包括胡总书记说的"不折腾、不懈怠、不动摇"这"三不",都是官方式的语言。这"三不"的翻译还引发了一场讨论,要是字对字的翻译,没有一个外国人可以听得懂。最后,大家最终形成一个共识,先音译,再加注释。否则,我们中国人听起来非常精彩的话,人家未必能听得懂。这里边就涉及一个问题,那就是如何处理好官方语言转向中性语言的问题,尤其是在市场营销和具体运营中。旅游局的宣传语言,各个景区景点的营销语言,都是在自说自话,这与我们的目的并不一致。我们说话只有让人听懂了,我们的发展目标才能真正得到实现。

第十八是国际化方法,从单一到多元。在战略制定、政策研究、规划设计、建设营运各个方面,采用多元化的方法以谋求新突破。

3. 现代化

《中国现代化报告2010》对现代化进行了解释,现代化是现代文明的形成、发展、转型和国际互动的复合过程,是文明要素创新、选择、传播和退出、交互进行的复合过程,是不同国家追赶、达到和保持世界先进水平的国际竞争。

就世界而言,现代化包含两个概念:第一次现代化,是从农业社会转向工业社会,农业时代转向工业时代;第二次现代化是从工业时代转向知识时代,工业文明向知识文明,物质文明向生态文明的转变过程。所以,按照这本书的分析,中国现在只有北京全面进入第二次现代化,其他都处于第一次现代化的不同阶段。比如上海,应该说现在比较发达了,但也只是处在第一次现代化的成熟期。这个依据很简单,比如从产业结构而言,2010年北京的产业结构是一产0.9%,几乎可以忽略不计;二产24.1%,三产75%,北京已经进入了后工业化的时代。上海一产0.7%,二产42.3%,三产57.0%。所以说上海现在进入了工业化的后期,北京已经进入了后工业化的时期。这就是一个本质性的区别。

第二次现代化是什么?知识文明,生态文明。我们现在的思路是不是对应上这个思路了呢?客观来说,北京已经全面进入第二次现代化,但是,很多人的思路还是工业化的思路,所以这次北京市委市政府提出来"世界城市"的概念,应该说这是上了一个大台阶。这个概念,严格地说比办奥运还要重要。《孟子》有曰:"所谓故国者,非谓有乔木之谓也,有故臣之谓也。"孟子说的故国就是大国、老国,就是值得我们崇敬的这些国家,不是有大树,是因为有老臣。清华大学的校长梅贻琦跟着说了一句话:"所谓大学者,非谓有大楼之谓也,有大师之谓也。"所以说：所谓现代化，非谓有奢华之谓也，有文化之谓也。没有文化，谈不上现代化，谈何文明。所以，东城区"中国文化旅游第一区"，说到底就要把文化这两个字做实。通过各种项目，通过各种细节，把文化体现出来。这才能构成东城真正的吸引力。

旅游本身就是现代化的产物，另一方面，旅游也推动现代化的发展。所以对于东城而言，旅游的位置不言自明。但是要争一争，让旅游是东城区的支柱产业，严格地说，支柱产业这个词本身就是工业化的概念，并不是第二次现代化的概念。这些概念本身都不准确。

所以，传统文化要进行现代解读，传统资源要开发成现代产品，传统产品要面向现代市场。传统如果不和现代相结合，就叫遗物。曾经有一个专家说过，"莫使遗产成遗憾"，强化保护，这句话说得很对，但是也要加一句，"莫使遗产成遗物"。如果我们的遗产只是遗物，从社会发展的角度来说，还是不足的。所以就真正要研究"遗产"二字，要研究"遗"和"产"的关系。

文化性的东西一定要研究多功能利用，否则和市场就很难对接。东城有无数名人故居，这些故居，我们就是都把它当博物馆开发出来，有谁可能把这些都看一遍。再者说，开放名人故居，第一维修需要钱，第二日常运营需要钱。钱从哪儿来？虽然财政有点钱，但也不可能长期维持这样的事情。可是若是多功能利用就不同。一个故居，在这里有幸能吃餐饭，一边吃饭，一边体会文化传承，感受会更深，这就比一个单纯的博物馆要好得多。所以这里边也有一个利用方式的问题。首先是思路问题，说到底，是要以工业化的视角，挖掘前工业化的资源，创造超工业化的产品，对应现代化的市场。西班牙是拥有全世界文化遗产最多的国家，但却碰到了一件很头疼的事：西班牙的古堡上千个，如果不用，不拯救就会自然坍塌。但是要整修，政府拿不出那么多钱来。结果西班牙政府想了一个招，卖古堡，而且是一美元卖一个古堡。所以美国的富翁、日本的富翁纷纷都冲过去了，觉得很得意，一美元买个西班牙古堡。结果去了才发现，人家专门有法规条文：第一，必须要按照规划而且按照专家的指导来进行整修。一美元的古堡，这么一整修，恐怕得花 50 万美元，甚至 100 万美元。第二，整修完了之后，至少要有一半对社会开放。因为文化遗产是全人类的，不是个人的。所以这些古堡花样百出，外表看都是古堡，但古堡内部却大相径庭，这个古堡可能供参观，那个古堡是个咖啡馆，那个古堡是个酒吧，甚至有的就把自己的这个古堡建成一种非常突出的主题，比如幽灵古堡。就这么一个政策，使西班牙的古堡从自然坍塌的状态转化成一个有利的旅游产品。这实际上就是后工业化和前工业化衔接，和市场的衔接。

4. 新旅游

2009年国务院41号文件下发，带来了旅游发展的春天，在这个文件中，旅游功能得到了全面性的体现，同时也提出了体系化的要求，要求实现综合性的发展。这个文件里面有两点要把握：第一就是超越了传统的旅游发展格局。我们做旅游的多年来总说一句话，服从大局，服务大局，觉得自己的姿态很高。服从大局，服务大局意味着旅游业永远处于边缘化地位。现在旅游业要立足融入大局，构造大局，旅游业本身就是大局。尤其在东城区，更要有雄心魄力来构造一个新的大局观。简单地说，旅游就是主体，旅游就应该主导，旅游就是大局。如果调整不过来，从心态上就会畏畏缩缩。北京市的旅游体制刚刚调整，北京市的旅游局升格为北京市旅游委，就是领导看得远、看得准、看得深。在海南，海南省旅游发展委员会的地位很高。在海南政府序列里，第一位是发改委，第二位是旅游委，第三位是财政厅。这不是旅游在争地位，而是要看现在的工作地位和客观的发展地位是否相符。

更重要一点就是要形成一个产业交融的格局，以旅游市场为平台，促进各个相关的产业发展。这就要求构造形成新型产业体系，要求新产品多样化、新业态多样化、新合作多形式、新发展多平台，基本上和东城区的"四化"相对应。但是，这里边说的不是小旅游的概念。整个东城做的这些差不多都是旅游产业，也不需要界定，因为旅游资源无限制，旅游产业无边界，旅游行为无框架。再反过来说一句，整个东城区应该是一个大的旅游目的地，整个东城区都应该是这么一个格局。

（二）关于城市

1. 第三只眼看城市

东城区总体来说就是城市，城市到底怎么发展，确实需要我们研究。城市是生长的而不仅是发展的，这就意味着城市有自发、自为、自在、自足的要素，有内在的规律性。我们现在的建设叫做"花心血的是作品，有想法是的作业，没头没脑、没心没肺的是垃圾"。中国的城市化的发展，最近十年可以说是突飞猛进。但是很遗憾，我们看到更多的是垃圾。东城区有责任做点好东西。

2. 经营模式

从城市模式而言,传统的模式是以资源开发产品,以产品构造产业,以产业聚集城市,我们的城市发展就是这么一个过程。现代的城市发展模式则是强调金融、科技、人才、市场,强调的是要素的聚集和创造的聚集。经营城市,一是靠经营资源,这是掠夺性质的。全国现在118个资源型城市,其中有69个已经变成资源枯竭城市。资源枯竭了,城市的发展就面临很大的问题。二是靠经营土地。经营土地属于一次性使用,一次性收入。这两条路都已经走不下去了。经营文化、经营环境才是城市的可持续发展之路。整个东城区未来的发展核心就是经营好文化、经营好环境,这个环境不只是一个自然环境的概念,是一个大环境。

3. 城市文化

一方面,在城市建设中要突出以下几点:

"史是城之根",东城区的这个"根"是很深厚的。"文是城之魂",这个"魂"很丰厚,可这个魂到底是什么,现在还不太清楚。"房是城之体",东城区还留了一些老房子,还有点老北京的感觉。当然,也有很多高楼大厦。很多外地人到北京看到高楼大厦,觉得很棒,很震撼。可外国人到北京来要看的是北京的文化,可惜北京的这种文化越来越少。所以确实要树立一个抢救的概念。这种抢救不是单纯意义上的抢救,是在利用中,通过利用来强化保护。没有利用,保护就保不住。保护需要一个动力机制,动力机制只靠文人是不行的,一定要靠老百姓。再深一层就是利益机制,老百姓感觉到保护对他有好处,他就一定会保护。所以这不是唱高调的事,但是这个确实需要我们研究。"水是城之容",现在新东城成立后,东城有了个龙潭湖,总算有了一块大水面了。"绿是城之装",在东城这样一个人口密集、建筑密集的城区,绿是个宝。如果说"史、文、房、水、绿"这些东西构造起来,这个城市就有味道了,就真正有吸引力。

另一方面,是要突出城市文化,构造景城,要体现处处是景,触景生情。现在大家关注的还主要是如何建设一个景区、建设一个景点,而很少关注一个景城应该怎么建设。

其实东城有这样的条件。老舍先生曾经评价,从美术馆一直到阜成门是北京最美的一条街。这条街有一半在东城,与20世纪50年代相比,美的程度已经下降了(当然,有一些新的东西也还是很有味道的)。这就要求我们要对城市进行完整的艺术设计,要进行系统的形象设计。现在北京有一个问题,孤立地看,很多建筑还不错,但是建筑和建筑之间没有关系。这种没有关系,不仅构造了一个文化上的错落、文化上的割裂,同时也造成了一种使用上的不方便。

香港也是一个新城市,但建筑和建筑之间有很紧密的关系。因为香港很多楼和楼之间都是相通的,楼下面就是地铁。楼和楼形成一个群,相互是有关系的。这种关系最重要的是生活的关系。我们建筑往往一栋是一栋,用围墙一围,就是家里的天下。这不是城市,这还只是一个放大的乡村。东城区确实要好好研究研究,至少"文化旅游第一区"的整体形象要研究,这其中的文脉需要梳理。

最后一点,就是"重景区轻城区"。景区是一个吸引中心,城区是一个利润中心。如果说以景城的概念来对应东城区,除了强化那些具有特定优势的景区外,总体上可以淡化景区的概念、强化景城的理念。这一点对于像东城区这样的区域化发展而言,尤其重要。

4. 目标:全城市

作为北京的一个重要大区,东城区应该在北京的全球城市、全面城市、全息城市、全年城市、全时城市、全新城市建设方面做出表率。

从新东城的角度来说,已经有几台歌舞做得不错了,红剧场等确实做得不错,也逐步地形成了品牌,很好地充实了夜间消费市场。但下一步还要谋划一些区域性的东西。也就是说,一台歌舞顶多解决上千人的晚间生活问题,而我们要解决的应该是整个区域的晚间生活问题,这比搞一台娱乐节目要重要得多。南锣鼓巷就是一个典型例子,正是由于它的开发,带动了那个区域夜间的活动、人气和消费。

现在有一些好东西已经产生,但是还需要进一步地挖掘、提炼。比如每年中秋节有两个非常值得去的地方,一个是天坛祈年殿外的丹陛桥,坐在丹陛桥上看着月亮起来,那种感觉和享受无可替代;另一个地方就是中山公园的来今雨轩饭庄,饭桌摆在外面,边吃边赏月那份惬意无以比拟。可是,这么好的北京,这么好的时段,却几乎没有人,实际上一定程度上反映了北京人的文化水平已经大大地下降了,除了大吃大喝,连享受都不会。像这些东西,我们没有好好地挖掘。如果把丹陛桥作为一个北京看明月最好的地方,把这个品牌打出来,那就不同了。天坛确实是一个世界文化遗产,可不能只当个世界文化遗产看,天坛公园也不能只当个公园看。这就需要研究如何对天坛进行多元利用,尤其在晚间的利用的问题。

5. 世界旅游城市

对于东城来说,北京急的(具体见第一篇关于北京的环境问题的相关表述),东城不能太急,北京缺的,东城应该好好发展。尽管做生态客观上会有难度,但是健康、人文和快乐却是大有可为的。进一步而言,其实健康东城、人文东城、快乐东城也可以说生态东城,因为健康、人文、快乐完全可以作为人文生态、社会生态的重要体现。

现在北京的强,强在大国之都,强在资源丰富、商务发展、资金注入,北京也弱,弱在好大喜功的公共设施、缺乏以人为本的细节设置、大爷心态的服务意识、体系不全的高端产品、缺少极致的精品开发。为此,需要在下一步发展过程中,强化中心功能、完善产品体系、调整服务体系、构造国际体系,在高端市场获得突破。比如商务旅游,毫无疑问是东城区下一步最重要的一件事。东城现在已经有了一流的商务酒店,但商务旅游不光是进了酒店才是商务旅游。深入地分析,从客人预订开始,到客人回到家里,商务旅游至少可以分解成十个环节。客人的需求是一个需求链,对应着需求链应该有服务链。如果只关注了酒店这个环节,那客人的需求依然没有满足,而且也没有充分对应服务链,以形成一个产业链。即便是商务旅游的酒店环节服务而言,还有很多细节的东西需要去完善,在这方面,可以参考《商务酒店建设管理运营》、《会议酒店的建设管理运营》这两个标准。

总体上看,整个东城区的旅游发展一定是复合型的发展格局。整个北京旅游都是受到观光产品丰富、旅游资源丰富的实惠,同时也受到旅游资源太丰富的拖累。北京这30年一个主体的思路就是观光游思路。因此,东城区的发展的重点,应该是以都市旅游为龙头,以文化旅游和商务旅游为两翼,对应个性化需求,进行多元化的组合,从而形成复合型资源,多样化发展的格局。

对于东城区的发展来说,如果还是想着怎么做观光,意义并不大。在这方面,上海的都市旅游发展模式很值得借鉴。可以说,上海的每一个公共设施都在考虑旅游功能。东方明珠电视塔的投资由原来2个亿调整到8个亿,就是要全面强化其旅游功能。现在明珠塔是赚钱的模式,在全世界的高塔协会中,东方电视塔的赢利情况排第二。上海的新天地和衡山路的酒吧一条街,都是为了充实都市旅游的产品。对应地,东城区可以考虑南锣鼓巷的延伸发展问题。南锣鼓巷对面有个冰窖胡同,历史上是给皇家藏冰的冰窖,这个冰窖现在可以提供一般的餐饮,但基本是当仓库使用的。如果锣鼓巷再往南边延伸一下,延伸到这个冰窖胡同,就会形成一种垄断性的资源,形成新的市场吸引力。

(三)东城创造

1. 基本情况

新东城41.84平方公里,常住人口86.5万,拥有天坛和故宫这两处世界文化遗产。现在的难点是,第一,人口密度高,86.5万人是户籍人口,还有常住人口,还有流动人口。第二,文化密度高,文化密度高是优势。但正因为好东西太多,大家有时候反而看轻了,不当个事。第三,社会关注高,无数人的眼睛盯着的好处是让人少犯错误,但同时也造成很多发展的具体事情不好操作。这就是东城区的现实情况。

另一方面,这么多年该拆的也拆得差不多了,下一步就需要研究怎么建的问题。在建设发展的过程中,不能总追求大高楼、大广场、大马路、大绿地,破解城市历史街区复兴的难题,正确的发展方向应该是建设历史文化传承发展示范区。这其中最核心的,第一是多功能,第二是好环境,第三是示范性。保护似乎都是孤零零地保护,但有总比拆了强;传承很难,发展更难,示范则是难上加难。为此,自然要求东城的发展思路进行必要的调整。

2. 东城的脉络

北京有句老话,即"东富西贵、北贱南贫"。归纳一下,老富翁、老文人、老绅士、深宅大院是东城的形象。历史上,即便一个胡同里,穷人也住,富人也住,但很和谐。因此,东城的发展应该是大学者、大智者、大玩者。而且在发展的过程中,不能牺牲了人,不能牺牲了我们的生活。发展是硬道理,硬发展没道理。

第一是文脉。总体的文脉是南北纵横。老东城和老崇文合并之后,这个文脉真正体现出来,就是这一条中轴线,归纳下来就叫天、地、君、亲、师。天、地、君、亲、师,这是中国的文化传统。"天"是天坛,"地"是地坛,"君"是故宫,"亲"是民居加上太庙,"师"是孔庙。这个总体文脉无可替代,具有唯一性和垄断性。可以说,中国没有第二个城市(城区)同时配得上这五个字,这是只有东城区才有的总体文脉。

第二是商脉。东城区三线推进、商脉突出。从东西走向来说,拥有长安街、朝内大街、平安大街。可惜,这三条街在发展过程中显然有违背城市规律的地方。比如平安大街,尽管建筑上已经尽量采用了仿古建筑的模式,但60多米宽的街道如何能起来商机?这大街本身就把商机给割断了。如果现有的格局、制度不调整,平安大街要想火很难。

第三是旅脉。多元交织,重点突出。东城区可以研究搞一条旅游街,也可以构造一个旅游商务区,或者建一个中国旅游博物馆。具体可以选择从北京站口到国家旅游局延伸到金宝街这一段,现在最大的问题就是交通问题,如果能不影响平时的正常使用,而在礼拜六、礼拜天实现封闭管理,在这条街上搞些活动,把这条街上现在的商家都转换成"旅家",比如让全国各省市旅游局在这里设一个点,让街上的餐馆既卖餐饮又卖旅游,旅游活动可以丰富多样,这样自然就构造形成了旅游商务街。另外一个选择就是五四大街,这是东城区文化非常集中的一条街,而且它集中的既不是官府的文化,也不是市井文化,它是比较纯粹的文化人的概念。当然,还可以考虑钟鼓楼等地方。

第四是创意。目前对城市创意的研究还很不足。比如巴黎市政府考虑到并非所有的人都有能力前往海外甚至本国的海滨度假,于是自2002年起,每年7月和8月都会沿塞纳河设立人造沙滩,放上些棕榈树,以供市民休闲。这就是属于城市创意。还有一次,作为新加坡人兰花周市场营销的一部分,在香榭丽舍大街两边放满兰花,煞是好看。我们不能只满足于让大家来看传统的文化,而城市创意正是一种活文化的表现。

第五是城市休闲。现在基本上没有开展起来。一个客观原因是人口密度太大,交通流量太大,实际上主要原因是城市的理念。比如簋街就是一个城市休闲的亮点,大家到簋街去吃饭,一顿饭可能就吃到夜里两点。吃饭不是主要的,喝酒聊天才是主要的。这就是一个城市休闲的概念。但是,这样的东西,在整个东城区还太少了。下一步可以考虑通过发展特色文化旅游来创造城市的特色,增加城市的吸引力。这种文化旅游不是文化越沉重越好,而应该是轻松的、活泼的,应该是生活性的。紧张、沉重、严肃的城市状态使人们在这个城市中很难轻松起来,而一个不轻松的城市很难有足够的吸引力,很难让人觉得这样的城市是好玩的、有味道的。

因此,从概念上而言,东城应着力打造科技东城、教育东城、智能东城。这是第一个层面,也是东城追求知识化、追求知识文明和生态文明的需要。第二个层面,是要打造文化东城、生态东城、休闲东城。第三个层面则是打造运动东城、娱乐东城、高端东城。从目前提出的将东城打造成中国文化旅游第一区而言,大体可以形成两个系列,一个是国字系列,即国粹、国学、国医、国技;另一个则是名字系列,即名人、名事、名点、名地。

3. 东城转型

东城旅游的发展需要跳出旅游看旅游、跳出东城说东城，跳出项目论项目。否则，总是守着自己的一亩三分地，很难论透。另一个方面，东城现在人均GDP大约是1.9万美元，很快就会突破2万美元，基本上步入发达之列。第三产业的比重是95.3%，居全国之首，真正步入以服务业主导的后工业化社会。为此，需要研究以下几个方面的问题：

第一，敬畏自然，珍视资源，善待文化，尊重前人。资源太多了不容易珍视，如果在发展过程中没有敬畏之心，那将是非常可怕的。一个没有文化的民族是一个可怕的民族，一个没有文化又在经济高速发展的民族是一个最可怕的民族，很多国家现在是这么看中国的。这就需要我们珍视我们的文化、珍视资源、尊重前人。在更高的层面上，甚至应该树立新的理念，那就是从创造未来的文化遗产的高度来对待我们现在的发展。现有的文化遗产是老祖宗留下来的，自然遗产则是老天爷馈赠给人类的，我们这一代人不能给后人留一堆建筑垃圾。不是说只有古人的东西才是遗产，现代人做的好东西在百年之后也可以成为后人的遗产，问题在于我们能不能做出这样的好东西来。

第二，就是进入大建设时期，千万不能大破坏。现在是历史上建设能力最强的时期，同样也是破坏能力最强的时期。因此造成了这样一个情况：拆了老的建新的，建了新的想老的，想起老的仿老的，于是赝品充斥全国。尽管大家常说中国有着五千年不曾中断的历史和文化，可实际上很多历史文化只是停留在书本上，已经没有多少实物了。因此，新东城在发展旅游时应该有保护的理念，这样就会把一些好东西真正地保存下来。当然这些年因为收藏市场的发展，实际上对保护起了很大的作用。大家现在发现老房子值钱，连老的建筑构件都值钱了，老门老窗都值钱了，大家也就知道保护了。这也暗示着，在市场经济时代要通过利益的导向来强化对历史的保护。

（四）发展格局

1. 地下东城

东城区发展的最大约束条件是土地有限、人口众多、建筑密度大。很自然，传统的产业无从配置，整个东城区几无建筑之地，几乎无能迁之人，这是最大的约束条件。从不利中发现有利，大抵有以下几个方面：

第一，地下的包袱少。东城不是工业地区，历史上就没有多少工业，顶多就是"文革"的时候有点街道小工业，总体上看，地下包袱少，这其实就意味着开发的余地大。

第二，地下有基础。这种基础发展起来就形成了一个扩张发展的格局，这在国际上也是成功的经验，就是腾挪空间，立体发展。反过来如果把一部分空间转到地下，上面可以腾出一部分建筑空间来搞生态，这个地方的品位就完全不同了。地下东城一定意义上就是冬季东城，归纳下来：地下出彩，地上成精。国际上很多城市都有这样很成功的经验，加拿大的多伦多冬天太冷了，随着地铁的发展形成地下空间的商业群，变成一个娱乐群，和交通配套到一起。如果说这样一个概念能够付诸实施，真是一个非常独到的创新。

2. 五边成产

五边是指部委的旁边、文物点的旁边、商业区的周边、大区域的周边和大院的周边，要研究围绕这"五边"的需求形成产业。客观而言，在国家邮政局、商业部、妇联、海关等周边出现了大量的饭馆、写字楼，在一定意义上已经初具产业圈形态了。另外，基本上每一个大酒店（群）的周边都会形成饮食圈、商业圈等产业圈。这是市场的需求，自然也会形成产业的分工，而且能够与老百姓比较好地结合，从而创造就业机会，创造致富机会。

3. 两个要点

东城的发展格局，两个要点。

一是商务旅游。

第一，商务旅游的规律是和经济发展同步，和区域发展同城，构造一个发展互促的局面。记得1984年就开始有人说北京的高档饭店过剩，不能那么发展。后来还有人给市委写了一封信，领导的批示说，和国际上相比，北京饭店的发展刚刚起步。这30年，北京高档饭店过剩的声音从来没有消除过，原因是研究不到位。所谓过剩无非就是供求关系，需求大了，供给就少；需求少了，供给就多。但我们需要的是从经济发展的角度而不是静止地来看供求问题。

第二，要构建完整的商务旅游链条。按照需求链，培育服务链，形成运营链，建设产业链，这是我们现在最薄弱的。

第三，总部基地的变化与转移。管理总部已经大体形成了，但是研发总部、生产总部、市场总部，这都需要研究。生产总部我们不需要发展，市场总部、研发总部都可以请进来。当然这里势必就产生市民置换的问题，任何一个城市发展都有一个市民置换的过程。上海人现在发牢骚，我们上海中环线以内讲英语，外环线以内讲普通话，外环线以外才讲上海话。市中心的商务成本、生活成本越来越高，自然就产生一个市民的置换。我们东城区这条路也是必然的。但是怎么来合理地置换、和谐的置换，然后按照一个什么东西来导向，实际上就是这么一个概念。

市场总部是我们需要好好抓的东西，而且一个市场总部抓过来了，花样就大了，拉动面也大了。研发总部、生产总部现在还不必考虑。

二是休闲。

休闲应该是东城区现在最薄弱的一个东西，历史上恰恰是最丰富的一个东西，尤其是老崇文，可以说就是一个休闲基地。所以合并之后，休闲方面需要好好做文章。东城休闲应该与科技创新的结合，通过休闲提供良好环境、推动思维创新、提升生活品质。

4. 重点区域

第一，天坛片区，包括天坛、天桥、龙潭湖，这个片区主要是文化、体育、休闲、商业。国家体育总局在片区内，体育更应该做一做。休闲的这一块实际上可以大做，历史上的老天桥就是老北京的城市中央休闲区。龙潭湖，除了庙会以外，平时的功能就是北京的老人遛狗的地方，光这么一个功能，龙潭湖发展就单一了。所以就需要研究其他各种各样的功能在里边怎么把它恢复起来、发展起来。

第二片是前门片区，包括前门、崇文门，这是从东西走向来说，民族、餐饮、商业、文化、历史都非常热闹。历史上热闹有它的道理，因为那时候我们东城、西城守着皇家都不许娱乐，所以南城才可能热闹起来。现代社会东西城都可以娱乐了，南城的衰落是必然的。但是这里面蕴涵的民族资源是独特的。宣武正在研究有多少会馆，创造宣南文化的概念。崇文的会馆也不少，包括一些老房子现在都有可用之处，这样就需要把几个要素综合到一边。

第三片是天安门片区，包括天安门、天安门广场、国家博物馆，这些地方是国家标志、民族形象，不必大做也不可能大做，可是文化凝聚、活动集中在这个地方是必然的。每天早上几万人，多的时候几十万人去看升旗，看完升旗之后这些人都干什么去了？当然，天安门片区主要是政治，但是不意味着我们不可以做别的，其他东西也可以做。天安门广场日常的人流量最集中的就是升降旗，之后针对人流的需求就可以提供服务。

第四片是王府井片区。王府井片区不能只局限在王府井大街，尤其不能只局限在王府井门口，应该是王府井大街、新天地、八面槽人艺、美术馆，包括红楼等。这个片区拥有现代、时尚、艺术、历史、高端等诸多元素。在这里,商业不是最重要的,因为王府井大街有点像南京路,是外地人逛的商业街,不是北京人逛的商业街。但是,如果要是一个片区的感觉就不同了,这一片的资源太丰富了。所谓片区就是它周边的延伸。一条条胡同,就应该使王府井变成可以在那儿玩一天的地方。现在这个地方的状况基本上就是外地人逛两小时,北京孩子在新天地玩半天,但这个地方确实可以变成玩几天的地方。王府井片区的现代、时尚、艺术、历史、高端才是第一位的。

第五个是故宫片区,包括故宫、太庙、菖蒲河、南池子等。现在找老北京的感觉,还就是南城街里头走一走,南池子里边走走。菖蒲河建得很不错,可以说是城市建设中的神来之笔,而且最重要的就是它不但把原来的东西挖掘出来,而且还增添了一系列的现代功能,包括餐饮功能,文化功能,如天地一家、皇城食府等都不错。有时候外地来人就请他们到那儿去吃饭,大家都赞叹,尤其在天地一家后边夕阳西下的时候,那感觉实在是好。一般到那儿都约四点钟,先喝两杯茶,看着夕阳西下,然后六点钟再吃饭,每个人的评价都极好,到这儿才感觉到北京。所以我们现在有很多成功的经验,需要借鉴。

第六片是东二环片区:国企大道总部基地。国企大道总部基地里边蕴涵的需求无限。第一个需求就是高端需求,老板要在这儿请客,有人要请老板,有各种商务谈判、商业交流等。第二,办公室白领员工的需求,一到中午都得出来找饭吃。第三,晚上的需求。现在这里白天办公,晚上沉寂,玩的需求基本上都被马路对面的朝阳区吸引过去了。

第七片是孔庙片区,包括国子监、孔庙、雍和宫、中医研究院、中医医院等,这就是国学、国医、国粹,包括宗教都给集中起来了。这片地方给人的感觉非常的好,但是也同样是这个问题,大家老说孔庙怎么做?国子监怎么做?其实应该是孔庙、国子监的周边怎么做,是这一条胡同怎么做,孔庙、国子监都是国宝,在里边文章做太多了反而不行,它涉及保护问题。可是周边和这条胡同包括这个片区可以做起来,这就要有一个具体的过程。

第八片是钟鼓楼片区,包括钟楼、鼓楼、南锣鼓巷中央戏剧学院、还有胡同和四合院都可以综合利用。应该说,现在整个的一片模式已经形成了,正处在上升期间。现在钟鼓楼给人的总体感觉是一个很低档的地区,乱糟糟、脏兮兮,乱糟糟不算什么,脏兮兮不行,所以这就得研究怎么把这片提升起来。比如烟袋斜街经过整治之后感觉就好多了。

如果从重点区域来说,东城区的重点区域也不少,比如永外、和平里,真正要做精很不容易。现在有一个新现象——号,号的标志实际上是一种高端需求和文化的表现,比如地坛16号、金宝街73号。引申出了,需要研究3个转换,第一个叫做皇家转私家,比如桂公府,原来是个准王府,现在变成一个私家公寓,环境很好,文化也不错,但是档次低了点。第二个就是园林转文化,我们现在的园林,不能只让人看,要让人体会。第三就是旅游转休闲,地坛一到晚上就黑糊糊的,除了庙会,就是搞点书市,除此之外,就没别的了。地坛实际上应该变成东城区最好的休闲区,那样的环境叫稀缺资源。

在重点区域发展中需要考虑如下三点:

第一是资源的可控性。有很多资源很好,但没有可控性,可能和人家就缺乏一些共识,缺乏一些沟通,缺乏一些相通的理念,所以有些东西只能看却没法用。

第二是产品的可用性,资源最重要的是转化为产品,产品一定要可用。

第三是品牌的可体验。第一品牌一定是可体验的,通过每一个产品,每一个项目,每一个细节来体验,这就需要进一步到挖掘资源,整合产品,提升品牌,尤其需要强化的是细节。伦敦的海德公园有固定长椅,但是不多,更多的是那种沙滩椅,是活动的,每个沙滩椅上都有人。太阳晒到这儿了把椅子挪一挪,太阳晒到那儿了把椅子又挪一挪,反正都在树荫下,很舒服。可按照我们一般的观念,这不就又乱了,但这种细节就可以看出一个城市的水平。

(五)产品建设与休闲体系

1. 产品建设

总体来说,东城区的旅游产品可以分为两类:目标性产品和过程性产品。我们一般追求的是目标性产品,这就是以观光为主。在东城区最多的应该是过程性的产品,是一种体验。过程性的产品,不像文化产品那么具体。文化产品很简单,一个景点就是一个景点,一个景区就是一个景区,而在东城生活的过程就是体验过程。我们确实要下大工夫研究过程性产品,比如在一个名人故居里吃一顿饭,这个过程就是一个深化的体验。

产品建设需要关注以下几点:

第一,增量拉动存量。现在不要急着动,现在有的东西在市场只要能站得住,就说明它有市场号召力,有它的吸引力,不要随便动,通过一些增量项目来拉动存量。

第二,通过高端拉动低端。整个东城不可能都是高端。就像金宝街一样,西边这段叫做高端,东面这一段则是低端产品。各有各的道理,都是发育的过程。

第三,区域拉动项目。一般来说是项目拉动区域,可是在东城这点是特殊的。上面提到的这些片区,一个一个片区谋划好了,项目就进来了。要是没谋划好,今天进一个项目,明天进一个项目,最后发现这些项目自己和自己打架,就会影响发展。

第四,产业拉动市场。东城区不缺市场,但是产业发展还不足,所以通过产业化发展来拉动市场,最好就是发展劳动就业,就业问题始终是我们各级政府的一个大问题。东城这个问题不是很突出,但是也存在,因此需要研究家庭性就业、零散性就业等问题。这就要求淡化景区,淡化开发。景区的概念应该转化成历史文化体验区域,休闲旅游区域,生态旅游区域,旅游度假区域,专项旅游区域,晚间娱乐区域。不要弄个项目就像景区,这样的概念不符合东城区的实际情况,更不符合东城区的发展要求。

第五,空间的扩大。自然空间对东城区来说,是有限的,但生活空间是巨大的,精神空间是无限的,所以要从自然空间提升到生活空间,进一步扩大到精神空间。要建设生活性产品、差异的环境、悠闲的心态、品质的生活,一定要研究这种生活形态,不能口头上口口声声以人为本、行动上却时时处处与人为敌。去美国迪士尼,也要排队,可是迪士尼排队很有创意,第一,队是曲曲弯弯的,没有一路拉出几公里;第二,每一个拐角都有电视,让排队的人可以看;第三有遮阴;第四,时不时地跑出一个演员来,跑出一个卡通人物来,来逗逗你,这样就把一个最枯燥的排队过程缩短了,让大家把排队也当做一种体验。

第六,强化软开发,适度硬开发。不要认为大把地花钱,大拆大建就是好事,对东城区来说绝不是好事。总体来说少修大路,不修大楼,保留沧桑感、保护老感觉,这是东城的一个核心竞争力所在。这就需要正规化、出精品、分区域、转模式。可以研究搞一些主题街道,搞一些专业社区。如国学社区、国医社区,形成专业社区。这种专业社区应该发动老百姓,让大家都研究这方面的问题,都成为小专家或者半个专家,有了这样的文化素质,文化品位就有了,有了文化品位人就不同了。天坛那边的社区,就应该是一个体育的主题社区,可以研究这样的东西,至少可以这样来倡导,这样来培育。一个主题社区形成了,这个主题社区附近的宾馆自然而然就形成主题宾馆,文化的味就更浓了。文化的味是一点点积累出来的,不是说我们五年十年一倡导马上就形成了。这种积累的过程也是市民素质提高的过程,也是整个东城区文化品位、文化素质提高的一个过程。

2. 构建休闲体系

东城区构建休闲体系有三个重点。

(1) 城市中央休闲区

城市中央休闲区可以有三个地方选择,一是天坛附近,天坛本身有很多资源可以用,而且天坛周边现在有商圈已经起来了,应该引导这个商圈向中央休闲区方向发展。第二是围绕锣鼓巷的这一片。第三是地坛那一片。这一片的特点应该是多元素、小设施、大街区、小休闲、小娱乐、小饮食、小文化等,构造一个街区,强调一个"小",因为"小"和人最亲和。南锣鼓巷的宽度大体是6米~8米,是最适合人休闲的旅游街道宽度。王府井为什么不行,因为街道太宽。在锣鼓巷,由于这种小设施,构造了大街区。人群比较集中,难点就是停车的问题,很多地方都有这样的难点,这就需要政府来比较好地解决这个问题。总体来说,城市中央休闲区一定是城市文化的亮点。

(2) 休闲体系建设

休闲体系包括夜景营造、餐饮体系、娱乐体系、健身体系、文化体系、购物体系,现在都是点状分布,不成体系。没有生活氛围,没有生活气息,那是不行的,所以这一系列的体系化都需要研究,有些东西市场自然而然地就可以做起来,上海的衡山路、北京的什刹海整个都是自然而然形成的,但是有些的东西是需要下工夫来培育。

(3) 社区休闲

人口越来越多,要求越来越高,所以涉及社区的休闲设施、文化活动、交流安排等,这涉及一系列的问题。东城区以后肯定会变成一个老年人集中的地区,因此社区休闲设施必须到位。

(六) 发展模式

1. 现有的发展模式

旅游的发展现在来看是三种模式。

第一种是旅游加地产。现在很多人说旅游地产,这个概念不对,因为旅游是流动的,地产是固定的,这两者衔接最好的模式就是酒店。酒店是每天出租客房,来对应流动的客人,其他的都谈不上是旅游地产,是旅游加地产。

第二就是港中旅的海泉湾模式,是造地模式。

第三就是西安曲江新区模式,通过全面开发运作提升土地价值,归纳下来就是 A+B+C 的模式。A 是一个吸引中心,我们刚才谈到的一些片区,首先研究的是如何使其成为吸引中心,吸引中心是文化的主要体现,是抓人的东西,吸引的东西不一定都要求挣钱,片区的意义就在这儿。要从整个片区来研究项目,不要求每个项目都能挣钱,要每个项目都挣钱反而挣不了钱。B 是利润中心。目前的一般形式是配套房地产建设,长远也会形成其他方式,整个东城区,可能开发房地产的没几个。最重要的是 C,是文化中心。衍生发展,通过市场聚集人气,通过政策聚集商机,通过创意聚集文气,最终聚集的是衍生产业的发展。

对于东城区来说,可能更重要的是 A+C 模式。但这里有一个问题,利润到哪儿去找。A+B+C 利润点是很清楚的,在东城,更多的是多功能的利用,是存量的提升,这可能创造我们的利润点。当然如果有条件搞点 B 也是不错的,全国最典型的就是西安的曲江。

曲江在城市郊区,所以没有存量上的限制,也没有包袱,那个地方原来只有一个大雁塔,一期工程投资 13 亿,建一个大唐芙蓉园,虽然院子不挣钱,但房地产项目已经进入。二期工程,搞了三个遗址公园,投资 20 亿,遗址公园连围墙都没有,完全是对市民开放,为了这三个遗址公园得有上千名员工。第三个项目搞了一个大唐不夜城,大唐不夜城基本上是商业项目,当然也有美术馆、电影院、音乐厅等,这一个项目做完了,大体上前两个项目资金都回来了,土地运作,净挣的钱,整个曲江相当于一级政府。他们现在临潼又在搞一个大项目,24 平方公里要建一个度假区,初始投资 200 亿,政府拿钱,主要搞基础建设,跟着计划招商引资 800 亿,建一个 1000 亿项目。中国的旅游项目,这 30 年有千亿级的,这实在是一个大的突破,这就是 A+B+C 的模式。

东城区重点片区的发展,要好好地研究这个模式,这个模式做下来了,大的格局就产生了,我们也很难说都指着投资商来投钱,一堆条件提出来了,我们很多条件做不到,自己投也没这么多钱,所以就要研究这 A+B+C。

2. 未来理念:新生活主义

现在东城的旅游发展,是文明与文明的对话,是现代文明与传统文明,盛世与盛世的牵手,我们对应历史上的盛世,来创造现在的盛世,最重要的是生活对生活的传承,这就叫集小为大,集细为精,集文为层,集市为昌。现在开放模式比较成熟,商业模式还需要调整,说到底,就是从新城市主义到新生活主义。这些年城市化发展,大家提的概念叫新城市主义,说到底是新生活主义,就是东城要通过旅游的发展创造新的生活方式,体会到新的生活感觉,提升我们的生活品质。

要体现品质生活,不光是养生,还可以进一步扩展到山水养生、森林养眼、宗教养心、修炼养气、文化养身、运动养心、物产养形、气候养颜、教育养成、生活养情,如果能够做到这十个"养",那新东城就能真正成为创造生活的城,就能在快乐中创造价值,发展好快乐经济。为此,新东城旅游发展要适应玩的心态、研究玩的学问、培育玩的氛围、追求玩的意识、丰富玩的功能、创新玩的产品、建设玩的项目、开拓玩的市场、创造玩的文化、谋求玩的财富。我们要通过倡导大家闲、大家养、大家玩,把产业培育出来,真正把新东城、新旅游做好、做大、做强、做精、做高。

二、海纳百川,淀融世界——海淀旅游发展分析

(一)发展背景:四个现象

新产品多样化。新产品多样化的格局实际上现在已经发生了,只不过在意识里还没有完全看重,尤其是从旅游局来说,有工作手段的才认为是自己的事,如果没有相应的手段就认为不是自己的事,这样的思路偏窄。比如北京现在的新产品是奥林匹克公园、798艺术区,就意味着多样化的格局在逐步发生。

新业态多元化。新业态的发展也是在一步一步地推进,北京的乡村旅游应该说做得已经非常好了,在全国说都是一流的,但是有一个乡村旅游到底应该怎么定义的问题。实际上,乡村旅游的概念应该更广一点,六环路或者五环路以外的项目都应该属于乡村旅游,包括五环路以外的楼盘我们都可以考虑纳入这个范畴。在这个过程中,所谓的旅游房地产的新业态就发展起来了,新业态的多元化应该在我们不知不觉之中逐步培育,逐步发展。

新合作多形式。下一步的合作首要的是产业联动,借助旅游市场的平台,借助这种特大优势,构造一个产业联动的格局。要研究旅游和工业、农业、科技、教育等,并且要研究和各行各业如何联动,这样的新合作就需要研究一系列的新形式,自然就会构造出一些新的手段来。客观地说,旅游局基本上没有什么工作手段,真正从法规的角度来说,到现在都没有一部旅游法,国务院

的规章只有三个,都是涉及旅行社的,剩下的就是一些标准。所以,要求旅游局自己来创造工作手段,从现在来看,最重要的就是在新合作的过程中谋求新的手段。

新发展多平台。旅游构建的是一个市场平台,但是这个市场平台还需要一系列其他的平台,比如投融资的平台、人才的平台、信息的平台等。新发展构建出一系列新的平台来,实际上发展的格局自然就形成了。

(二)海淀旅游发展基础与转型

既然北京市委、市政府明确世界城市的目标,旅游方面就要创造世界一流旅游城市,海淀就应该是世界海淀,这就是所谓的淀融世界。

1. 海淀的基础

从历史上看,海淀是老贵族、老文人、老绅士,在历史上这种感觉是非常强烈的,以圆明园为核心,逐步延伸出去。1965年,我在海淀生活的时候,这种感觉还是有的,时不时会发现一点小古迹,就会感觉到历史传承的气息,非常普遍也非常偶然地见到。当然,那时候因为工业化还没有发展起来,自然环境也好,这种老的感觉现在几乎没有了。

从现代来看,海淀首先是一个大地主,比起城区来说,土地是不少的。随着发展,大地主慢慢变成大财主,卖地也卖了不少,尤其是中关村的建设,应该说构造了一个大财主的概念。再下一步,应该说就是一个大业主,尤其是从各乡镇来看,将来就是一个大业主。

从发展的角度,海淀也是三大,一是大学者,是一个学习型的海淀,而且有这么多的高校,又是名牌高校,本身就是品牌。二是大智者,首先就要用智慧来发展海淀,其次要通过智能化来发展海淀。三是大玩者,要学会玩。所以,从发展的角度,海淀要从历史上的三老、现代的三大发展到未来的三大。

总体来说,是九个方面:科技海淀、教育海淀、智能海淀、文化海淀、生态海淀、休闲海淀、运动海淀、娱乐海淀、高端海淀。从旅游的角度来说,每一个方面都可以发挥独到的作用,比如科技旅游照样可能起作用。最终一个定位就是,海淀要变成中国文化旅游集聚区。

2. 海淀转型

(1)转型思路

海淀转型要求跳出旅游看旅游,跳出海淀说海淀,跳出项目论项目。2009年,海淀的地区生产总值2300亿元,比上年增长10%。在这么困难的经济条件下,能够做到这一步很不容易,2300亿意味着这一个区超越全国五六个省。区域财政收入929亿元,增长11%;区级财政收入164.8亿元,增长21%。就本级财政而言,优势去年进一步发挥出来。所以,总体评价海淀,首先是经济发达,其次是文化突出,其三是资源丰富,同样这个资源不是简单的矿产资源的概念,而是政治资源、经济资源、文化资源、科教资源。

这样,就要研究以后工业化的视角,挖掘前工业化的资源,建设超工业化的产品,对应变化中的市场。在旅游方面,尤其需要研究这些问题。如果我们现在还是按照传统的观光旅游的模式,实际上就是工业化模式,对于海淀旅游业来说,无路可走。以后工业化的模式来发展,天地无穷广阔。所谓前工业化的资源,就是农业社会的资源,我们现在要吃土鸡,吃土鸡蛋,这都是前工业化的东西,随着工业化的发展,前工业化的东西在不断地升值,附加值不断提高。工业化的思路是产量越大越好,现在追求的是利润越高越好,这就是一个根本性的变化。而且,市场也在不断地变化,现在80后已经进入市场,过几年他们就是市场主流,90后也已经开始进入市场,但是我们从事旅游行业的一般都是中老年人,很难对应未来的市场、未来的消费者,我们必须跟踪年轻人的需求,才可能对应变化中的市场。

敬畏自然,珍视资源,善待文化,尊重前人。虽然说中国有五千年的历史文化,但是现代真正体现出来的不多,我们现在把一百多年、二百多年的房子都当宝贝,欧洲三四百年历史的房子到处都是,而且大家还在里面很正常的生活。我们五千年的历史文化基本情况是很有说头,很少看头,很没玩头,所以,在这个时候,保护是重中之重。一流的赝品还是赝品,二流的真品也是真品,在这个问题上我们犯了很多错误,但是已经来不及挽回了,希望海淀还能留一点东西,这都涉及海淀的转型。

(2)转型条件

第一,历史文化。我们有历史文化的基础,这种历史文化的传承整个北京都有,在海淀体现得更加集中,尤其是老贵族、老文人、老绅士体现得更加集中。第二,现实基础。海淀有经济基础,有相应的土地条件,这都是了不得的基础。第三,城市分工。在整个北京的城市分工里,海淀现在大的定位就是自主创新核心区。但是不仅是这么一个定位,要研究在整个城市分工里还有什么定位。尤其是从旅游的角度来说,应该如何挖掘,这就涉及北京的区域旅游到底怎么搞,海淀的旅游到底怎么搞,实际上一个前提就是功能的区分。第四,区域格局。通过城市分工形成不同的区域格局。

(3) 转型方向

转型方向就是后工业化,海淀已经是后工业化,但是目前思路还跟不上自己的发展。后工业化有两个要点,一是从制造业到服务业,要研究服务业这一块到底如何发展,现在强调生产型的服务业,实际上并没有真正结合海淀的实际。二是从工业化到现代化,海淀已经超越了现代化,可是我们的思维方式包括很多认识还停留在工业化,所以就确实需要研究现代化的东西。

3. 建设文化旅游聚集区

海淀的方向就是中国文化旅游地,从操作角度来说就是文化旅游聚集区,这就要求:传统文化现代解读,传统资源现代产品,传统产品现代市场。有再好的传统,如果不和现代相结合也不行。旅游说到底是做市场,是做经营。对于文物局来说,保护是第一位的,但是保护不是唯一的,所以就需要研究传统和现代的结合。从这个角度来说,旅游资源无限制,资源产业无边界,旅游行为无框架。

从发展的角度来说,需要做到依托基础,发挥优势;制度创新,产业推动;旅游拉动,建立平台;培育品牌,聚集发展。海淀要依托相应资源,形成以文化旅游设施聚集为主体的规模性区域,形成大文化、大旅游、大产业的格局。一是项目的聚合,现在总体而言,海淀的旅游项目聚合度不够;二是集约经营,集约经营的目标就是要形成效益;三是区域集中,海淀至少有三个区域可以形成集中,这就需要通过项目聚合达到区域集中,然后进一步集约经营,构造一个文化旅游的规模性区域。

具体而言,一是要实现要素聚集,涉及到旅游发展的各类产业要素都要聚集,土地、人才、管理、技术、信息、资金等一系列的要素。二是功能聚集,到这个地方要好玩。三是品牌聚集,一些相应的大品牌都要吸引过来,由此,形成一个需求聚集和娱乐聚集。如果形成几个相应的聚集区,海淀的旅游就发展起来了,这不是一个点的概念,要研究区的概念。要达到区的概念,就必须形成一个资金密集、智力密集、人才密集的全面创新的格局。

(三) 海淀旅游发展格局重点

1. 中关村国家自主创新示范区核心区

第一个关键词是自主创新,这是讲科学技术的发展;第二个关键词是示范区,示范区就意味着在全国要有示范意义;第三个关键词是核心区,核心区就意味着一定要凝聚,构造科工贸、产学研一条龙,包括技术交易、金融保障、环境建设等。这其中包含一系列的项目,而且有很多都是大项目,但是从旅游的角度来说,就要研究在"中关村国家自主创新示范区核心区"的建设里起什么作用。实际上旅游包括两个重点,一是商务,二是休闲。

(1) 关于商务旅游

商务旅游有其自身的规律:一是经济同步,一个地区商务旅游的发展会和这个地区的经济同步,经济发展到哪一步商务旅游就会发展到哪一步。二是区域同城,有没有旅游资源并不重要,比如上海,几乎没有传统旅游资源,但是现在全国范围内,上海的商务旅游和都市旅游都是非常突出的。北京的传统观光旅游资源非常丰富,一定意义上是成也观光,败也观光,海淀就需要研究在这个核心区里的区域同城。三是发展互促,商务和旅游之间的发展是相互促进的。

关于酒店规模形成了一个规律,20世纪80年代开始大家就在讨论这个问题,一直到现在也没有讨论清楚。因为酒店的多与少是和客源紧密联系在一起的,客源多酒店就少,客源少酒店就多。这其中有一个参照系,就是地区经济发展水平,根据经验数据,大体上10亿GDP就需要一家酒店,海淀是两千多亿的GDP,就意味着在海淀这个区域范围内应该有二百多家酒店。当然,酒店有大有小,有高有低,总的概念是10亿GDP需要一家酒店的支撑。核心区里如果没有旅游服务体系的支撑,这个核心区是建不起来的,我们现在关注的就是进来几个大企业,建多少商务楼,可是商务的其他需求,也应该构造一个体系。在核心区里不仅是白天谈生意,晚上也要吃饭,也要娱乐。海淀现在还基本上没有像样的吃饭的地方,白天商务很紧张,晚上没有休闲的地方,这就是不配套,所以,要构建一个完整的商务旅游链条,按照需求链,培育服务链,形成运营链,建设产业链。

大体上一个完整的商务旅游链条需要十个环节,这十个环节里海淀现在只有三四个,所以造成了一个链条不成体系、忽高忽低的格局。由此造成了有些好的酒店经营情况却不好,另外有些客人的真正需求又满足不了。这不是一个单体企业自己的问题,这是整个商务旅游链条的营造问题,所以就需要构造一个完整的商务旅游链条。基本上从接机开始,一直到客人回到家里,分解下来是十个方面,这十个方面有很多的不足,有些环节甚至就没有,比如一个最简单的订票服务,现在就没有相关的服务机构,只能是各单位自己想办法去订票,这就是环节的缺失。如果这个方面能够补足,就意味着海淀在核心区建设上旅游有了自己的位置。

另外一方面是总部基地的变化与转移,北京提了多年的总部基地,在丰台也搞了一个总部基地。实际上,就现在而言,包括跨国公司在内机构都在变化,管理总部、研发总部、生产总部、市场总部这四个方面的总部是分离的。尤其是研发总部的分离,给海淀创造了一个新的概念,即建设研发总部基地。比如丰台,可以是一个管理总部基地,在海淀可以建设一个研发总部基地,因为这个核心区可以构造一个研发的完整链条,需要什么人才,就有什么人才,需要什么条件,就有什么条件,这样对于这些研发总部来说,运营成本降低了,边际效益就提高了。商务旅游是海淀区的一个重点,如果这两个方面抓住了,实际上在核心区里旅游做什么,旅游起什么作用就解决了。

(2)关于休闲

闲是可自由支配的时间,休是消磨自由时间的方式,休闲是对自由时间的多样化安排。满足休闲需求是城市基本功能之一,是城市发展质量提高的重要内容,是市民生活质量的必要组成部分。城市休闲以人为本,休闲引人,休闲动人,休闲怡人,休闲养人。一个核心区里如果没有休闲内容,就意味着没有生活的气息。简单地说,这就是一个工作地,不是一个生活地,这样的一个核心区就必然会造成另外一个格局,白天大家拥挤过来上班,晚上再拥挤着出去,晚上就是一个死城。这样一个格局对核心区的发展是非常不利的,尤其是一个科技核心区,要有浓厚的生活气息,就一定要有相应的休闲设施。休闲创造快乐,休闲创造就业,休闲创造价值。休闲,让城市更美好。休闲是城市功能的完善,城市质量的提升,城市品牌的创造,和谐社会的构建,以人为本的体现。

海淀应该形成一个休闲与科技创新相结合的格局,一方面休闲提升了环境,休闲创造了良好的环境,另一方面休闲推动了思维的创新。从世界的科技史来看,如果一天到晚闷在实验室里经常会思路枯竭,这时候如果出去玩一玩,甚至睡个觉,很容易一下就突破了,这叫做有张有弛,往往在松弛的过程中,人的创造性思维会大幅发散。同样的道理,一个核心区如果没有相应的休闲,对思维也是局限,所以一定要用后工业化视角的思路,而不能用传统的工业化的思路来对应。最终,休闲提升了生活品质,在核心区里一边积极工作,一边吃喝玩乐,这样就结合起来了。所以,这样的核心区,除了把工作作为核心,一定要把商务和休闲作为两个重点,这样才会构造出一个新的格局来。

海淀的核心区建设是重中之重,旅游就要研究围绕着重中之重做什么文章。比如在核心区里一定要有成体系的饭店,北京的好饭店集中到海淀的不多,尤其是北大、清华周围,没有一个好饭店能配得上那么好的大学。这不在于高档不高档,而在于有没有文化。就像一个绅士,按理来说应该从兜里摸出一块很高档的手绢擦汗,海淀现在给人的感觉就是从兜里摸出一片麻布来,这就是参差不齐,就造成了一个短板效应,使大家对整个海淀以最短的板来评价。所以,在商务和休闲这两个方面,核心区恐怕都可以更多地做点文章。

2. 皇家园林旅游区

(1) 新现象

首先考虑把"皇家园林旅游区"的提法改成"皇家园林休闲区"。因为我们讲旅游概念还是观光的思路,如果定位皇家园林旅游区,实际上除了颐和园,别的也没有更大的做头,这样一个定位就局限了思路。现在有一个新的现象,就是"号"的标志,从上海开始,由外滩一号、外滩三号、外滩五号,一直到外滩十八号。北京现在也在学各种各样的号,地坛十六号、金宝街七十三号,"号"变成了一个标志,这实际上一定程度上反映了一种高端需求,这种高端需求就要求构造高端文化。皇家园林在历史上就是高端的,现在却做成中端、低端了,但是市场又需要一种高端,当然这种高端是相对的。实际上我们现在还没有真正的高端,中国有句古话叫做"三辈子做官,学会吃和穿",西方的说法是"三代之后出贵族",中国没有贵族,晚清的贵族被辛亥革命打倒了,国民党还没来得及培育出贵族又跑到台湾去了,贵族概念在我国已不复存在。高端是需要积累的,应该说大家现在已经产生了这样的需求,皇家园林就确实需要积累出高端。

(2) 历史条件变化

第一,皇家转私家。原来皇家是绝对的私家,现在实际上"号"的概念一定意义上是私家的概念,就体现了一种高端。第二,园林转文化。现在的园林已经非常有限了,而且也没有可能把所有的园林都复建出来。比如圆明园复建,20世纪80年代就在讨论这个问题,关于这件事要花多少钱、钱从哪里来、花完之后怎么办这三个问题讨论了三十年,到现在还没讨论明白。所以,这不是园林复建的问题,而是在这一片区域里通过文化元素、文化符号来体现出传统园林的感觉。第三,旅游转休闲。准确地说应该叫做观光转休闲,要从传统的观光旅游转向休闲度假。

(3)三大难点

第一,资源的可控性。这些地方各有各的主管部门,有些属于中央单位,海淀一级区政府再往下延伸控制不了这些资源,包括一系列的军事单位,都存在资源难以操控的问题。第二,产品的可用性。在概念上可以把产品形成,但是实际上操作不了,这是一个核心问题。第三,品牌的可体验。要研究皇家园林这样的品牌怎么能体验到,比如八月十五去中山公园的来今雨轩饭庄赏月,这就是一种体验,海淀现在可体验的东西不多。

(4)发展思路

以圆明园为中心,以北大、清华为两翼,以香山为延伸,构筑大区域。据我了解,还有很多资源没有挖掘出来,这些资源是可用的资源,比如说历史上这个地方有吴家花园、刘家花园等,这些东西现在大家都不太关注。实际上,越不关注的地方,挖掘出来才能够形成好的产品。圆明园4.6平方千米的中心区,保护是第一位的,但是除了核心区,还有外围区可用,外围区大体上还有二千多亩地,而且在圆明园以保护为核心的前提外,也可以研究其他的利用方式。

当时讨论圆明园复建的问题就涉及三个方面的出路,一是全面复建,二是完整保护遗址,三是取中间状态,现在实际上逐步在往中间状态上走。彻底保护遗址是文人的理想;全面复建谁都做不到,就算房子可以建起来,里面的东西也不可能恢复了,建房子无非就是建一堆空壳子,没有多大意义。可是,在遗址保护的基础之上,可以研究其他多种的利用方式,而且完全可以探讨。即使是遗址的情况下,圆明园仍然是个宝物,就看怎么利用,包括晚上怎么利用。总之,在遗址的基础上,仍然可以把它做起来,但是同时要研究主体功能的定位问题。

我们现在明确的圆明园的主体功能是国耻的教育地,是历史文化的,总体给人的感觉是厚重、沉重的,对待圆明园的态度也一定是非常严肃的。实际上,现代社会完全没有必要这么严肃,现在传统的功能仍然存在,新的功能应该是休闲,圆明园是一个最好的休闲地。正因为它是一个遗址保护地,所以在这样一个区域里,还有四平方公里不搞建设的地方。就像纽约的中央公园一样,当时城市规划师规划纽约中央公园的时候,大家都反对,现在大家评价纽约最吸引人的地方不是它的商业设施,而是中央公园,这样就构造了一个城市中央休闲区。

同样的道理,圆明园现在客观的功能就是休闲功能,这样一个中心再加上北大、清华两翼,都在当年圆明三园范围之内。所以,到北大、清华,不仅是看一流的学校,还包括看皇家园林,进一步往香山延伸,就构筑了一个大区域。总体来说,需要进一步挖掘现代的资源,现在很多资源还没有挖掘出来,比如往香山去的路上,好几座雕楼,都是四川羌族的景观,还有曹雪芹故居等,包括梅兰芳、马连良等很多名人的墓葬。现在已经很少有人知道这些了,实际上在我们的眼里就没有这些东西,这样就不可能把这些资源挖掘出来。所以要挖掘资源、整合产品,要培育出一些真正有皇家园林意味的高端产品,当然不能叫"号",因为叫"号"无法体现北京文化。

3. 大西山

大西山的旅游发展,一是怎么看,二是干什么,三是怎么干,基本上就是这三个方面。

(1) 怎么看

① 自然

从自然的角度看,大西山是燕山的余脉;从历史的角度看,大西山是京师的屏障;从现代的角度看,大西山是都市的花园;可以说大西山是北京的最后一块宝地。北京的面积很大,有一万六千八百平方公里,这么大的面积里有无数的历史文化遗存,但是现在与城市融为一体的似乎只有大西山了。所以,对大西山的认识应该是复合型的资源,自然山连绵起伏;历史山千年遗存;军事山八旗联营;宗教山名刹遍布;文化山民俗鲜活;生态山绿海清新;景观山错落有致;物产山独具一格。大西山至少是这八个山,我们还可以加上运动山、休闲山、娱乐山等,老北京有八景,西山晴雪和玉泉垂虹都在西山,所以这样一个宝地我们绝不能看轻了,更不能看小了。

② 条件

上风上水,城市扩张。随着城市的扩张,一定意义上大西山和城市已经融为一体,这种融为一体的格局其他的城市也有,比如广州的白云山,原来也是城郊的一个山,现在基本上在城市中心了,但是相比而言,白云山只是广州的一块绿地,大西山却是我们的一个屏障,从这个角度来说,如果还只是强化京郊的概念,这就有点过时了。

产业聚集,区域发展。整个大西山地区产业的聚集化程度非常高,聚集的速度也非常快。我在这个地方生活过很多年,是看着这里一步一步发展起来的,苏家坨地区原来就是一个村,无非就是好山、好水、好田野,现在完全城市化了,所以随着产业聚集,就会形成区域经济大发展的格局。

人口增长,需求膨胀。区域发展进一步会构造一个经济增长、人口膨胀的格局。现在人口密集的居住区基本上顶到山根了,而且这样的需求还在不断地膨胀,一方面是这里居民的自然需求,另外就是城里人延伸过来的需求。

沧桑文化,山水齐胜。大西山最大的优势就是文化的沧桑感、历史的沧桑感,比如七王坟、九王坟、龙泉寺,一直到山的最深处,到处都是文化遗存,而且这种文化遗存给人感觉更好的就是没经过现代的修饰。这样一种沧桑感目前在北京可以说几乎是找不到了,尤其是在这样一个山水的背景之下,几乎是无可替代的。

后发优势,少走弯路。在大西山的开发中要做出新格局,就一定要谨慎,如果这样的沧桑文化被破坏了,实际上是我们对后人犯罪,而不是给后人做出贡献。人类的生活之地,大体可以分成平原、山地、水滨三大类。在历史过程中,人们总是趋近于向平原和水滨聚集,因此山地被长期边缘化。正是被长期边缘化,一定意义上才留下了好文化,也由此形成了山地居民坚韧、平原居民深入、水滨居民开放的不同特点。随着现代社会的发展,山地越来越引起人们的关注,也形成了对平原和水滨居民的巨大吸引力。

在世界范围内,与山地关系最密切的是中国,由于印度次大陆板块的碰撞,整个中国就是在燕山运动中逐步形成了民族发育的地理环境,由此形成了世界上最丰富的山地景观,也构成了民族文化的成长环境。在中国古代文化中,早有"仁者乐山,智者乐水"之说,充分反映了中国人的生活与山地的关系,也使山水诗歌成为中国人永恒的表达。

(2)干什么

①综合利用

大西山金秋旅游登山节,海淀提出了乐活乡村之旅、永无止境之旅、畅游银杏之旅、养生文化之旅,这些题目都很好,但是这些题目都有点小,至少大西山应该成为四季山,应该成为四时山。已经提出了四季相伴,但是除了四季之外还有四时,一天二十四小时怎么利用的问题。大西山的目标是要建设成为集休闲娱乐、养生健身、生态体验、体育拓展、农业观光、文化探寻、会议度假于一身的综合型旅游目的地,这就需要开拓一个比较广阔的思路,让大西山成为一个综合性的目的地,而不是一个简单的景区。

淡化景区,淡化开发,是新要求。强化景区自然强化景观,把视觉作为第一要求甚至是唯一要求。而在新的市场需求之下,要求是全方位的,是综合感受,是眼、耳、鼻、舌、身、心、神的全面体验。另一方面,一流的观光资源已经全面开发,再强调景区则会不断加大开发力度,多花钱,办不好事。因此,应当转化为历史文化体验区、休闲游憩区、生态旅游区、旅游度假区、专项旅游区、晚间娱乐区等定位。这么大的一个大西山,这些题目都可以包容进去,当然这里不反对景区,不排斥景区,只不过不能用景区这一顶帽子把整个大西山戴起来,也不能用单一的定位来容纳整个大西山的发展。

②空间扩大

进一步的发展涉及空间扩大的问题。首先,自然空间的扩大现在很难,但是有一个利用和功能扩大的问题。其次,要创造出生活空间。最终,要创造出精神空间,现代人最贫乏的是精神空间,如果大家到了大西山尤其是北京人到了大西山,能够在这里感受到历史和文化,能够在这里感受到自然,感受到一种更深层次的向往的实现,这就是大西山的成功。所以,很自然,湖面、湖滨、山林、乡村、城市各类空间都要充分利用。

最终,要构造生活型产品,通过差异性的环境培育悠闲的心态,最后达到品质的生活。所以,一定不能用简单的景区概念,用观光旅游的概念来对应大西山,这样的对应思路偏窄。最重要的是要强化软开发,适度硬开发。具体要做到,少修大路,不修大楼,保留沧桑感,保护老感觉。现在山下大路、大楼都已经修完了,如果把大路和大楼再折腾到山里去,这就是建设性的破坏。从这个角度来说,我们要敬畏自然,珍视资源,善待文化,尊重前人。前人在大西山上千年的过程之中已经培育了很多的好东西,也留下了一些相应的遗存,而且文化遗存的密集度和可视性超过了很多地方。

③项目

旅游项目包括三类,首先是建设性项目,其次是活动性项目,最后是市场性项目。如果一个项目的开发不包括这三类项目,这个开发就很难得到真正的成功。很多开发商,包括很多地方官员,在建设方面大把花钱不心疼,但是搞一点活动,搞一点市场营销,就觉得这种钱是冤枉钱,实际上是大错特错。从多年的经验来看,在市场上下工夫可以起到事半功倍的效果,而如果只在建设方面下工夫,就只会得到事倍功半的结果。大西山金秋登山旅游节实际上把三类项目都融到一起了,而且活动性项目和市场性项目重视程度超过了建设性项目,这是大西山发展方式的创新。

(3)怎么干

①重规划

1983年的时候,当时的规划思路是狭窄的,只看重空间的利用,到现在为止在这个问题上仍然突破不多。讲规划首先是内容规划,就是大西山到底要干什么,要把内容突出来;其次是每一项内容跟进功能性的设施;再次是时间规划,就是一年三百六十五天,一天二十四个小时怎么配置;最后是空间规划,如果我们按照传统的城市规划的思路,上来就是地形图,这排什么项目,那排什么项目,这样的规划还不如不做。所以,这里首先要求规划思路的创新,要求规划项目的创新以及规划内容的创新。

②出精品

在历史上,大西山就是一个精品荟萃之地,比如吴家花园、刘家花园,甚至贝家花园,当时都是精品。实际上,大西山在历史上是北京达官贵人、文人生活的一个最高境界的体现,现在达不到那个地位,所以大西山还用不着研究盖多少大楼来体现出这种水平。我们要先研究能不能恢复历史地位的问题,现在的目标就是要创造文化精品,这是根本性的目标,没有文化精品的创造就辜负了大西山的历史,也辜负了这一片自然。所以精品性的创造是整个大西山发展的主要引导。

③分区域

首先是主体文化区域,这样一个大西山,如果只用景区这一顶帽子,在操作的时候必然乱,如果只用民俗旅游来套大西山,题目也小了。所以,首先是主题文化区域的确定,而且每个区域要有相应的主题文化定位,进一步构造出主题镇、专业村,这样来构造一个新的城乡统筹格局。这个问题是最难的一个问题,因为,说起来文化非常浩瀚,题目无穷无尽,但是具体下来,就会发现整个这片地区文化的同质性非常强,很难出新。这并不是历史文化怎么挖掘的问题,而是我们要研究除了历史上延续下来的文化,有没有新的东西可以挖掘,能不能创造出一些新的主题文化。这个问题如果研究到位,主题文化区域就可以确定,围绕着主题文化区域,产业化的格局就容易形成,否则就会变成说法非常之多,做法千篇一律,最后形成产品单一化、产品同质化的格局。

④转模式

现在的模式大体上正处在转变过程之中,原来大西山基本上是散客观光旅游之地,现在就是从观光旅游逐步发展到休闲度假旅游,发展到一些特种旅游。但是仅仅这么发展还不足,所以整个模式首先是产品丰富,就是观光、休闲、度假、特种、商务、文化等各种各样的旅游产品都有充分的容纳余地。产品丰富自然就带来一个结果,就是形象的变化,大西山的形象应该是一个复合型的形象,是非常丰厚的形象。进一步就形成了品牌的提升。民俗旅游和大西山的结合远远谈不上创新,如果大西山还局限在农家乐这样一个层面上,那么大西山和延庆、密云就没有什么区别了,区域优势、历史文化优势就体现不出来。所以,绝不能满足于目前的运作方式。前面提到的"A+B+C"的模式很值得研究。

⑤优环境

大西山现在最大的不足就在环境方面,环境是大产品,环境也是大西山真正的核心竞争力。

第一,弥补自然环境。这是非常重要的一个问题,现在不能说大西山的自然环境如何好。八百年以前肯定比现在好,比如在元朝的时候有西山八大水院,现在西山八大水院基本上都没水了,北京地方史志中关于西山八大水院的描述,真是令人心驰神往,这就要求进一步弥补自然环境。第二,提升人文环境。这些年以来,尤其是随着城市化的发展,当地人文环境的破坏已经很大了,而且这个破坏一旦形成不可逆转,这就需要研究新的人文环境的问题,不是恢复过去而是如何培育新的人文环境。第三,改善经营环境。第四,完善市容环境。第五,强化休闲环境。休闲环境现在严重不足。按理来说,随着下一步发展大西山应该有一条自行车道,但是现在的情况就是汽车塞得一塌糊涂,还在研究路要加宽,问题是还有宽的余地吗?但是,能不能有一条自行车道,在大西山里走来走去,真正体会这些山野风景。所以,休闲环境包括优化交通环境,协调景观环境,严格保护环境。第六,创造好的发展环境。大西山的景观环境是不错的,但有很多景观缺乏景观设计,比如龙泉寺后面有一片石头,山和石景观非常好,但是缺乏景观设计,缺乏相应的说法,更缺乏由这些说法引申出来的一些东西。总体来说这个地方有非常好的生活环境。我去过大西山的一个小院,是一个新加坡的画家建的,她每天在那里画佛像,画观音像,她就说这个地方的好不是一般人所能理解的,也是一般人很难发现的,追求可以在这样的地方实现。可见,大西山是个什么样的地方。也真诚地希望大西山能够成为未来的一个发展亮点。我们经常说三十年不落后,五十年不落后,大西山应该做到一千年都不落后。古人已经给我们打下了千年的基础,我们就要创造未来千年的文化遗产。

(四)环境建设与生活品质提升

海淀旅游一方面需要在大项目上下工夫,在高端上下工夫,更重要的是在环境上下工夫。但是,环境不是一个旅游局能做到的,恐怕需要区委、区政府举全区之力,才能够逐步缓解这个问题。

另外,现在该建的也建得差不多了,大体上疾风暴雨式的建设阶段已经过去了,所以下一步有一个需要挖掘的问题,要进入精雕细刻的阶段。历史的积累和人文的积累也会形成竞争力,就像欧美和日本十年没有很大的变化,实际上不是没有变化,而是在积累,这种积累出来的力量远远超过我们迅速建设的力量,海淀确实应该在这方面多下一些工夫。

就现在而言,海淀还有一个改变形象、创造品牌的问题,不能总是把老祖宗挂在嘴上,核心是现在有什么东西,所以形象需要改变,新的品牌需要创造。一是要形成文明与文明的对话,现代文明、时尚文明和古代文明、传统文明需要对话,这种对话在海淀的空间之内要体现出来。二是盛世与盛世的牵手,我们现在的盛世要和康乾盛世牵手。三是生活与生活的传承,现在的生活条件比古人不知道好了多少倍,但是我们的生活品质并没有达到古人的生活品质,就是因为我们太急了、太挤了、太脏了,古人是从从容容享受生活,我们现在除了工作,剩下的就是吃喝,称不上生活。我们辛辛苦苦地工作,辛辛苦苦搞建设,目的就是要提高大家的生活品质,生活品质里最重要的一个字就是玩,不会玩就不会生活,不会闲就不懂生活。所以,海淀应该是一个大闲家、大玩家所待之地,这样才能把海淀方方面面的资源整合起来,谋求一个新的发展。

为此,一是集小为大,要搞大项目,但是大项目也是通过小项目集中起来。二是集细为精,注重细节,建设精品。三是集文为彩,把各种文化资源挖掘出来,文化元素、文化符号体现出来,这样就可以出彩。四是集市为场,现在客观地说市已经形成了,但是需要场,需要场就需要相应的建设。总体而言,开发模式成熟,商业模式拓展,从新城市主义到新生活主义,这就是海淀需要创造的一个方向。将来要形成大家一说北京生活品质最高的地方,就会想起海淀,上风上水上海淀,融智融商融天下,但是现在还没有做到。

三、延庆旅游发展与项目推进

(一)几点判断

第一,延庆的路还比较堵,但是道路交通的问题很快就会得到改善,尤其是高铁开通,实际上就构造了一个延庆和北京的同城化概念,27分钟就可以到达延庆。交通方式决定旅游方式,这就意味着整个延庆旅游的发展格局变化了。因此,目前的一些低端产品可以保留,但是总体必须提升。

第二,分析一下过去的延庆的旅游发展,就是培育了一个老祖宗给的大品牌,八达岭长城;自己又培育了一个中品牌,就是龙庆峡。但是这两个品牌都是观光品牌。高端就一定要超越观光,这很自然的就需要研究新项目。

从操作角度看,过去有一个格局叫做小商乱局,形成了碎片化的发展格局,产品挺多,一大堆,像样的不多。所以下一步就得研究大商成事,通过与诸如首旅集团等大集团的合作,形成聚集化的发展。

第三,没想到延庆现在的旅游收入这么少,原来印象当中延庆的旅游收入应该达到上百亿,至少四五十亿。说一个参照,九寨沟,九寨沟和八达岭的品牌完全是同等的,可是从交通条件来说九寨沟真叫远天远地,但是九寨沟景区本身门票收入3亿多,加上九寨沟外面已经形成了一个旅游城,整个九寨沟旅游收入27亿多。以延庆目前的收入,显然与九寨沟还有巨大的差距。当然,九寨沟恰恰有一点,就是因为远,大家必须在那儿吃、住,必须在那儿花钱,变成了一个终极目的地。延庆现在一个最大的问题就是延庆不是一个终极目的地。

第四,从同城化发展的角度来说,延庆确实面临着巨大的发展机遇。大致可以归纳为三句话,第一句话叫短缺创造商机,什么东西短缺,什么东西必然升值,所以就是短缺创造商机。北京现在短缺什么,资源、环境、气候、土地,这几样东西恰恰是延庆所长。北京的城市生活现在太急了、太挤了、太忙了、太脏了。奥运之后北京有了很大的变化,但是说到底还是脏,就是高碳,空气就受不了。第二句话叫开发捕捉商机,所以延庆现在的开发就是要针对北京的短缺,针对北京城市生活的不足,来捕捉商机。第三句话叫运营实现商机,商机只是机遇,得干出来,商机才能变成现实。现在机会已经有了,条件也成熟了,原来说这个条件不成熟,那个条件不成熟,现在没有这个问题了。

从延庆经济发展来说,产业结构是一产 13.8%,二产 26.25%,三产 60%,这样一个产业结构很古怪,北京现在总体的产业结构是一产 0.8%,延庆比北京的平均水平多 13 个百分点,全国现在平均是 10%,比全国平均水平还高 3 个点,所以要从一产比重来说,应该是处在工业化发展的中期。可是延庆的二产只是 26.25%,这只是工业化发展的初期。三产是 60%,意味着进入了工业化发展的后期,所以这个产业结构是很有意思的产业结构。北京的产业结构比例是 0.8:26:73,已经是一个典型的后工业发展时期,但从延庆目前的结构比例而言还真是很难判断清楚究竟是处在什么阶段。不过,这在一定程度上说明延庆处于后发阶段,看到后发所具有的优势。因为在三产里面旅游又占 60%,就意味着旅游大体上占 36%,所以下一步延庆的旅游发展是必然的,下一步发展的核心就是怎么从低级产业转向高级产业,从低端向中高端发展。

这个核心也不完全说就是休闲度假,而应当是复合型发展。大体来说,旅游产品的组合四个方面。第一个是观光,下一步八达岭、龙庆峡仍然是以观光为主体,这是毫无疑问的。第二类产品是商务旅游产品。朝阳区基本上以商务旅游为主体,没什么观光的东西,除了奥林匹克公园,其他谈不上。朝阳区的商务旅游格局已经形成了。也就意味着延庆要做商务旅游就不能复制朝阳区那一套,因为再怎么复制也竞争不过它。但是商务会展这一套东西要不要做,要做,就要出偏锋。比如像说总部基地,丰台就搞了一个总部基地,500 栋楼还是 800 栋楼在那儿摆着呢。第三类是休闲度假,是延庆的优势所在,但也确有一个问题,北京西部、北部都是山山水水,你的山山水水特别在什么地方呢?相对而言,北京山水最好看的在门头沟,比如东西龙门涧、灵山。如果说和长城的结合,怀柔、密云那边都是长城。所以山、水、长城,除了八达岭因为品牌起来了,其他没有垄断性可言,这就必然要求创新。第四类是特种旅游产品,花样很多。所以总体来说,下一步延庆应该形成一个复合型发展、综合性利用的格局,然后在这里面捕捉商机。

(二)延庆定位

延庆可定位为"人文之祖,绿色之源"。

一是人文之祖。为什么这么说呢?因为北京 3000 年的建城史,800 年的建都史,实际上一般说得并不准确,800 年的都城史从什么时候开始,从辽开始,辽、金、元、明、清,这是八百年的都城史。辽的时候设了五京,北京是辽南京,辽中京在赤峰,就是东西南北中,设了五个京,实际上北京都城史是从那儿开始的,我们现在说的就是北京,就是都城;而不是北平,只是城市。所以就要强化北京之祖的概念,更何况这儿又有坂泉之战,又有各种文化遗存,再往上拔,可以一直跑到炎黄去。这和房山周口店不同,那儿是北京人,是从人种学、人类学的角度,而延庆是从历史的角度。

二是绿色之源,一个官厅水库,包括白河堡,都是官厅水库水系,是保障北京的一个基础,白河堡是给密云水库调水的,一说密云这一块水保着北京,实际上密云的水从这里来的。第二个就是林木覆盖率,在北京应该算是相当高了。就现场来看到处都是一片绿,所以可以称作绿色之源。

之所以定这么两个位,就是从旅游的角度来说,一个历史人文,一个自然生态,总体定位是综合定位,就需要围绕定位做文章。因为北京好东西太多了,人家做出来的,原则上延庆就应该不做,但是又不可能不做,所以这里面就要打出独特的品牌来。

整个延庆下一步旅游发展一定要研究后工业化,用后工业化的视角和思路来规划,来设计,来策划,这些事儿才可能真正干下来。人家做的我们尽量少做,人家没做的才是真正需要我们做的,人家没有做的我们有条件做的才是我们真正的优势。这个格局形成了,延庆旅游收入发展到100亿,给财政贡献10个亿,这不是不可能的。而且如果能够与首旅集团建立密切合作,其他集团也会随着首旅集团的进入而进入,这种拉动作用客观存在。为此,需要在前期工作上下工夫。第一项目储备,第二项目质量,不能光说储备,而是要把项目策划到相应的程度,开发商只需要做具体设计。现在最重要的工作就是形成项目储备,提高项目质量。而不是急于去招商引资,太急了往往会形成小商乱局,整个形成碎片化的发展格局。现在是大招商、招大商的时期,从旅游角度来说,以前多年有困难,就是旅游是长线投资、长远回报、短平快的机会很多,所以很多大商人不进来,现在不同了,短平快项目越来越少,炒作性的、投机性的事情越来越少,所以大家心态也平衡一点了,就在往大项目上考虑。原来看到一个三五亿的项目就很兴奋,现在三五十亿的项目都不算什么。第一现在有钱,流动性过剩,大家缺的是好项目。第二,好项目缺的是好策划,好包装。以延庆这样的客观条件,既包括资源,也包括区位,也包括人才,就可以把握主动权。对于延庆来说,从现在开始到高铁开通之前,这是真正的投资机会,高铁一开通投资机会没了,可是这几年就需要选择,这不光是投资商选我们,也需要我们选投资商,两者之间的交集点是什么,就是项目。

(三)项目分析

1. 总体分析

大海坨是京北的屏障,历史上是军事屏障,现代是生态屏障。西起古崖居,然后是松山、海坨山、玉渡山、龙庆峡,就是这么一串,串下来,15公里的山前带,山上是生态、山下是文化,是历史,应该说这个组合是非常好的。只不过现在的问题是历史文化可看性不行。古崖居可看,很有意思,现在也是一个谜,即使能揭穿也用不着揭穿,就是历史一个谜。剩下都是说法,山中那点墓葬也基本是说法。坂泉之战遗址,哪有遗址,不可能有遗址,这些东西叫做很有说头,很少看头,很没玩头。所以就得研究,要把说头转化成看头,把看头转化成玩头,才能做起来。15公里的山前带组合确实非常好,资源可能不是一流的,但是组合度是一流的,这样就可以做出一流的产品,所以这里不能孤零零地说看山好不好,看水好不好,而应该从组合的角度来看。这就意味把这篇组合的文章做出来。山下的公路,历史上是一条军事路,现在还是军事路。军事要道现在是交通要道,再往那边一延伸,就是鸡鸣驿。包括四季气候非常分明,山上5月还可以看到雪,泉水、瀑布也都是不错的。

不过我们得客观认识,就是整个大海坨的景观不是一流的,即使在北京范围内,都不是一流的,更不用提那些名山大川了。所以很自然就要想到这个地方做观光旅游没有更大的前景。从整个延庆考虑,已经有两个观光品牌了,所以就没有必要做观光品牌。

2. 玉渡山

从玉渡山来说,需要考虑以下四个重点。

第一个重点是文化主题,这个文化主题就是契丹文化。北京的文化太多了,但是北京的辽文化太少。除了颐和园里面有一个耶律楚材墓(耶律楚材是契丹人,后来是元的宰相,算是一个过渡性的人物),剩下的辽文化几乎感触不到。可是如果真正研究一下辽,就会发现有很多可以挖掘的东西。这是呼应上面所说的"北京之祖"。

从项目建设上看,不见得非得搞大宫殿,而应该是采用契丹文化的符号和元素,形成看真正契丹的要地。实际上现在尽管有些地方在发展旅游时也在打契丹品牌,但是很多时候看到的却是将契丹文化与其他民族文化的混淆。

从历史上看,契丹、鲜卑,统称东胡,包括后来的金,一直到蒙古族崛起。因此契丹的历史更悠久,而且体现文化更丰厚。比如去辽宁的医巫闾山,去内蒙古的赤峰,就能充分感受到契丹文化。中国在海外有三个名称,第一个名称是汉朝时候传出去的,罗马语,叫赛里斯,意思是丝绸。第二个是唐朝时传出去的,英语,CHINA,第三个名称是契达语,俄语里面对中国的称呼。这样的话,契丹文化可以说是北京建都的最早标志,延庆就可以补这个差,形成这么一个文化主题,而且延庆与这个文化主题也比较契合。当然,具体怎么体现、设计,那是第二步的问题。但是这个文化主题就可以把历史上这个东西延续下来,等于说契丹文化在延庆是一个转折点,把北京建城史转换成一个建都史。

第二个重点是生态。延庆应打造的概念是生态家园,高铁半小时的行程就能过来,那毫无疑问就是北京的生态家园。现在有很多值得开发的村子,至少村子有原来的建筑基础,但不见得稀里哗啦都做起来,这是第一。第二,在用地方面可能会更方便一些。第三,至少原来还会有公共设施,比如路网的格局是对的,这样把这些村子加以改造,重点就是上下水和道路。改造完了,适当包装后,这些村子就可以成为独居价值的商品了。当然,至于说这栋房子卖出去之后,新业主如何整修是他的事。现在大家修房子花不了几个钱,但山居生活显然是一个非常具有吸引力的因素。这其中有一些村子可以变成专业村,比如这个村是教授村,这个村子是画家村,这个村子是演员村,都可以点对点地做这个事,所以从销售的角度来说实际上很容易。有一个人买了,一个圈子都买了,一个村就起来了,这样投入成本比较低,实际上主要是做公共设施,公共性做好了,一个生态家园就构造起来。

第二种方式是需要做一批度假社区,因为要到延庆来买房子,不可能天天上下班,这是第二居所,却是第一生活,形成"4+3"模式,也就是说,在城里面住四个晚上,到这儿来住三个晚上。然后形成"老+小"模式,也就是说平常老人和孩子在这边生活。还可以形成"外+内"模式,吸引很多外地人过来。

这样就可以构建形成完整的度假社区,以对应一个很普遍但是大家没有意识到的市场。比如外地人到北京来了,两口子打拼了十多年,也有点基础了,想把父母接过来,但在城里让他们住是住不起的,但可以在延庆这儿买一套房子,父母平时住在这儿,也尽孝了,然后一个礼拜到这儿住三个晚上。北京现在这样的情况非常之多(估计北京像这样的需求至少有百万),很多年轻人都有这种愿望,只不过没有这种条件,在北京城里无法实现的愿望可以在延庆得到实现。这样不但老人养老很棒,又有心来尽孝,而且又是社区性环境,各种各样的配套都很齐全。当然,度假社区的建设要有相应的规模,至少得有医务室、幼儿园,有了这些东西配套,才能真正卖出去。通过生态家园建设来对应"绿色之源",这样的项目做下来,资金会很快回流,达到很好的经营效果。

  第三个重点是娱乐酷地。酷实际上不仅是年轻人追求,也是具有普遍性的一种大众追求,这里面的核心是娱乐,二是追求时尚。要把很多新元素装进来,形成户外运动基地、露营地、自驾车营地等。这就不能老想着盖房子,而是要好好研究娱乐项目,娱乐项目越多,事情越热闹,而且现代娱乐项目,有一些是需要技能的,有一些是需要设备设施的,但很多东西不需要大的成本。比如自驾车营地,有一个中心设施,就是盖个大房子,大家来了吃饭,晚上唱歌、跳舞,都在这间房子里面,外面就是一辆一辆车,但是需要一系列的配套服务,加水、加油、维修,包括汽车影院,一系列都上来了,这就规范了。而且通过这样的运营,服务链很长,也是挣钱的项目。营地要有自己的运营管理规则,必须有一个中心场所。而且这个中心场所还专门有篝火堆,有烧烤区。从运营的角度来说需要组织一定的活动,通过这些活动打造品牌,创造收入。再比如像航空体育这一块,包括其他各种各样的户外运动都需要研究。类似这样的项目,简单地说,美国的年轻人现在玩什么,至少有上百项,欧洲的年轻人玩什么,还要加二三十项,那中国年轻人玩什么,我们现在数不出几项来。但市场在变化,现在80后全面进入市场了,再过几年90后也进入市场了,80后变成主流。度假社区,卖给老年人,娱乐酷地就针对年轻人,北京人在玩的方面比较落后,这需要引导,包括冬天可以玩冰瀑布,来一个冰瀑布攀登大赛,还可以搞其他多样的冬天娱乐项目。

  第四个重点是要培育一个新型优势产业系列。就是借助旅游市场平台的优势,研究一系列的产业开发。这里有一个案例可供参考。山西一个煤老板想投资两个亿在临汾开发云邱山,这属于一个三流资源。考察后笔者指出,这个项目投资两亿元肯定亏损,投资5000万元肯定赢利。后来和老板详详细细说怎么干,其中一个重点就是他在那个山上种一种植物叫翅果,重点就是翅果。后来这个事情做成了,还成了山西经济转型的一个案例。翅果就是在北纬39度左右，海拔七八百米的山区才有，现在这个翅果油是什么价格，一克90块钱。

如果延庆引进投资种翅果，产业很快就起来了。再比如现在草长成这样，要适度地放牧一些牛羊，只不过山羊不能放。另外就是借助这么好的自然环境，得搞一批东西，现在大家都知道吃土鸡，哪有那么多土鸡啊，土鸡假冒伪劣都出来了。那就专门放养鸡，这就是一个产业，当然这里面也有数量如何控制。再比如这儿有野猪，野猪和家猪杂交，现在价格比市场上买的猪肉贵十倍。走地鸡，溜达猪，都可以培育出来。还有中草药资源，甚至有一些树倒了，有一些树死了，也都可以作为资源利用，将来有艺术家村，这些东西他们都会把它利用起来做成艺术品。艺术品一出来，老百姓就会跟着学。此外还有泉水，因为矿泉水的难度在于市场半径，除非大规模才能够满足，要不然就挣不着钱。可是延庆将来创新，就是让客人过来，构造市场半径，而不是把货运出去来构造市场半径。借助旅游市场这个平台培育一个新型优势产业系列，这样就把这套东西推出去了。九寨沟外面表演藏族歌舞的十个厅，一年的收入2个亿，大家白天看了九寨沟，晚上住在沟外，总还是想体会一下文化性的东西，这样商机都出来了。

以上四个重点，有虚有实，总体来说都是实。文化不必大搞，但是要大说，填补北京一个空白，可以编一堆故事，当年萧太后在这儿如何如何。慢慢在这儿搞一点歌舞，搞一点其他花样都可以，文化性的东西主要是软开发，然后再弄一些文化符号、文化元素，觉得有点意思。而且也让北京人知道祖宗到底是怎么回事儿，别老扯明清这点事儿。总体看法就是突出这四个重点，然后具体研究什么样的位置落什么样的项目，每一个项目都得有具体方案。

3. 妫水

现在是大水面、好水质，确实不错，但是功能太单一了，就是一个看的功能，坐坐船，看一看。这么单一的功能辜负了良好的资源和人力物力财力的投入，还有1700多亩地。

如果是一般性的总部基地，市场已经被丰台占住了，如果做商务旅游，这一块又被朝阳占住了。因此，可以考虑结合北京建设世界城市，研究国际组织，变成一个国际组织的总部基地。有一些国际组织虚席以待，有一些国际组织借助品牌，有的国际组织就是你要依托我来发展。比如世界旅游组织，当年就是西班牙政府提出来，你到我这儿来，这一栋楼给你，每年收一美元的租金，一直到现在,就表明所有权是我的,你有使用权。但是一个世界旅游组织过来了,各种事情都过来了。也有些情况下,是人家想依托我们来发展,中国和北京就这么一个格局,这个组织在城里面进不去,可以在延庆发展。我们也可以自己成立一些国际性组织。这样做的一个最大好处,就是符合现在国家的需求,符合首都的需求,也规避了其他区县的强势,突出了延庆的优势。北京是世界城市,延庆就是世界延庆,反过来就可以说两句话,叫做世界延庆,延庆世界。当然,这不是一年能做成的,也不是一般性的招商引资,不是简单的资金大投入,而是需要智慧的大投入和文化的大投入。

其实,目前丰台的总部基地还是典型的工业化格局,这种格局没有文化含量,没有生命力。相应地,延庆要有知识的大投入,有文化的大投入,资金投入反而简单。这个东西做出来就能真正形成一个品牌。这么好的环境,这么便利的交通,北京短缺的东西这边都有,所以就得研究把高端做出来,高端不是奢华。高端一定是文化,这篇文章很难做,但是如果做成了就是延庆的第一品牌,如果说在这个点上延庆对应了北京世界城市的发展,市政府一定会大力支持。现在书记、市长提出了世界城市的概念,得找抓手,大家都在研究这些抓手,但现在普遍性的思路还都是工业化时期的思路,而不是后工业化的思路。所以延庆的总体发展和具体项目就得是后工业化的思路。

4. 野鸭湖

现在野鸭湖保护第一,将来也是保护第一,永远是保护第一,这没有二话。但是原海军后勤部这片地可以用,思路要调整。第一就是要把水引过去,如果水引不过去,大家就没有在湿地旁边的感觉。只要水引过去了,就可以参考现成的模式——杭州西溪天堂。先说杭州西溪湿地,35平方公里、三期工程总共投资118亿元,主要的工作就是,把原来的水泥驳岸打掉,把原来的柏油路拆了,恢复成土路,把原来地面的附着物基本上都拆掉。而野鸭湖有68平方公里,具有很高的潜在价值。不过这其中需要研究怎么变现的问题。杭州的招很多,第一就是把西溪湿地周边的土地控制起来,现在周边的房价卖到四万块钱一平方米。第二留了一片地,构造一个西溪天堂,真是做到了顶级,悦榕庄这样的高端度假品牌也落地了。所以现在这片地,一百多亩,要借助湿地的环境、品牌、气候来发展,打造西溪天堂模式。为此,野鸭湖发展有两个重点,第一个重点就是构造一个类似于西溪天堂的项目,项目要大,要高端。第二,就是博物馆,面对大众,要有科普、宣传、教育这些社会责任和功能。但是两块一定要分开。高端、中端、低端如果混在一起,低端还是低端,高端也下来了,所以一定要分片、分区。

5. 绿道工程

整个延庆,可以研究一个绿道工程。广东增城市首先做出来了,汪洋书记视察后觉得很好,就在全省推广。增城有一条江,江上有船道,江边修了一条自行车道,这个自行车道有的地方沿江,有的地方就进了林子。还有一条道是自驾车道,这三条道整合在一起就是绿道工程。自行车道的运营方式是,每十公里有一个休息站,到这儿你可以把车扔下来,再坐汽车走。愿意骑继续骑,到这儿可以喝茶,吃点东西,绿道工程的本质是对应城市人的新需求,以后工业化的视角,挖掘前工业化的资源,创造超工业化的产品,对应变化中的市场。

延庆可以好好搞个绿道工程,创造出一个品牌。山前15公里做自行车道是非常棒的。四季有四季的看头,再比如百里画廊,就是自驾车道。延庆前工业化的资源极其丰富,所谓前工业化资源就是过去农业社会那一套,现在说低碳,我们小时候都是那么过来的。但是我们不能回到以前,是用后工业化的视角来挖掘,这些东西挖掘出来,很多产品就形成了,是超工业化的产品。北京已经进入了后工业化时期,但是很多人的思路还是工业化的思路,如果不能超越工业化的思路,就彻底没戏,事情能不能做,都可以做,但是能维持多长时间很难说。因此,这个绿道工程就是景观路、文化路、生态路。在这个过程中,交通工具变成了娱乐工具,变成了体验工具,因为到这儿来,交通不是最重要的,骑自行车不是为了交通,是娱乐和体验。这就是一个后工业化的概念。

四、房山旅游:北京根祖 山水家园

(一)房山旅游的发展

1. 房山的旅游发展怎么定位

房山自己提出来的目标是建设旅游强区。从北京郊区的旅游发展来说,基本上是三个层次:第一个层次是延庆、昌平,现在基本上可以称为旅游发达地区,资源开发比较充分,市场知名度比较高,成为北京人主要去的地点,也成为外地人到北京旅游的主要地点。北京的旅游产品说起来叫"老五件",就是八达岭、十三陵、颐和园、故宫、天坛。八达岭和十三陵,一个在延庆,一个在昌平,颐和园、故宫、天坛现在都算城区的。不管是外国旅游者还是外地旅游者,到北京旅游都是玩完了"老五件"再说其他的。第二个层次大体上是怀柔、房山、门头沟,现状是旅游资源比较丰富,但是发育程度还不够,市场成熟程度也不足。第三个层次是通州、大兴、平谷。

这三个层次实际上意味着三个不同的发展阶段。因为延庆、昌平很多东西已经形成品牌了,除了老祖宗留下的品牌之外,近些年也创造了一些品牌,比如延庆的冰灯,已经变成北京一个比较响亮的品牌了。

房山的发展目标至少要进入第一层次。要进入第一层次就应该形成有特色的,能够使大家过目不忘的产品。历史上定都北京不是偶然的,北京真是要什么有什么,但是也形成另外一个情况,就是北京的山山水水包括文物古迹,很多东西有雷同性,从旅游产品来说,叫同质化的产品。这么近的距离,又是同质化的产品,就可能形成近距离、同质化的重复性的竞争。所以,从定位的角度来说,关键问题就是挖掘房山的特色,通过特色发挥进入第一层次,通过特色的发挥来培育旅游强区。

2. 房山的特色到底是什么

特色问题也关系到房山的旅游形象怎么定位的问题。房山旅游的整体形象叫"北京根祖,溶洞王国",但严格地说,溶洞是一个同质化程度非常高的产品。全国最好的溶洞是贵州的织金洞,贵州才是真正的溶洞王国。对贵州的织金洞有一个评价,叫"织金洞外无洞天"。对于多数北京市民来说,没有看过织金洞,但是总体来说,把同质化的产品作为房山的总体形象能不能立得住需要研究,不妨把后一句调整一下,把"溶洞王国"改成"山水家园"。因为房山的旅游资源种类非常多,刚才一梳辫子,梳了七八条,但我们不可能把七八条辫子都端到市场上去,市场是记不住的。如果我们叫"北京根祖,山水家园",把七八类旅游资源都装去,就可以树立整体形象。

"北京根祖"这条辫子梳下来有什么?第一个是周口店猿人遗址,这是50万年以前"北京人"的活动遗址;第二个是琉璃河的商周遗址,这是北京城的根;第三个是云居寺的宗教文化。这样往下梳,就把整个的历史文化、宗教文化和民俗文化梳理出来了。

为什么叫"山水家园"?因为溶洞也是山水景观的组成部分之一,房山最大的优势就是山水。比如延庆,延庆是有山无水或者叫做水不足。昌平虽然有个十三陵水库,但是昌平的山不足,可房山恰恰是山水互映,这就是一个优势,也是一个特点。另一方面,房山的山水内容非常丰富,其中一个重要的元素是溶洞,溶洞是在山里。为什么讲"家园"这两个字,这两个字有比较强的亲和力,而且,强调山水家园可以使旅游产业的发展和房地产业的发展联系在一起。未来北京社会经济的发展意味着北京人需要第二住宅。如果突出"山水家园"这个概念,把旅游产业的发展和房地产业的发展紧密联系在一起,区委区政府的重视程度会更高,也会把房山的山水优势挖掘得更深更大。从旅游角度讲,"山水家园"这个概念可以把旅游者分为三个层次:第一个层次叫做观光旅游者,到这儿来一日游或两日游;第二个层次叫度假旅游者,选择一个地方,度若干天的假;第三个层次是第二住宅,在这买一处房子,在北京住一段时间,到这边住一段时间。第二住宅概念的形成,就会使房山的优势挖掘得更充分。总体形象的定位,讲"溶洞王国"有点窄了。要讲"溶洞王国","十渡"怎么处理啊?其他的地方怎么处理啊?"北京根祖"可以说把历史文化、宗教文化和民俗文化都梳进来了,而"溶洞王国"等于把很多东西都排斥了,"山水家园"就不同了,内涵是非常丰富的。

3. 规划问题

如委托规划单位做规划,从甲方来说,在思路方面要有一个根本性的调整。我们应该跳出旅游产业规划这个框框,从旅游目的地规划的角度来认识和把握房山规划编制。产业规划就意味着只是产业之一,比如旅游产业、工业产业、农业产业、高新技术产业等。目的地规划就不同了,目的地规划是把房山的整体资源加以规划,把房山作为一个目的地突出出来,这是一个根本性的转化。如果说房山是一个公司,书记就是董事长,区长就是总经理,旅游局长就是营销部经理,这就是目的地规划的形象比喻。如果讲产业规划,旅游局长就是一个车间主任,产品在市场上能接受,车间就存在,市场不接受,你这个车间可以没有。如果你是一个营销部经理,只要房山区存在,营销部经理就存在,你的任务是包装房山、推销房山,整合房山的资源,促进房山的总体发展,这样就跳出了产业的概念。也就是说,这个规划不是旅游局的规划,而是区委区政府的规划,如果强调产业规划,他们就认为这是旅游局的规划,区里的计委、财政都可以不关心。而一个目的地规划,是区委区政府的任务,所有的部门在里边都有他的地位,都有他的责任,都有他的义务。从市场的角度来说也是这样,研究景点的开发只是一个方面,更重要的是从旅游角度怎么把房山整体包装起来,怎么把它推到北京市场,推到全国市场,推到世界市场。所以,就要从产业这个局限中跳出来,要从研究几个景点开发局限中跳出来,研究整个房山。

从一个地方发展来说,旅游品牌胜于其他任何品牌。比如哪个地方有个什么知名产品,虽然是个品牌,但这个产品本身在市场上可以独立。一个地方要想创品牌,最大的品牌就是旅游品牌。我们坐火车到北京,马上会说北京是祖国的首都,北京有十三陵、天坛等,绝不会说北京生产现代轿车之类的话。这就是品牌的体现。同样,介绍房山,就会说房山有十渡、云居寺、周口店等,不会介绍房山现在生产什么产品。区委书记、区长出面介绍,首先也是宣传这些东西,这就是一个目的地规划的概念。从这个角度来定位,规划就会上一个层次,如果只考虑旅游产业规划,这个规划还是在原来的框框里转,那么层次就很难上去。

4. 旅游文化节

旅游文化节已经搞了几届了,有困难也有成效。旅游文化节可以搞,但是应该形成一个主题,每年有一个专题,因为房山的旅游资源非常丰富,可以每年打一个牌子。比如今年叫房山旅游文化节,明年叫房山旅游宗教节,后年叫房山旅游山水节,或者叫房山山水旅游节,再后年是房山韩村河旅游节,因为韩村河这个品牌现在很响,大家都知道。每年一个专题,但年度主题不变,都是房山旅游节,这样就好操作了,而且不但把房山非常丰富的资源展示出来了,同时也和各个乡镇、各个旅游企业的积极性结合起来了。年度专题提出来,也更容易引起市场的关注。比如今年叫房山溶洞旅游节,今年就主打这几个溶洞。因为离北京很近,这个市场作为专题是完全可以做起来的。

(二)北京根祖定位相关项目

1. 周口店猿人遗址

周口店猿人遗址虽是世界文化遗产,但有一个根本性的问题,那就是虽然周口店猿人遗址的历史价值非常高,但旅游价值却并不高,我们必须得有一个客观评价。话可以说很多,但旅游者去了就看见一个洞,这个洞还什么都看不着,那旅游者来看什么啊?这就叫做很有说头、很没看头。现在因为体制上调整了,就需要把说头转化成看头,转化成玩头,有说头、有看头、有玩头,这个地方才能真正发展起来。当然,首要的是一个保护问题。现在周口店附近的山不会再炸了,有些水泥厂也要搬迁,大的环境能保住了,这个转化才有可能,否则连可能性都没有。因为北京世界文化遗产数量比较多,所以大家对周口店遗址看得不是那么重,可是在房山就是一个不得了的事,所以要把这个大品牌真正做出来。这其中尤其需要进行详细的策划,要深入研究怎么把说头、看头、玩头结合起来。做到了这个结合,才叫有搞头,有搞头才有甜头。我们对事情的判断不是从文物专家的角度判断,我们首先是要从市场角度判断,就是旅游者怎么看,这个事情需要下点工夫,不但要请文物专家、文化专家,更重要的是要请市场专家,要真正从旅游市场研究这个事要怎么做。毕竟这是50万年前的东西,而且因为在北京发现才命名为"北京人",它不仅是北京的根祖,实际上是整个中华民族的根。我们应该把它放大一点,从市场的角度策划出一些具体的事来。

2. 琉璃河商周遗址

琉璃河的商周遗址境况与周口店遗址类似,东西不错,但大家不知道,并且去看了以后,也看得莫名其妙。如果能够真正在文化上刨一刨,那个地方不得了。历史上出土了很多青铜器,而且青铜器出土本身就有很丰富的故事。遗址开发这篇文章,国内已有一些比较成功的例子。比如四川的三星堆,三星堆现在是四川旅游的拳头产品,三星堆出土的那些东西确实有震撼力。琉璃河商周遗址可以充分借鉴三星堆的思路,这样才能把"北京根祖"充实起来。北京因为好东西太多,给人的感觉就是好多东西都看不上眼,或者不知道怎么做,没有下工夫去研究。

3. 云居寺

云居寺第一可以称为精品,第二可以称为极品。从旅游景区的开发上现在达到了精品的程度,从"三绝一宝"的角度说,达到了极品的程度。现在存在的最大问题是这么高的学术价值和文物价值并没有转化成市场价值。因此,云居寺需要扩大外延,在严格保护现状的前提之下,扩大一点外延,和"山水家园"这个概念结合起来。北京的大款很多,要做他们的文章。市场经济下有一个普遍的心态,就是大家觉得很难把握未来,这就意味着人们一定要信仰点什么东西。这个市场的面可能很窄,但是效益很高。我们要通过抓这个市场点,利用人们希望增加一些信仰的心理,用一些主流的宗教进行引导。这对于云居寺来说就是一个市场增长点,也是一个利润增长点。

4. 培育专业村

房山的民俗文化值得再往下深入挖掘,可以参照的是培育专业村的模式。
专业村的一个概念是现在的民俗旅游村,这个概念在房山做得比较成熟,已经有了25个村,2900多家农户旅游点。进一步的发展就是要引导,要保证民俗村里看到的确实是民俗,而不是看到山里的洋房。老百姓可以住好房子,但外观一定是民俗的外观,给客人提供的就是这套东西。如果说客人到了山里,看到的还是城里的这种房子,就没有意义了。可是从农民的角度来说,他要追求现代化,第一个概念就是城市化,追求城市化第一个动作就是在自己的房子外边贴上白瓷砖之类的装修材料,这种观念需要调整、引导。农民也会观察客人喜欢什么,客人喜欢什么他就会搞什么。各地的很多民俗旅游点之所以能够保留比较浓郁的民间文化、民俗文化,就是因为市场在发挥着导向作用。

另一方面,可以研究专业村的概念,比如现在有些村庄要整体搬迁,房子空下来了,有些村子就可以研究形成一些专业村。比如搞一个画家的专业村,搞一个音乐家的专业村,甚至搞一个教授村。类似这样的东西,用最低的价格,甚至把房子白送给你,还可以帮助你整修整修,从他们身上赚多少钱不重要,重要的是这些人的品牌价值和这些人的市场价值。这相当于给高级知识分子、高级的专业人士提供一个第二住宅,这些第二住宅是原汁原味的老百姓的住宅。如果能够培育出几个这样的专业村,市场就会跟过来。对于他们来说,白给我一间房子还不好吗?还不止一间,可能白给一个小院,本来房子也在那儿空着。现在的知识分子和以前不同了,以前知识分子叫"臭老九",后来叫穷知识分子,经过这十几年的发展,现在相当一批知识分子都是很有钱的了。可以优先选择一些交通比较好的地方,方便私家车到达的地方着手开发。这实际上是民俗文化开发的进一步延伸。再一个,应该找一些保留得比较好的原汁原味的民俗村,培育出品牌来。比如门头沟有一个爨(音 cuàn)底下村,尽管可能达不到那个程度,但房山应该也有这样的村子,找一个真正原汁原味的、类似江南古村古镇的村子,推出一个真正的北京山村的概念,这比民俗村就又上了一个层次了,而且还很容易培育出品牌。

(三)山水家园定位相关项目

从地理上来说,"北京根祖"主要集中在南线,山水主要集中在北线。"山水家园"里实际上也是三类。

1. 溶洞

溶洞主打北京市场,再打大了没有意义,而且溶洞这东西没有后劲,不可能让人第二次去参观。就溶洞本身来说,是一个高度同质化的产品,有其天然的制约性,开发多了容易形成内部竞争,未必是好事。我们要考虑到一个问题,那就是旅游者的经验越来越丰富,眼界越来越开阔,不同于20世纪八九十年代时,人们看什么都觉得好(石花洞的辉煌也与此密切相关),现在人们看过一个溶洞尤其是像贵州织金洞之类的顶级溶洞后,再让他看溶洞就很难了,这也就意味着溶洞这个市场客观来说是在萎缩。"溶洞王国"的说法在一定意义上局限了房山的山水资源,与房山的旅游发展不匹配。

不过,房山这几个溶洞也需要进一步进行研究。第一,三个洞有什么区别?需要研究这个问题。所谓研究区别,就是研究这三个洞各有什么特色。第二,如果能够把特色说清楚了,围绕三个洞的文章怎么做?否则这三个洞自己跟自己竞争。银狐洞是农民自己开发的,这和老百姓的利益相关,石花洞好一点,还有政府的投资在内。溶洞资源现在面临着一个窘境,那就需要在溶洞里边增加一点文化内涵,包括在溶洞的洞口上增加一些文化内涵,让它丰富一点,让它看着更有意思一点。因为现在看溶洞,一是景观雷同,所有的溶洞都差不多,顶多就是这个大一点,那个小一点,这个钟乳石的类型多一点,那个少一点,但是看来看去都这样。解说词都是孙悟空、猪八戒这一套。所以,北京的溶洞至少在开发过程中要增加一些内容,在解说的过程中要增加一些科技内涵,别老说它像什么,增加一些科技内涵,让大家长一点地质学、地理学、生物学的知识。应该说北京人的品位是很高的,消费能力也是很强的,如果还是局限于它像这个像那个,这样的解说就是把客人贬低了。

2. 十渡

十渡是房山旅游的品牌,现在发展成了一个拳头产品。总体来说,十渡的资源挖掘得不错,除了山水观光之外,各种体育类型的活动都上去了,本身也有吸引力。十渡实际上已经变成了一个旅游专业镇,大家对环境的重视程度也不错。十渡的核心问题如果从市场角度分析,一个是市场促销,一个是市场规范。十渡最重要的是依托山水品牌,建立规范的市场诚信品牌。如果说十渡的精致程度能够达到云居寺的程度,就是一流的,就是精品景区。

3. 百草畔

从现在来看,山区旅游的内涵在逐步丰富,不光是观光,包括很多生态性的东西,在山区可以很充分地体现出来。严格地说,百草畔应该是一个生态旅游区。这个生态旅游区也需要努力使它上台阶,使客人的感觉更好。笔者组织团队专门搞了一个生态旅游区的建设标准。这个标准非常细,包括路应该怎么修,什么样的情况修什么样的路都写进去了。毫无疑问,百草畔的景观肯定不是一流的,但如果能够按这个建设标准来建设,可以建成全国一流的生态景区。有些地方叫一流资源,二流产品,三流服务;有些地方三流资源可以做成二流产品,达到一流服务。北京周围的山很多,很多山也是很有名的,百草畔只是其中之一。东灵山、云蒙山、松山、玉渡山等,这些山各有各的特色,但是也有雷同之处。所以,在下一步的市场竞争中,最重要的是自己怎么做精,能不能形成自己的竞争力,能不能形成自己的特色和品牌。

(四)创新发展的若干项目

1. 大石窝镇

这个镇的环境基本到位了,但是文化的文章还要好好做一做。全国石雕现在有两个地方搞得不错,一个是河北的曲阳,曲阳的环境不如大石窝镇,因为他们没有那么多的钱,但是曲阳街上摆出来的石雕产品比大石窝镇的高一个层次。第二个是福建泉州的惠安,惠安的石雕可以称得上是一绝。那里有雕艺城、雕艺园等,看着比大石窝镇的水平要高一大块。

大石窝镇可以研究几个问题。第一个是争取在这里的雕艺园和雕艺宫举办一次房山石雕艺术节,同时可以搞一次石雕艺术大赛,请一些雕塑家,最好用房山的原料,搞一个雕塑大赛,作品就陈列在雕艺园或者雕艺宫里,这就使一般性的石雕工艺品上升到了石雕艺术品的档次。对当地来说,有一批艺术水平很高的石雕摆在这儿,可以提高当地的雕塑水平。

尽管汉白玉是这里的主体,但大石窝镇不必局限于非得是自产的汉白玉,而是要在现在的基础上,进一步延伸,用全世界的石头,生产世界需要的产品,出口到全世界。这种延伸对石窝村总体的提高有重要意义。比如石窝村应该是一个什么样的定位?可以叫"北京之基",就是北京的基础,或者叫故宫之基。历史上的这些大建筑,包括现在这些大建筑的基础都是石窝村的石头,打这个牌子会非常响,通过这个牌子走向世界。

石头有四种类型,第一叫山石,第二叫庭石,第三叫案石,第四叫掌石。庭石是庭院里摆的石头,案石是放在案子上观赏的石头,掌石是可以在手里边玩的石头,总体来说是这四类。现在案石、掌石的市场集中在广西的柳州、南宁,全国已经形成了几个观赏奇石的市场,但是山石、庭石这个市场还没有确立。结合这里的石雕,结合沿路展示的那些庭石,可以在石窝村打造一个全国的山石、庭石市场。如果说这个市场打造出来了,对房山就不光是一个旅游的意义了,而是在构建一个全国性的市场,这种市场会推动旅游的发展,同时提高石雕艺术品水平,推动各类石头的全面利用,充分发挥出房山的比较优势。在计划经济时代,大家都是斗室之地,房山的石头不具备这样发展的条件,现在不同了,现在很多人都有自己的房子、自己的院子,有院子就会摆石头,这是我们中国的文化传统。所以,下一步对庭石会有比较大的需求。前一段是观赏石的发展,就是案石和掌石的发展,下一步就应该是山石和庭石的发展。人们花了几百万买了一个院子,再花十万在院子里摆一块好石头很有可能,这个市场相应来说比较大。房山有这个资源,就应该把市场培育起来,这个市场既是石头市场,也是旅游的大市场,也是房山的一个大品牌。有必要做一个专项方案,做一个比较细致的研究,研究一下全国石头市场的情况,然后研究一下自己的优势。否则,这个市场很容易被别人抢走。在这些方面,会有一些高科技的东西引入。不管怎么样造出来,只要是个好东西就够了,而且要"买全国卖全国",不必局限于大石窝镇。

惠安有一种石雕叫做影青石雕,就是在石头板上雕人像,有一张黑白照片就可以雕出来,都是大姑娘、小伙子干这一行,只需要进行一些美术基础训练就可以干。这个工艺其实是1985年才出现的,并不是历史传承下来的,但现在已经变成那里的主打产品。原来他们用的石头是当地的青石,但青石雕刻的效果不好,后来就采用了山东黑。现在又在上台阶,彩色的也出来了。在惠安那儿看得真是目瞪口呆,比如这个房顶上摆着毛、刘、周、朱四个大头像,那个房顶上摆的是美国NBA的球员。房山完全可以考虑到惠安去好好学一学,至少把影青石雕的工艺拿回来。很简单,请几个师傅过来就行,然后作为一个新产品在北京打出来。这个产品发展到一定程度,可以成为房山旅游产品里的一个非常重要的东西。

2. 韩村河

作为"三个代表"的示范点,社会主义新农村的体现,韩村河应该说都很充分了,但是有一个根本性的问题就是没特色。韩村河旅游的发展,需要从两个方面着手,一是现代高科技农业观光旅游,这套东西应该说也没有特色,因为现代高科技农业园基本上在每个大城市周边都有,而且水平都不低,也都不错,北京就有很多。所以,这个东西可以搞,而且得大力搞,但对旅游来说,只是一个锦上添花的功能,因为它本身没有特色。从另一个角度来说,是要把农村旅游的这套东西做出来,要确实把特色做出来。现在的园子也可以说是城市公园,因为和城市公园基本没有区别,这些别墅大家一看很赞叹,但是留不下印象。

因此,韩村河的关键在于如何做出自己的特色,这个特色的要点就是丰富内涵。现在有特色的农业旅游村有三个:第一个是江苏的华西村。凡是有文化素质的人去了华西村都摇头,但是摇完头还是记得很清楚。华西村讲,我们是不土不洋,不城不乡,不中不西,不伦不类。但是特色出来了,那真是集农民文化之大成,集农民的审美观念之大成。比如那里有一条街全是壁画,还修了一个宝塔楼,宝塔楼号称有总统层,有部长层,有司长层、处长层,那真是典型的农民文化。还搞了一个世界大观类的东西,确实不怎么样,但是有特色。不怎么样的特色也比没特色要强。

第二个是河南的南街村。南街村是以共产党的传统和政治文化为特色,经济很发达。到现在,每天早上《东方红》的歌曲把大家叫起来,毛主席像前边始终有两个民兵持枪站岗,就这么一套东西,给大家的印象更深,好多人就冲着这个去看。当然也有很多人摇头,说"文革"期间的这套文化现在还行吗?但那个村始终就是集体经济,也非常发达。从旅游的角度来说极有特色。

第三个是浙江宁波的滕头村。这应该是韩村河学习的榜样。滕头村一是工业很发达;二是生态农业非常发达,他们构造了一个非常完整的生态农业的概念;三是把江南农村的地方民俗统统注入进去了,城里人看着很新鲜。那里有静态的,有一排房子摆着当年的农具,农村生活的一套东西,也有动态的大水车;就是这套东西,孩子们都可以参与,而且参与起来极其兴奋。还有斗羊,围一个小圈,有两只羊在斗,大家看得挺高兴。还有跑猪,围了几圈栏杆,闸门一开,小猪跑出来绕着圈跑,特别好玩。如果把这些内容注入进去,内涵丰富了,特色就出来了,韩村河就不是简单的社会主义新农村的概念了。

现在的韩村河看着很好,但是还缺少文化,村里没有文化概念,这是一个很突出的问题。下一步应该增加一些文化符号,增加一些文化性的内容。比如在街头点缀一些建筑小品,感觉马上就不同了,而且建筑小品不能离开农村的主题。比如在一个地方做一个北方农作物的雕塑,一个很大的老玉米,很大的瓜,让大家看了吓一跳,肯定要围着这个雕塑照相,留下的印象就深了。再做一些切合农村主题的文化性的东西,这个村子就有味道了。如果这两条补足了,别的不用说,游客在这儿停留的时间就长了。城里看不到的东西才有吸引力,有吸引力才能停留更长的时间,停留的时间长了,赚的钱不就多一些了吗?旅游对韩村河来说是小菜一碟,只不过原来要付接待费用,是一个负值,现在赚点钱就是一个正值,最根本的叫做锦上添花,这个花就是要添在文化上,既要包括北方的民俗文化,也要包括文化符号、建筑小品。

五、怀仁柔远,旅游发展

(一)怀柔的总体把握

一个城市有一个城市的个性。深圳给大家的总体感觉是朝气,广州是商气,上海是洋气,西安是古气,而北京的总体特点是官气。无论是从城市规划、总体布局、单体建筑,还是北京人的言谈举止都体现了官气十足的特点。

那么怀柔的特点是什么呢?就目前来说大体是"秀",即秀气,这里所说的秀气不是小家碧玉,这里的秀气也是大气的意思,因为怀柔有大长城这样的古建筑。从长城来说,司马台长城的特点是险峻,八达岭长城的特点是壮阔,慕田峪长城的特点是秀美。因此就目前来说大体上可以用一个"秀"字来体现,但仅用这一个字是不行的。进一步应该考虑两层意思,使得总体上的把握更准确。

其中,第一层是提三个"气"。一是"人气"。这里除了一般所说的人来人往,生意兴旺的概念外,更关键指的是指人本主义精神,要关心人,要充满情趣。这是一个很简单的道理,大城市的现实生活对人是一种压迫,大城市的快节奏和现代社会的紧张对人也是一种压迫,北京这个城市官气十足,对人更是一种压迫。三重压迫交织在一起,使北京人在休闲的时间一定要出来,出来之后便要反其道而行之,因为不可能到别的地方再去寻找大城市的感觉,而是尽量躲避大城市的感觉和官气。所以,以目前所形成的秀气作为基础,还应该突出一个"人气",就是让人进了怀柔这个地方,就感觉到这种人本主义精神,感觉到生活情趣。二是"灵气"。所谓灵气,要求不能过分地去追求那种"大",而是要充满生活气息,钟灵毓秀,方方面面都要体现出来。三是"地气",所谓地气是指追求自然生态,追求与山水为邻。这样,"人气"、"灵气"、"地气",再加上目前已经体现出来的"秀气",怀柔旅游的总体就会把握住。

第二层是处理好上面几个方面之间的关系。概括说,一是"人气为魂",即如果没有人本主义精神,就不要搞旅游,现在全国旅游业所反映出来的主要问题就是不尊重人,当然这和我们的文化传统有关系。中国一说就是几千年的文化传统,是文明礼仪之邦,实际上我们的文化和文明很多时候强调的是等级尊卑秩序,是君君臣臣父父子子。现代文化的本质就是人本主义精神,如果能够把握住这一点,中国旅游业的方方面面就会有一个根本性的突破,就会有一个质的飞跃,就会大大超越目前的情况。二是"灵气"、"秀气"为表,即灵气和秀气更多的是表现形式和一些具体实现内容。三是"地气"为本,这也是怀柔山水风光的优势所在。

怀柔旅游发展较早,把一系列的东西都带起来了。但从现在来看,有些因素在转化。从交通的便利程度来说,看不出怀柔有多大的变动,如果和京郊各个区县比较,就是比平谷和密云强一点,剩下的哪一个区县都比不了,从便利的角度来说已经到了北京郊区县的下游了,这就是在发展过程中优势和弱势的转化。从旅游资源的角度来说,怀柔旅游资源的总体特点是中等,没有特别出类拔萃的东西,原来认为是优势的东西实际上也在转化。跑遍北京郊区,真正好的风光在门头沟,真正有特点在延庆,真正说深山出美景的在密云,真正讲历史文化在昌平,怀柔什么都居中。因此,需要重新思考怀柔的特点和优势到底是什么,必须认识到以前一些优势的东西现在已经转变成了弱势了。现在京郊各县都很重视旅游,都在积极地发展旅游,这对怀柔旅游而言显然是一个挑战。如果怀柔不能对应市场的多元化、产品的多样化和竞争的白热化这个新趋势,恐怕很难取得更好的发展。因此,现实基础、现存问题和发展趋势是怀柔旅游发展最基本的出发点。

(二)研究制定规划的出发点

1. 现实基础

从现实的基础来说,怀柔经过这么多年的发展,有这样几点:一是多方投入,形成规模。这也是已经积累的一个优势,进一步应该研究怎样调动方方面面的积极性。二是市场推动,形成影响。这里面有两个最大的影响:一个是20世纪80年代的慕田峪长城开发,一个是1995年的世界妇女大会。三是历年积累,形成经验。比起其他地区,怀柔的旅游发展积累了不少经验,这也是一个重要资源。四是区位条件,形成优势。

2. 现存问题

一是重复建设比较多。重复建设的问题要体现在两方面,一个方面是培训中心,这个重复建设与否无须考虑太多;另一个方面是农民办旅游,这个体现得比较多,因为农民办旅游是农民自己勒着自己的裤腰带办起来的,所以要多加考虑。比如现在养虹鳟鱼的鱼池大约有220个,而且养鱼本身也比较慢,只要能够维持下去就算不错,但这容易影响到怀柔的总体旅游形象,影响到客人的感觉。另外也包括一些外商投资和其他人投资的项目,也要考虑。现在都是市场行为,投资者投资的成败和政府没有多大关系,只要有钱进来对政府就有好处,但是假如投在怀柔的项目投一个失败一个,这对怀柔旅游长远发展的形象也会有影响,所以也不是一点关系都没有。

二是拳头产品少。现在所形成的拳头产品是在怀柔旅游业格局之内的拳头产品,摆在北京这个大盘子里就很难显出来。下一步发展要注意培养形成真正的拳头产品,只有这样才能真正吸引到游客。

三是文化含量不足。现在所反映出来的规律性现象是:投资者本身文化素质比较高,这个项目的文化含量就很高,如果投资者本身素质比较低,那么这个项目的文化含量根本就谈不上。正因为如此,所以有一些项目变成了一种农民的审美眼光和农民的审美趣味的放大,一看就知道是农民的东西,而且是农民在现代环境下产生出来的不伦不类的东西。如果把这种农民的审美眼光和审美趣味放到一个旅游点甚至一个旅游景区,无论最初是否能产生效益,最终的结果都是难以长远发展。

四是优势和弱势的转化。怀柔真正在旅游方面的优势:第一叫做原来的区位条件不错,离北京近,而且又是通承德的必经之路;第二是发展早了一步,如果说慕田峪长城的开发不是在1982年,就不可能形成怀柔旅游今天的好局面。发展早了一步把一系列的东西都带起来。但从现在来看,有些因素在转化,以往的一些优势已经难以再称其为优势了。

3. 发展趋势

第一个是市场多元化,大家在认识上是比较清楚的,但在操作和把握上还不到位;第二是产品的多样化,产品的多样化也是大势所趋,尤其是对于怀柔这样的旅游发展情况来说,必须研究这个问题;第三是竞争的白热化,现在京郊各县包括河北环京津各地都很重视旅游,都在积极地发展旅游,一定程度上加强了竞争的激烈程度。

(三) 怀柔旅游业的定位

1. 功能定位

首先是经济功能,旅游业成为怀柔经济的支柱产业应该说是毫无疑问的,不光从现状,从发展的角度来说更应该如此。进一步来看,发展的问题就是一个优势的比较问题。尤其是在市场经济条件下,不仅是资源丰富的比较问题,也是旅游业和其他各个行业相比应摆在一个什么位置的问题。这个比较问题还涉及第二个比较问题,即怀柔的旅游业在北京郊区应该摆在什么地位。从京郊的角度来看,应该定位为京郊带头产业或京郊龙头产业。再进一步还包括北京各个郊区县的产业分工问题,这个问题从怀柔的角度来说可以研究,而且研究的结果对怀柔的发展也是有利的。从现在来看,京郊各县分工按自然规律是城区和近郊区水平分工,因为发展水平差不多,所以可以在同一个层次上谈分工问题。但是,城近郊和远郊区就不是同一个层次,而是形成了一个垂直分工,所以很多城市近郊区里的工厂转移到远郊区,污染企业转移出来,原材料工业转移出来,这都是垂直分工造成的结果。类似这样的问题也会涉及怀柔的经济,即怀柔的总体经济在这个过程中应该怎样来看,一种是把它当机遇,接过一大批污染产业、原材料产业,看起来眼前有所发展,但是长远来看,会从根本上把怀柔的旅游破坏掉。所以,要努力参与北京市的水平分工,而不能被动消极地接受垂直分工。

其次是在京郊的分工,按照北京市的总体发展要求,应该重新配置资源。在自然发展过程中,这个格局已经形成了,大家都在研究自己的优势,发挥自己的优势。比如顺义,以北京市区范围的扩大形成了房地产开发为主的局面,但这个浪潮到不了怀柔。比如昌平,随着昌平高速公路的修通,现在很多科教文化在向昌平延伸,很多大学都迁到昌平去了,这个优势是我们所没有的。再比如延庆提了一个冷凉战略,大兴提了一个绿甜战略,这都是发挥当前的优势积极参与水平分工的结果。这样就涉及怀柔了,怀柔旅游是具有综合性比较优势的,是可以充分发挥出来的。而且发挥出来之后,不光是一个支柱产业的概念,在某种程度上要进一步研究"旅游立区(县)"的问题。古书上讲,怀柔是"怀者来也,柔者安也",先是来人,再是到这里就安,这就是真正的旅游。所以说,怀柔的优势就是怀柔自身。但还要考虑一个战略性的问题,即怀柔和密云联手的问题,怀柔和密云如果联手突出旅游,在北京目前总体的又一轮分工的重新配置过程中就有了自己位置。现在资源、资产、市场等一系列的概念应该转变了,这一系列的东西转变过来,才可能在新的基础上形成新的思路。从京郊的角度来说这是一个重大的战略问题,而且不光涉及旅游。

第三个功能问题是在全市总体发展过程中的多功能体现。也就是怀柔做到一定程度,尤其是在旅游方面,对北京市来说是立功的。概括来说叫做以经济功能为主,多种功能并进,或者说把旅游培育成为新的国民经济增长点,如果从经济增长点的角度来说同时还有很多个点,形成一点为主、多点并进的格局。这些点大体有六个:一是社会发展点;二是环境优化点;三是文化促进点;四是国际合作点;五是区域协调点;六是生活质量提高点。

第四是在全国旅游业里的定位。要进入全国旅游百强的前列。

2. 市场定位

市场定位包括四个层次:一是北京的市场,北京的市场又分为高档的市场、中档的市场和大众的市场,我们的产品要搞市场定位就要把市场分出层来,甚至把市场从层的角度进一步细化到簇的角度。二是京畿市场,北京附近(包括天津、河北)自古就称作京畿之地,包括其他的区县郊区有三百万人口,而且现在都是富裕人口,都有很强的消费能力。三是国内市场,即北京的流动人口,既有流动的旅游者,这是主要的,也有其他的流动者。四是国际市场,国际市场也包括两部分:一部分是海外旅游者,另一部分是常驻北京的海外人士,这部分的市场现在越来越大,像周六、周日三渡河河沟里的老外,他们来干什么呢?开车来了坐一坐,找本书看看,吃点野餐就回去了。这就说明现在这部分市场已经自发地形成了,如果我们加以组织、引导,再把服务满足上去,就会转换成效益了。

从京郊旅游的特点来说,最重要的是回头客,即努力提高这几个层次的市场到怀柔的复游率,这是我们所追求的一个目标,达到这个目标是可能的,关键是达到多少,这也是度假市场的一个特点。观光客一般都是一次性的,不可能回头,比如说慕田峪长城,一连去三次是不可能的,可是到雁栖湖连去三次是可能的。这就说明不同的市场、不同的产品有不同的对应方式,可是从总体定位来说应该追求复游率的提高。复游率提高了,也就意味着上述四个层次的市场是可以无穷尽开掘的。如果只从观光旅游的角度来说,这个市场就不是无穷尽的,或者说这个市场的容量是有限的。

3. 产品定位

产品定位包括两种定位方式。一种是品种的划分,品种的划分就是休闲、观光、会议、生态、特种、商务等。从这个角度来说,怀柔旅游业目前产品的品种大体上还可以,但是形象鲜明、定位清楚没有做到,产品特点突出也没有做到。另一种是从质量角度来划分,从质量角度划分旅游产品大体可以划分为四类:普品、特品、绝品、精品,特品和绝品绝大部分是资源垄断型的,但是精品不同,任何产品都可以做到精品。所以从这个角度来说,怀柔可能没有绝品,特品应该创造出一些来,精品是追求的目标,即使大众化的产品也要达到精品的水准。

4. 整体形象

参照各地的经验,一个地方旅游总体形象的塑造应该达到三条标准:第一是综合性,像山东曾经提出来的口号是"一山一水一圣人",广东是"五彩缤纷广东游";第二是复合型,综合性是从横的角度来说,复合型是从纵的角度来说;第三就是通俗化,朗朗上口,让人听了就记住,因为这是一个市场形象,相当于产品包装,所以太雅了老百姓听不懂,听不懂就没有用。我们可以把唐诗搬过来,但不合要求。比如"怀者来也,柔者安也"就很好,这个话可以作为怀柔的旅游精神,但不能当做市场形象推出来。

(四)若干发展建议

1. 抓好薄弱环节

第一个方面是从产业结构角度来说,行、游、住、食、购、娱这六要素对怀柔来讲基本上已经完备了,但是需要全面提高。另外还要把一些重点的东西进行发展,比如到怀柔来,除了采摘的季节客人几乎带不走什么东西,没有地方特色的工艺品、纪念品,更谈不上精品之类的东西。再有就是娱乐方面也不足,娱乐不能只理解为卡拉OK和桑拿,有些需要进一步的研究,比如创出一台有怀柔特色的歌舞,这种歌舞形成长效型的产品,凡是来怀柔的游人都看,的确有怀柔的地方特点。

第二个方面是从产品结构的角度来说,需要开展精品工程,精品工程和形象工程是连在一起的。精品工程还需要进一步细化,进一步研究,至少让北京市民都知道怀柔哪几个景点是最好的,在大北京比起来也算是精品,怀柔有几个宾馆和培训中心也是蛮有特点的,要形成这样的一个市场形象,即到怀柔什么都行,最高层次的要求到怀柔能满足,大众化的要求到怀柔也能满足。

第三个方面是社会联动,全面发动。从现在来说,除了政府的各个部门进行支持之外,还有一点就是怎样发挥多方面的积极性,大体包括三个:一是培训中心,这些培训中心投资已经下来了,但经营方面都有些问题,他们有困难的时候也有积极与旅游局合作的时候。现在培训中心多数是中央和北京单位,可是如果从总体形象、总体发展的角度来说完全可以把他们纳入,而且纳入之后等于和中央及北京各个单位的关系进一步协调了,这就是一个很好的发展力量;二是私人投资,私人投资现在已经有一些了,下一步还会继续增长;三是乡镇办旅游、农民办旅游。所以,除了现有的工作基础之外,这三个方面的力量如何达到联动,就要靠政府部门从总体形象的塑造、总体形象的宣传和总体的市场开拓这些角度着眼,我们把这个大旗立起来了,各个方面都会跟着我们走,这样,总的发展格局就不同了,就会起到一个全面拉动的作用。

2. 形成合理格局

这是一个总体布局的问题。形成合理格局在形象上要突出一下,因为怀柔的地形总体来说是一个哑铃形,可以考虑南部叫做休闲乐园,中间叫做中部百里画廊,北部是生态高原,这是按照怀柔的地形和已经形成的格局的一个说法。现在走在路上感觉非常枯燥,可是仔细看看并不枯燥,但好多地方缺乏提示,缺说法。到一个地方,石头上刻着某某某,马上就引起你的注意。比如这里刻着"百里画廊",马上就会引发旅游者的兴趣,百里画廊上都有什么呀?一路上不断有提示,效果就截然不同。这花不了多少钱,但需要一套整体设计,整体设计有了,中间的一些景点也就串起来了。所以,它既是形象工程的一个组成部分,实际上也涉及到总体合理布局的问题,还涉及几个地方在市场和产品上的分工问题。这样来看,平原地区应该重点发展旅游农业,旅游农业包括三个层次:第一个层次叫做种植经济,第二个层次叫做观赏经济,第三个层次叫做采摘经济,采摘经济不局限于平原地区,山区也如此。比如平谷就搞了一个金秋十月采摘节。浅山区主要是观光旅游,深山区是生态旅游和特种旅游。

3. 推动全面创新

全面创新首要的问题是创新意识的问题。说实在的,创新意识很难形成,现在各个景点、景区和一些旅游企业觉得这一套已经运作起来了,生意还可以,为什么还要创新,创新的动力何在?创新的观念能不能形成?这是一个前提性的问题。

第一是产品的创新。产品创新应该提要求,而且应该在工作中具体地部署下去,现有的每个产品都要逐个设计,重新包装上市。比如,西洋参在怀柔已是一个产业了,假设组织"西洋参之旅"就可以说几句话"观栽种,品正宗,得健康,乐其中"。仅这几句顺口溜就让人感觉西洋参之旅有一个重新包装。再比如二百多个虹鳟鱼池,假设组织一个"虹鳟鱼之旅",也可以编一套"观美景,钓鲜鱼,得悠闲,品自然"。同样的东西加上一个说法就不同了,文化品位就上去了。如果每一项产品都有一套说法,而且是很成体系的说法,整个怀柔的旅游形象就不同了,这就是现有产品如何创新的问题。

第二是有些产品要逐个细化。从京郊环城市度假带这个角度来说,所说的细化不是一般性的观光旅游的细化,这里边必须要融入生活,有些事情现在已经有了,比如怀柔的画家村和教授村,这两个实际上已经开了一个先河,都是新的事物,这反映了现在社会这方面的需求正在逐步成熟,而且他们都是自由职业者,都是知识经济里成功的人士。从这个趋势来说,可以进一步进行引导,比如进一步形成建筑师村、体育村、文化村、律师村等,既然画家村和教授村能形成,就说明这方面的社会需求是普遍的,而且在逐步成熟。但是首先在总体规划里要考虑这个问题,并逐步加以引导,创造条件,自然形成的东西是最有生命的东西,政府强捏的很难实现,可是在自然形成的基础上进一步引导一般都会成功。比如"生态社区"的问题可以说成"专业旅游社区"。"专业旅游社区"不是大尺度的,而是一个村一个村的概念,我们可以设想一下,怀柔如果形成十几个这样的专业村,专业村本身就是景观,就是巨大的旅游资源,就有巨大的市场吸引力,等于让旅游者自身来帮我们创造旅游资源,这是一种复合的效益。

4. 提高文化含量

一是围绕总体形象,形成总体文化。这里最关键的一点是要突出人本主义精神,即一切围绕客人的需要出发。二是以景区文化为重点,形成统一氛围。这是现在最令人担心的,比如雁栖湖,从经营方面来说是不错的,但从文化的角度来说不敢恭维,基本上是一个拼盘。随着市场的逐步成熟,旅游者的品位越来越高,对雁栖湖也就慢慢地不满足了。因此,我们每一个景区都应该考虑景区文化的问题,各个景区协调好了就会形成统一的氛围。三是以细节文化为突破口,提高文化含量。比如现在很多地方,一进洗手间就看到一张漫画,让你一边方便一边看着漫画,很有意思,这就是一个细节,就是洗手间的文化,大家都觉得非常精彩。文化的问题在怀柔普遍存在,这既不符合怀柔的特点,更不符合发展的趋势,尤其是旅游城市在各个细节方面总是给人这样的感觉更是不行。现在有些细节已经不错,比如路牌标志很鲜明,但也有很多细节不足,只有把细节补足了,这个地方的文化含量才会自然而然地提高。景区、接待设施以及整个城市等方方面面都有这些细节的问题。四是以追求极致为目标,不断开展工作。无论什么事情,只要追求极致,就会上升到艺术的境界,在文化方面可做的文章是无穷尽的。旅游的前提是现代需求,现代需求追求的就是文化,最好不要搞不伦不类的东西,要做就是"洋要洋到家,土要土掉渣"。类似这样的问题说到底就是要追求一种极致,把它当成一个长远的目标,在各个方面都体现出来。这些当然也涉及总体文化素质的提高问题和城乡建设规划的文化性问题,涉及城镇建设规划和旅游规划的结合问题。

5. 开展资本运营

大体上有三个方面:一是作为县域经济总体如何招商引资,如何培育资本市场。二是要发展旅游集团,可以引进一些国内大的旅游集团和工业性的集团到怀柔来进行集团化的发展。三是积极创造条件,在资本市场上市。现在一讲发展就是没钱,实际上就目前来看,钱不是第一位的,第一位的是有没有市场,第二位的是有没有好的项目,这两条有了,钱自然也就有了。因此,在这些方面的思路也需要调整一下。

六、平原可做大文章——北京大兴旅游发展思路

(一)大兴旅游简析

1. 现在北京的旅游市场到底缺什么

大兴提供的产品对应的市场就是北京,而且主要是1962万(2010年)常住人口。只是对于这1962万常住人口,需要把它分出层次,就是研究如何用细分化的产品来对应细分化的市场。1962万人的市场只有一部分是大兴的。这一部分如果把握准确,就够大兴发展了。用不着从世界说到全中国,从全中国说到全北京,挖空心思找客源。

要对应市场,就要研究自身的长处和短处,这涉及一系列思路问题。北京不缺皇家文化,不缺高楼大厦,缺的是良好的自然环境,是休闲生态一类的产品。大兴就需要把生态、休闲的文章做好,其他的可以做,但是不必大做。北京三千多年的建城史,几代首都皇城,历史、文化的东西太多、太厚重。大兴再怎么做,与北京的皇城、十三陵、八达岭、天坛相比,也只是一个边角,永远不会成为主流。这些文化文章、历史文章,不是也不能是大兴的主题。所以,应该研究这个市场缺什么?它缺乏的就是要做的。这就需要扬长避短、扶优汰劣。这是一个总体思路。有些文章可以做,不必大做,有些文章必须大做。这都是研究市场时需要探讨的问题。

2. 周边竞争问题

多年以来,北京郊区的旅游发展态势良好,大体上分为三个层次。第一个层次是延庆、昌平、怀柔,旅游现在已基本成为一个主体产业,产业规模较大,市场品牌也已树立,变成了大家都愿意去的地方。第二个层次是密云、房山、门头沟,这些地方现在发展势头很猛,而且其本身传统资源较多。第三个层次是几个平原地区,顺义、通州、大兴,这几个地区从传统旅游资源来看,没有什么拳头性资源,也没有足以在市场上形成品牌的东西。因为平原无山无水,就是一片地。多年以来,这些地方旅游发展较慢,也是有客观条件的。

正因为如此,需要重新研究旅游市场的需求在发生怎样的变化。现在旅游者在逐步成熟,消费的兴奋点在逐步转移。最早的旅游者追求的只是多看,只是"穷旅游",没多少钱可花,只是要努力多看,这是以观光为主体的旅游模式。现在北京旅游市场已经基本超越了这个阶段,旅游市场从观光角度来说,追求的是个性,是看到最特殊的东西。比如很多人都没去过西藏,所以人们觉得到西藏观光也是一件很"酷"的事。另外就是追求休闲度假,这个市场在北京已经基本成熟。这就意味着,旅游市场的客观变化给几个平原地区提供了机遇。几个平原地区的情况也有所不同,比如,怀柔的城市化发展已经全面覆盖,已经没有农村的意义。通州保留了一部分农村,但是越来越少,大兴保留的相对较多。所以针对旅游市场的需求,大兴现在的优势反而充分。从这个角度来看,对大兴旅游的发展应该充满信心,这个信心不是建立在传统旅游需求的基础上,而是建立在新兴旅游需求的基础上。

3. 市场逐步成熟

近年大兴旅游的快速发展既有工作努力的原因,也反映了市场逐步成熟的过程。不过,客观地看,大兴旅游的人均花费还比较低,旅游的模式还基本上是"一日游"的状况,一张门票、一顿饭,再加上一瓶矿泉水。也就是说,市场需求虽然在变化,但是现在对应需求的,还是初级产品。客人停留时间较短,花费较少。

如果进一步探讨深层次原因,大兴现在的旅游状况叫做"满天星星、没有月亮"。看图上景点不少,远远超出设想,可是没有一个品牌产品。野生动物园算是大兴比较有名的产品,但是八达岭还有一个野生动物园,现在全国共有十多个野生动物园,大体上是同质化产品。野生动物园这种产品本身就有同质化的一面,重点是看能不能做出一些特色来。至于其他的产品,就更需要研究特色的问题。

现在大兴旅游的定位是两句话,一个叫"绿海田园",一个叫"都市庭院",表述不错,但都尚未形成成熟的产品。大兴西瓜节是一个品牌性的节庆,举办了56届,但是不为人知。大兴的田是没有问题,却很难让游客形成"绿海"的感觉。去看野生动物园,走高速公路不久就到,所以往往形成的印象是有"田园"而无"绿海"。如果行程中再能看到蓝草坪那样的大片绿地,"绿海"的感觉就突出了。"都市庭院"给人的感觉是有"都市"没有"庭院"。一路走下来,房地产开发很火,都市的感觉很强,但是庭院的感觉并不突出。如果从比喻角度看,相比北京大都市,大兴是一个庭院,但其内涵也显得不足,需要稍做调整,"化虚为实"。如果在大兴做出一批庄园类的产品,"庭院"的概念就成立了。大兴下一步的发展,需要一批庄园类产品,而且这批产品可以和现有资源很好地结合。世界上最高档的葡萄酒,都叫"庄园葡萄酒",如张裕葡萄酒公司的顶级产品就叫"卡斯特庄园"。如果我们盛产葡萄酒,同时附设一个酒庄,形成庄园葡萄酒的概念,就是庄园之一。再者,可以在其他地方真正造出一批庄园。有一次到英国参观了"丘吉尔庄园"。"二战"时期英国的首相丘吉尔,出身于一个大家族,他的家族就有一个大庄园。这个大庄园首先是有一个古堡式的庄,然后有大片的园。直到现在,他的家族还在那儿住着,只是有一部分对外开放。看完那个庄园,你才能感慨、才能震惊,才能知道人家的历史多厚重,文化多深。

(二)大兴旅游要有新认识

1.重新认识旅游资源

大兴的总体定位没错,但必须把这两句话转化到现场的感觉上,转化到产品的概念上。按照现在的情况,就需要研究,大兴应该培植什么样的重点产品,能不能形成拳头产品。因为这涉及资源开发的问题,就得研究什么样的旅游资源是大兴的优势资源。

总体来说,旅游资源就是能够对旅游者产生吸引力,使其前来消费的所有要素。从这个旅游资源的定义出发,第一个"三",是旅游资源有三类,即观光旅游资源、度假旅游资源、特种旅游资源。大兴旅游资源的不足,是传统的观光性的旅游资源不足,但并不意味着度假旅游资源和特种旅游资源缺乏。第二个"三"也是三类,即自然旅游资源、人文旅游资源、社会旅游资源。大兴的旅游资源是传统的观光类资源不足,尤其是人文旅游资源不足,但是社会旅游资源,尤其是生态旅游资源很好,度假旅游资源很好,这是大兴的优势所在。不足的资源不必研究,需要研究的是大兴的优势。把生态旅游资源、社会旅游资源、度假旅游资源加以挖掘,形成产品,才是真正的扬长避短的战略。

大兴下一步的旅游产品开发重点就是这三块。第一是生态资源,把这块做到位。第二是社会资源,需要大力挖掘。社会资源包括工业旅游资源、农业旅游资源、会展旅游资源、科教旅游资源等,最主要的是把这部分资源转换成产品。在这两个基础上,更多的要做度假旅游、休闲旅游的文章。现在这个转换的雏形已经出现,比如星明湖度假村,就是结合大兴的旅游强势资源所形成的一个产品。虽然现在还是一个初级产品,尚不完善,但是至少反映了市场的变化,让我们更加明确要不断推出新的产品来对应这个变化。北京周边也有这样类似的度假村,而且有的度假村经营非常成功,比如九华山庄。这并不意味着大兴不可以做这样的产品,不存在互相抵消的关系,这与前面所讲的野生动物园有所不同。休闲度假类的产品只要有自己的特色,照样吸引客人。

2. 大兴的旅游发展和"三农"问题

从发展的角度来说,必须把大兴的旅游发展和"三农"问题紧密结合,而且这个结合要做到一定的程度,要使它成为在全国具有典型意义的产品。也就是通过旅游发展,使大兴成为一个落实中央科学发展观的典范,落实五个"统筹"的典范。

现在大家都在研究科学发展观,尤其是五个"统筹"的落实问题。对于大兴来说,通过旅游来落实,是最好的选择。而且这和书记、区长的兴奋点完全融合。"三农"旅游的基本概念分为农业旅游、农村旅游、农民旅游三部分。农业旅游是一个产品,不管是民俗旅游点还是"农家乐",都是旅游产品的概念。农村旅游是一个区域经济的概念,通过农村旅游的发展,调整农村的经济结构,促进农村的全面发展。农民旅游是说农村不光是旅游产品的提供者和生产者,同时也是旅游的消费者,也是一个市场。有些地方农民旅游没有可能性,农民只能提供产品,不会变成消费者。但是对于大兴,北京的近郊农民旅游的条件已经成熟。

所以"三农"旅游符合大兴的需要,符合科学发展观的落实要求,也能够对应大兴的实情,同时能够使领导充分地兴奋起来。其目标就是,做成一个全国典范,这就需要研究如何互动的问题,五个"统筹"首先要研究城乡的统筹。

(三)重点项目的分析

1. 古桑园和次生林

北京的城市化发展到今天,还能保留这么一片地,本身就是一件难得的事情,甚至可以说是一个奇迹,这片地应该成为北京市场的一个亮点。这片地怎么处理,总的原则是少开发、多利用。因为它的价值就在原生状态上,如果在里边建设出若干高楼或者若干院子来,就把原生状态破坏了。可以在次生林的外边设一个自驾车营地,北京市民把车停在这儿,然后进次生林。里面尽量少搞建设,只是用来看。各种活动,比如烧烤、歌舞等都在营地内进行。这种方式既能发展旅游,又能使次生林得到很好的保护。保护得越好,原生状态越充分,吸引力越大。

2. 庄园

庄园里的经营内容和深层次的文化内涵必须按照洋派去做,这样才是真正的庄园。不能弄成山西乔家大院那种类型,乔家大院是用来看的,不是休息之用,而庄园的核心就是休闲。实际上休闲庄园和房地产,与其他各个方面的优势,都能够有机结合。比如,亦庄是工业开发区,可以做成一个工业性庄园,这个工业性庄园就是按照现在的工业文化的理念来做。比如生物工程和医药产业基地,可以做一个生物工程庄园。庄园是有主题、有文化内涵的,但是核心的经营内容都是休闲。而且这样的庄园具有多功能,不光是一个休闲场所,还可以容纳会议等功能。把庄园的品牌做出来,"都市庭院"的定位才能真正立住。如果大兴最终形成了七八个,甚至十几二十个各有特色、各有主题的庄园,大兴的品牌也就树立起来了。

这样就需要研究如何充分挖掘、充分利用社会资源的问题,就需要出题目引导市场,包括引导投资商,再者还需要做出比较详细的策划,拿出具体方案,尽量和现有的东西紧密联系。

3. 团河行宫

团河行宫没有必要全面复建。如果只是复建成一个观光点,更没有必要,也永远比不上承德避暑山庄。历史上避暑山庄加上外八庙,那是清朝的战略性举措,是为了维护全国统一,也是为了维护清朝的八旗,使八旗子弟不会过于堕落而花大力气建设的。可是团河行宫在当年,只是一个供皇上赏玩的地方,更何况现在团河行宫的自然环境已经没有了。原来200多平方公里的湿地如果现在还保持,倒是大宝贝,但是现在没有了。如果把它复建,就不能只是一个观光点。行宫就是皇帝的庄园,可以把它作为一个大庄园来看待,成为大兴庄园的核心品牌、拳头产品。但是不用指望它成为第二个避暑山庄,达不到那种效果,因为无论怎样,它不是一个真正的文物,而是一个复建的文物,一个仿古建筑,一个赝品,赝品做到一流也还是赝品。但是复建有一个好处,就是能在功能上进行全面调整。这就意味着,在复建的过程中要把功能考虑好。可以让它变成一个多功能的大庄园,这种多功能可能保证它在经济上的成功,也有可能形成一个文化品牌。

重点是上述几个方面,其他的也可以做。但做事情要分清轻重缓急。轻重是如何布局的问题,缓急就是开发的时续问题,就是先做什么,后做什么。把轻重缓急弄清楚了,大兴旅游的总思路就形成了。

大兴旅游发展可以将苏格兰作为重要的参照对象。苏格兰的乡村旅游已经在世界形成品牌,就是具有极好的自然环境,极佳的生态条件。游客到了苏格兰的乡下,就是大片的树林、大片的绿地、清澈的河流,让人流连忘返。除了这些,它什么都没有,可是形成了品牌。贵州做全省的旅游发展规划,请了世界旅游组织的专家,主体是苏格兰专家。他们在贵州倡导乡村旅游,而且划定了一片区域,黔东南的八大河流域,争取把那儿建成中国比较典型的乡村旅游目的地。当然,黔东南的自然山水是大兴不能比的,但是乡村旅游的概念可以延续过来。核心体现就是庄园旅游,天然次生林也是一个体现。

七、产业新兴,文化新起——北京西城区旅游发展思路

西城区位势重要,是北京的老城区之一,又是党中央、国务院所在地。另一方面,西城区的经济很发达,实际上西城区现在的主体经济是金融业,其次是文化和服务业,再次是房地产业。这和北京其他地方不同,比如朝阳区产业结构中居于第一位的是房地产业,所以西城区的产业结构总体来说就是以三产为主的产业结构,这是一个典型的城市产业结构,一产肯定没有,二产也几乎没有,顶多有点家庭手工业,而三产里边又以金融业为主。

(一)西城区现有旅游产品的两个形成途径

1. 市场自发形成

西城区很多的旅游产品是靠市场自发发展起来的,比如北京胡同游,那是徐勇做起来的。笔者1980年就曾写文章提出西城区旅游的核心是胡同游,但

是当时没有提具体的载体,也没提相关操作方式,所以也就是提出一个思路而已,当时主要提出的是把一些胡同、四合院、旧民居当做旅馆来开拓,做一个置换;再比如像北京的798,这完全是艺术家自己弄起来的,一开始政府还要拆迁,后来因为成了气候了政府也不敢拆了。

2. 政府相关建设

(1)中央部委进行的建设

比如像国土资源部的国家地质博物馆,比如像鲁迅故居等,这些都是国家多年做下来的,但在市场方面动静不大。

(2)北京市、区政府进行的建设

比如像历代帝王庙,是由西城区政府、北京市旅游局重点建设起来的,不仅把原来的159中学整个搬迁了出去,并对历代帝王庙进行了恢复,花费了几个亿的资金,这是很大的一个工程,也是花了很大精力的一件工作;再比如妙应寺白塔,把白塔前边的一个五层楼全拆掉了,使整个白塔全部露在街面上。这些工作都是下了很多工夫的。

(二)西城区旅游策划理念

1. 题目

必须要给西城区构造出一些大题目,把西城区已有的资源构造成能够在市场上进行营销的产品,这些大题目构造出来后西城区也就知道下一步的旅游怎么发展了。这些大题目不是建设性的题目,建设性的题目提了也没多大意义,北京等这类古城再提建设可能就会造成破坏,所以我们主要是提活动性、市场性的题目,而且这种题目能够形成品牌,能够形成市场影响。这个总的题目就是西城区旅游满月工程策划。

2. 策划综述

策划的指导思想主要包括以下主题:

(1)西城品牌的塑造。这是从远期目标来说必须围绕的一个中心。

(2)更高层面的资源整合。所谓更高的层面就是北京进入世界级城市行列,在这个层面上研究西城区的定位,研究西城如何进入,然后再强调以科学发展观为指导。

(3)全面展示现代北京,深度体验古老北京。老北京有一句话叫"东富、西贵、北贱、南贫",这句话实际上客观地来说就反映了过去不同市民阶层居住的不同区域,从而在区域上形成了各自的文化,现在这种区域文化也在一定程度上存在,所以西城区的文化核心就是一个字:"贵"。"贵"我们要做多种解释,之所以"东富西贵"是因为西城区在历史上居住的贵族多,历史上是这么一个贵,但现在这个"贵"应该是一个"高贵"的贵,体现了一种高贵,进一步体现了一种高雅,体现了一种历史和现代的结合。这个"贵"我们还可以再解释,把这个"贵"弄出五六个解释来,甚至十个八个解释来,把这个"贵"文化解释透,"贵"文化解释透了就为下面这些活动和具体方案打下了一个文化的基础和做了一个文化的铺垫。

(三)西城旅游新项目

1. 阜景中央文化区

一般叫阜景一条街,具体就是从美术馆往西,美术馆、北大红楼、紫禁城角楼、景山、北海、故宫这么一路过来,然后是教学堂,一直到现在说的历代帝王庙。当年老舍先生曾经说过一句话,从沙滩到阜成门是老北京最美的一条路。到现在为止,这条街大体上也还可以说是最美的一条街,因为现在破坏得还不是太大。从发展的角度看,这一条街不应受行政区域的局限,而应往两边延伸,从阜景一条街衍生成为阜景中央文化区。

从现在来看做出来的可能性是很大的。一个原因是这条街的两边还有很多胡同和老房子,这就使它有延伸的余地;另外还有一些旧的东西可以进行整修和挖掘,这类东西还有很多,也很有味道。例如西四北头条到北八条现在是北京29片保护街区之一,这八条胡同里边的四合院非常好,胡同也很完善。所以要把阜景按照一个文化区的概念来研究,而不简单用一个文化街的概念来研究,因为作为一条文化街太长,这是文化长廊了,而不是文化街了。作为文化区的好处在于晚上的住宿和白天的游览和深度的文化体验是能够完全结合在一起的。另一方面在北京叫中央文化区的概念是很准确的,它不仅是一个城市的中央,北京本身就是国家的中央,所以阜景中央文化区这个概念完全是可行的,这一概念同时要求我们不仅要研究资源怎么进行整合,还要研究怎么形成大活动,而且这些大活动还要有针对性的客户和活动方式。

2. 什刹海

什刹海的定位是中央游憩区,现在客观来说已经形成了,只不过现在什刹海中央游憩区还有一定的局限性。第一个局限性是地理位置局限在前海、后海的边上,第二个局限性是现在只满足于酒吧餐饮等消费方式,其他的花样没有,所以也在搞烟袋斜街的整治。这么好的什刹海应该做成一个大市场,做成一个大什刹海,这就等于这一片区域统统整合起来,从东边到钟鼓楼,从北边到二环路,从西边基本上是到新街口,从南边到北海后门,这么一个区域构造一个大什刹海的概念。这样一个大什刹海的概念就是一个完全意义上的中央游憩区,同时还可以舒缓一下什刹海的紧张状态,也可以在一定程度上缓解什刹海目前业态单一的问题。同时,这样一个中央游憩区还可以做成全国第一的产品,一定意义上甚至可以做成世界第一的产品,这不是没有可能。就国际上的一些大城市来说,在城市中央有这么一片有水的区域,而且现在还能保留这么一种状况极其难得。古人在城市规划中把整个北京规划得方方正正,并且在生活区的考虑上也十分周全,前三海、后三海,一直到中南海,整个这一片都规划为生活区域,所以什刹海在历史上确实规划得很好。

什刹海这个地方历史上典故很多,比如从元大都开始,大运河的运粮船一直到德胜门和什刹海,所以什刹海当年的景观叫做万船齐聚,直到宋朝时运河还做过宋军的主要粮道。所以什刹海这篇文章可以大做特做,第一是区域做大,第二是内容做大,第三是活动做大。什刹海现在已经有一些实实在在的东西了,所以关键在于在这个基础上怎么提升的问题,其核心是做大,就像上海的新天地。

3. 中央金融区

复兴门中央金融区已经建设了多年,投资了几千个亿,这一块的核心不是说我们怎么去改造银行,银行前边有一条步行街,步行街前边有一条绿化带,这一条绿化带已经很注意对金融文化进行体现,各种货币在那儿都有。中央金融区要做的文章第一是金融文化,它现在已经有意识了,第二是金融品牌,第三是要研究金融家的活动,要策划吸引各地金融家到这儿来活动。这个金融区要扩大,以铺天盖地的小旅游支撑顶天立地的大银行,或者叫铺天盖地的小休闲来支持大银行。

4. 中华旅游街

这个构想原来有一些基础,在西单文化广场旁边有个大厦曾经经营过一个北京旅游超市,后来做失败了。实际上其失败的根本点在于其做的是旅行社的一个超市,但旅行社恰恰最不需要超市,因为旅行社的产品具有同质化的特点,价格的差异化也很小。如果搞一条中华旅游街,情况就不同了。这个中华旅游街的核心是把各地的景观搬过来,把各地的餐饮搬过来,这一条街聚集了中国主要旅游地区的特色,例如在这儿开餐馆,在这儿开工艺品店,在这儿开什么都行,同时经营旅游。比如,中午卖的是大理的菜,下午就卖大理旅游,晚上又卖大理菜,再到夜里有大理的歌舞表演活动。这套思路的好处是,从经营者来说可以以比较低的成本来有效地维持住自己的经营,从消费者来说是实实在在看到了活的东西,体会到了活的东西。如果以西单文化广场为起点,拉出一片地方来,在这片地方找一个胡同,找一个没有保留价值的胡同,通过这种方式把这个胡同开发出来。进一步还可以举办一个世界旅游节,这样这条街本身就构成一个旅游吸引物,大家来了看得热热闹闹的,吃喝玩乐什么都有了,相当于在这儿有一个预演,预演完了我就在这儿预订,预订完了我就出动旅游去了。中华旅游街的发展其实并不是非常难的事情。第一个营销对象是各级政府,政府都有促销费用,这条街就是各地旅游营销的窗口;第二个营销对象是吸引北京市民和到北京的各类人等,你想到中国来玩你先在这儿演习一遍,所以这样就把供、产、销紧密地联系在一起了,这事找个胡同就行,或者找个小街道,不必找完整的四合院、古街道。

5. 白塔寺中国南亚论坛

这一项目的立论基础是白塔寺是尼泊尔的一个工匠设计的,有名有姓,有历史有传承。白塔寺从建筑设计文化和国际文化标准来说都是非常成功的,现在中国和东盟来往很密切,下一步必然是与东南亚和南亚的交往问题,特别是南亚问题,关系到中国的战略。首先,印巴问题始终是中国的一个难题,所以就需要进行相关沟通。其次,印度现在也是一个崛起的大国,将来和中国的关系也会越来越复杂;最后是中国的中东石油进口,现在经印度洋,然后经马六甲海峡过来,一定意义上等于是我国能源的脖子让印度人卡着。我们也想能不能从缅甸那儿弄一个输油管过来,这样就不必绕印度洋,绕马六甲海峡,从缅甸直接过来,另外还涉及与斯里兰卡、孟加拉等国家的关系。

因此,在白塔可以举办一个中国南亚论坛,这个题目本身是国家级的题目,如果西城区提出来,可以先从论佛教的国际交流,再到文化交流,一步一步发展。

6. 百家论坛

现在百家论坛那么火,而且百家论坛基本是帝王论坛,所以要把历代帝王庙利用起来,和中央电视台百家讲坛进行合作,具体合作方式咱们可以提,这也是个具体项目。

7. 王府宅院

王府宅院是一个更大的题目。"贵"文化的相关体现需要对以恭王府为核心的王府宅院进行深层次利用。目前西城区有五个大的王府，例如亲王府、晋王府，还有贝勒府等，目前有三个是办公场所，但是有些东西是可以研究转化的，相关转化具体可以考虑以下几点：

(1) 以恭王府为中心打造王府酒店群

要构造一个能真正体现中国历史上"贵"文化的产品，具体可以恭王府为中心，包括柳荫街、柏树街、大墙缝胡同、小墙缝胡同、护国寺街等，这一片区域给人的感觉很棒，当然现在已经喧闹很多了，但基本上还保持有历史上的贵族文化的感觉。可设想把中央音乐学院迁出恭王府，中央音乐学院占地不大，以文物保护的方式和名义迁出去难度相对会小些。

中央音乐学院迁出去以后空出来的地方有两种用途：第一，全面恢复对恭王府的保护，以前只是保护它的后花园，恭王府的府址就南边这一小片范围，但迁出中央音乐学院后可以使恭王府和恭王府后花园真正连为一体；第二，把中央音乐学院20世纪五六十年代盖的这些楼炸平重盖，或者改造，建设一批真正的王府式的酒店，要达到悦容庄的那种水平和档次，守着恭王府这一批酒店才有真正的价值，而且恭王府酒店的题目还可以做大。现在恭王府周围有不少好房子。通过这样的方式来展现和利用以恭王府为中心的中国历史"贵"文化，其本质上就是历史文化、现代解读、传统资源、现代产品。

(2) 开发顶级四合院宾馆

要在西城区开发一批顶级的四合院宾馆，这批顶级的四合院宾馆具体应分为三个区：

第一，宫廷区。皇宫旅馆应该成为北京最高级的旅游饭店，按照旧时宫廷生活标准接待，仿效宫廷音乐戏曲等，要使一流的旅游资源发挥优势，有一流的生活服务设施，取得一流的效益。

第二，园林区。园林区在积水潭一带，风景依旧，其间庙庵甚多，这一片兴盛时有寺庙58个，现在还有11处，恭王府被誉为都中之都，在这里可以安排游客过现代的生活，可以开展相关文化活动，整个园林区的开发应以恭王府为中心。

第三，宅院区。宅院区是现在的胡同和四合院。笔者曾专门对北京的四合院作过调查，当时我一共跑了45条街道，717条胡同，涉及面积约14.5平方千米,民居 19810 处,宅院 299 处,四合院 3191 处,除了四合院外,还有准四合院、大杂院,涉及东城、西城、宣武等区域。胡同文化游已经成为全国很多地方学习的模式。北京有的大宅院占地达 20 万平方米,比如有个宅院由七个院子组成,共有一百多间房。宅院区的基本要求是既避开繁华的地方,例如王府井、西单等,但是住宅区又要相连。当然,还要设计出一个一个具体的方案,方案的具体内容包括怎么设计、开发什么活动、怎么来组织等。

8. 构建新西长安街

按理来说西长安街应该全面展示现代北京,这是一个非常好的产品,但目前西长安街的建设存在一个最大的问题是:楼都是孤零零的,建筑物之间没有规划,建筑物之间没有共生,建筑物之间只是对立。解决这一问题需要考虑一个比较好的方式,比如一个建筑群之间可以通过建设通廊的方式,通过城市一些休闲设施、城市建筑小品等方式把对立变成对话,使建筑群真正活起来,从而形成一个全面展示现代北京的产品,让大家到了那儿可以停下来。现在西长安街是让人停不下来的,因为它就是为汽车服务的,从来没有考虑为行人服务,而且目前西长安街已经没有多少行人了,除了到西单有一些逛街的人,就只剩下一个建筑群。这样的构造不需要多大投资,也可以考虑把西长安街分成几个区,比如西单附近是一个区,中国大歌剧院周围和附近是一个区,工商银行是一个区等,都可以考虑。总之是要通过一些不太复杂的措施使西长安街更人性化、更休闲化、更轻松、更有点人味,进一步挖掘和发挥相关建筑的功能,这对于建筑物本身来说也有益处。

比如新世纪大厦后边原来是三味书屋,有饺子一条街,还有音乐厅,都很有味道,现在这几栋大楼一盖使原来的味道和人性化全都消失了。现在三味书屋也没有了,原来那里氛围很好,还可以到三味书屋的楼上喝杯咖啡看会儿书;音乐厅也面临着发展的困境,国家大歌剧院建设完成后,音乐厅不知道该何去何从。随着城市的快速变迁,原来觉得比较稳定的建筑物现在产生了危机感,新建的建筑也有了危机感,需要通过方式调整,拓展新的发展空间。

9. 建设中国智库

中央国家机关林立于西城,这是又一个特大优势。随着社会进步,外脑的作用将越来越大,这就需要载体,选取合适地点,建设中国智库,吸引各类战略研究机构和类似于公关公司的单位进驻,将会形成又一亮点。

八、朝阳商务旅游与后奥运发展

旅游在朝阳区的地位并不突出。因此,论朝阳区的旅游就不能就旅游说旅游,我们应该认识到,一方面,旅游需要城市的发展,需要城市不断提升自身的各种能力,包括前面曾经提到的建设能力、投资能力、创新能力、治理能力等,另一方面,通过旅游也能激活城市、促进城市的发展,改善城市的发展。

(一)朝阳区目标调整

客观地来看,朝阳区现在在国内已经是一个经济发达地区,2000亿GDP,增长9%;197亿财政收入,增长13.3%。从产业结构来说,1:12.8:86.2,已经完全是后工业化的结构。但问题是现在的思路是不是调整到了后工业化的思路上,如果讲建设世界城市,思路问题恐怕是一个首要的问题。所以,结构性目标应该胜过增长性目标,要点就是产业升级、结构优化、社会进步、文化发达、政府良治,最终要达到民生幸福。其中,政府良治问题恐怕是全国最普遍的问题,但这又是世界城市一个前提性问题。所以,从这个角度来说,整体的目标都需要调整,这样的调整是一个长远的过程,但是首先是一个思路的过程。

(二)关于朝阳区旅游发展

朝阳区的旅游发展与全国其他地方相比,或者与北京其他区县相比,优势都不突出,主要是观光旅游的优势不突出。所以,客观来说,旅游在朝阳区始终不在位置。但这只是从传统角度看,朝阳区领导也基本上是从传统角度看。如果从新兴角度发展角度看,朝阳突出的是商务旅游优势,是城市休闲的优势,这基本可以在全国处于前列,在世界处于一流。多年以来,朝阳就是大地主,之后是大财主,下一步就是大业主。地主、财主的观念在朝阳区仍然是统治性的观念,但是进一步发展会有瓶颈,这种瓶颈既需要目标的调整,也需要一系列发展重心的调整。其中,旅游应该成为一个重心,也就是说要从大地主、大财主、大业主发展成为一个大玩主。这个大玩主有三个具体目标:第一个目标就是朝阳区要成为世界一流的都市旅游区,第二就是要成为中国第一的商务旅游区,第三要成为北京的新型中央休闲区。这样一个调整过程实际上对于朝阳区来说,在产业配置上,在发展方向上,乃至发展重点上,尤其是在整个城市的升级上,都会起到重大的作用。

另一方面,现在的重点不在于朝阳要做多少项目,重点在于环境建设,客观来说,朝阳区现在比较弱的也是环境建设,不客气地说,叫做硬件很硬,软件很软。这也不仅是朝阳区的问题,而是整个城市发展理念、城市发展过程存在一系列的问题。比如现在就有一个问题,口口声声以人为本,时时处处与人为敌,尤其在城市的细节方面严重不足。朝阳区建了这么多高楼,建筑和建筑之间没有关系,都是孤立的,所以就形成了水泥森林、高楼峡谷,奇特建筑林立。一个城市如果建筑和建筑之间没有关系,实际上很大程度上还是地主、财主思路的延伸,从这个角度来说,环境上确实需要我们下点大的工夫。

(三) 商务旅游的深度发展

1. 一片——中央商务区(CBD)

现在已经形成了而且正在运作的中央商务区,这一片面积是 3.99 平方千米,但是这个中央商务区的概念是什么? 写字楼、银行聚集,白天人气很旺,晚上是个空城。所以需要对这一片进行适度调整,就是在中央商务区里边增加一些休闲的内容,使它更人性化,使它不仅白天可以办公,晚上也可以休闲。

2. 一链——产业链

围绕着商务旅游,要形成一个产业链。客观来看,这个产业链主体现在已经形成,但是细节还有很多不足。这个链需要每一个环节到位,分析下来是十个环节。

(1) 咨询、策划、设计环节。咨询、策划、设计是对企业进行商务旅行的咨询、策划和设计,它不同于面向旅游者的咨询站,也不是一般意义上的咨询公司等。它包括组织会展活动和其他各种公关活动,以及提供专业化的咨询、策划、设计。

这个环节在中国现在基本上还没有,希望将来朝阳区商务旅游这个产业链里,能够产生一批旅行服务公司。旅行代理在市场经济发达国家比较普遍,因为国际上企业基本上就是不断的外包,能外包出去的尽量外包,这其中自然包括企业的出差会议和公关活动进行外包。比如,在美国碰到一个旅行社,这是美国十大旅行社之一,主要包括两个业务。第一是负责麦道公司所有员工的公务出差,旅行社每年给麦道公司做一个关于人员出差非常细的方案;第二是负责麦道公司的员工的休假。

(2) 集团采购、联合采购环节。从商务旅行的角度来说,主要就是采购下一步产品。比如,手里边有很多客户,可以在某一个饭店长期包多少间客房,把价格压到最低,同时把这个低价提供给这些企业。这就是一个集团采购和联合采购的概念。这个环节要求的就是网络和规模,我们现在基本不足,但是现在有些旅行社已经做了,因为这些旅行社规模很大,可以在饭店长期订房,就可以保证一个规模和网络。

(3)运输环节。这个运输主体是人的运输,就是客流的移动,同时有一部分相应物的运输。这个环节基本没有问题,主要在于在组织方面是否畅通。比如做展览,有很多特殊的展品,如大型设备运输怎么解决,也需要专业化的服务。这都是属于软件性的东西。

(4)住宿环节。住宿现在对于朝阳区来说没有问题,现在需要研究的是是否应该相应地控制发展。现在有118家酒店,已经不少,估计在四五年之内还得有十几家二十家酒店产生,而且都是顶级的酒店。当然这些顶级酒店本身也是朝阳区的都市旅游形象的一个品牌。

(5)商务安排环节。商务安排要求专业化和个性化的服务。现在在商务安排这一业务客观上已经开展。比如,一个商务酒店肯定有商务安排的服务项目,但是从服务的体系化和质量来说还不足,这就需要朝阳区的饭店行业把商务安排做到位。何为商务安排做到位,举个简单例子,比如一个客商到北京来谈生意,在北京可能待半个月,饭店给他提供一个秘书,这半个月秘书就跟着他,所有的事都由这个秘书给他安排,需要翻译给他当翻译,需要联络给他做联络。

(6)活动组织环节。活动组织主要涉及会议和展览,也必须提供专业化服务。从现在的情况来看,这些业务与国际水平相比差距很大。

(7)公关环节。公关性的要求在国际上很普遍,但是国内还没有做到。实际上现在的商务旅行服务如果能努力往这方面延伸发展,吸引力就大了。通俗地说,公关就是合理合法的走后门,合理合法的走后门就叫专业化服务。笔者曾接触过美国大公关公司,其聘用人员中也包括前政府高官,从而使得其公关能力非常突出。应该说商务活动中此类公关方面的需求是很大的,市场亟须这种专业化服务。

(8)和媒体的衔接。商务活动免不了跟媒体打交道,但是外地公司、外国公司来到北京,来到朝阳区,在对当地情况不了解的情况下想搞个产品说明会,想开个新闻发布会,自然需要专业化的服务。

(9)观光度假。商务活动之后的观光休闲活动安排是我们最熟悉的,也是经验最充分的。

(10)做到位。做到位是一个非常高的要求。比如,这一个商务活动完了,怎么安排你的返程;办了一个展览,展品的留购问题怎么解决,等等,这些都涉及一系列的技术问题。

总体来说,商务旅行服务这十个环节中,除了住宿这一块,其他环节的服务供给都是朝阳区所欠缺的。尽管这些都是软件性、服务性的东西,但其中的前提是形成概念,只有概念清晰了,才有可能进一步推动。对于有些地区,硬件建设是主要任务,对于朝阳区来说,硬件建设已经不是主要任务,只有把软件补上去,朝阳区才可能真正成为一流。

从规模角度来说,朝阳的商务旅游发展已经达到了一流,肯定是中国第一,但是从产业链、从软件角度来说,朝阳区还没有达到中国一流,如果讲国际一流,差得就更远了。只有等到朝阳区的旅游行业里有一百多个专门做商务旅行咨询策划的咨询公司,有十来个公关公司,有若干个专业的运输公司,补足了现在的缺陷,朝阳区商务旅游的产业链、服务链才算真正形成,才可能逼近一流。

当然,朝阳区在硬件方面的欠缺也是很明显的,无论是商务旅游,还是都市旅游,无论是里还是表,现在都有缺陷。

第一个大的缺陷是缺一个大的会展中心。多年以前曾经参加过一个有关在天竺要搞一个会展中心的论证。当时中国贸促会要搞一个20万平方米的,北京贸促会也要搞一个20万平方米的。后来国家宏观管理部门建议两家合在一起搞一个大的。从现在来说,不只是朝阳区,而是整个北京,都缺乏一个真正国际性的会展中心,这是整个北京发展的一个缺陷。朝阳区的地盘里现在有两个大型会展设施,一个农展馆,一个国际展览中心,但是这两处的规模、档次都不足。如果朝阳区真正做商务旅游,形成大型的会展中心是大事。总之,北京的会议、展览不少,但是真正成规模上档次的不多,形成国际性品牌的基本没有,这是一个大的缺陷。

第二个大的缺陷涉及"一链"和"一片"之间的关系。中央商务区是个好概念,但总感觉中央商务区缺少人情味,缺少人文关怀精神,缺少人文主义精神,应该把"一链"和"一片"紧密地融合到一起,争取在中央商务区里更多地融入一些人文主义的东西。真正的现代化应该是后工业化,后工业化才是现代化的概念。后工业化就意味着"以人为本",中央提出来的科学发展观应该在中央商务区建设过程中充分落实,否则将来就是白天热闹,晚上是一个死城,这不是好结局。

3. 一群——商务旅游群

商务旅游深度发展中的第三个关系是"一群",要构造若干商务旅游的群。客观来说,东三环沿线、从大北窑到建国门、从大北窑进一步向南延伸,已经形成饭店群,围绕这些饭店群还应该进一步形成一个服务的群体。

在这个群里,更重要的是需要把都市旅游的几个东西融进去。如果围绕着这么一个亮点,形成一个群,感觉就不同。比如,围绕着潘家园,实际上已经有了一堆饭店,京瑞大厦、长安大厦、河南大厦等,包括世纪远洋宾馆等,建外SOHO这个群也已经形成了,但是现在这两个群缺乏亮点。三里屯文化街这个群,客观地来说,在转型的过程中,大伤了元气。大山子作为一个文化群应该好好培育,最忌讳在其周围再搞一堆大饭店,一堆大饭店一搞起来,就会把民间土生土长的这种文化的氛围都破坏掉。朝阳区要以这些作为亮点,围绕产业群的形成,往里边注入文化概念,形成商务旅游都市旅游的灵魂。

这样,一片、一链、一群的概念形成了,把这三者尽可能地融到一起,朝阳区的都市旅游的总体形象就出来了。人如果在高楼大厦的峡谷里闲逛,抬头看不见顶,只会对人造成压迫感。这样的地方只会让人觉得,因为要办事不得不来,办完事就想着赶紧逃离,这样的商务旅游显然不是成功的商务旅游。朝阳必须把商务旅游和都市旅游紧密结合起来,要用都市旅游来吸引人,让人在这儿能待下来;而商务旅游是实质,要通过商务旅游形成产业群,形成经济增长点、旅游增长点,也形成朝阳区的财政增长点。把这些关系结合好、处理好,摆脱弱势民族的弱势心理,树立起经济大国的大国心态,把商务旅游的基础提升到都市旅游的形象,在商务旅游的发展过程中突出软件、努力培养产业链、打造服务链,在操作过程中,珍惜市场自发的生命力,这样,朝阳区一定能够成为国际一流的商务旅游区、中国一流的都市旅游区。

(四)朝阳区后奥运旅游发展

1. 总体看法

多年以来,尤其是改革开放三十年以来,朝阳区完成了一系列转换。第一个转换基础是个大地主,城区里470.8平方千米,土地面积大,是地主概念。通过多年建设,由大地主大体上转换成一个大业主。奥运结束后,又转换成一个大财主。但是光是大地主、大业主、大财主这三个主还不行,不够市场化、国际化。因此,需要进一步转换。这次的转换目标应成为文化的领袖、商业的领袖、发展的领袖。

朝阳区的发展在全国极具特殊性,这种特殊性在于朝阳区的整个产业已经完成了调整。三十年以前,甚至二十年以前,朝阳给人的感觉都比较土。从十五年以前,朝阳整体发生较大的变化,可仍有里外两层皮的感觉,朝外大街以内是郊区,朝外大街是城里。好在,借着奥运朝内也发展起来了,即便仍无法和朝外相比,可也是一个很大的转换。更大的变化是,朝阳区完成了产业结构的转换,第三产业已经达到80%以上,是典型的后工业化时期状况,在全国具有极大的特殊性。因为全国普遍处在工业化发展的中期,国家决策、中央决策基本对应这样的基本点,也就造成中央很多发展思路和工作要求,与朝阳区的实际情况不能对接。因此,客观上要求朝阳区必须率先实践,一定意义上也具有领跑的任务。这种领跑的任务很难找到现成的经验,因此同时提出另一个要求,朝阳区的发展必须创新。照这样的状况,朝阳区应该成为其他地区学习的榜样,尤其会成为很多经济发达地区城市化进程中的学习对象,这就意味着朝阳区产业结构深化的任务、创新的任务、发展的任务,比任何时期都重。

2. 国际化

在全球化背景之下,朝阳区涉外的外交圈、商圈都非常突出,这也是朝阳区的一个特点。这个特点其他地方想学习,但学不了。使馆区在这儿,大量跨国公司的各层次部门在这儿,大量的国际商人在这儿,大量的商务活动都在这儿。独具垄断优势的就是由外交使馆组成的外交圈,以及因外交圈所形成的国际化影响,这意味着朝阳区的发展离不开全球化的背景,离不开国际化的发展。只谋求自己的小格局,最终结果可能是越谋求越萎缩;从全球化的眼光谋求发展的大格局,将是越发展越蓬勃。

其间有思路调整的问题,也有干部素质提高的问题。总的感觉,北京的干部素质不是很好,有老北京自负、霸气的大爷劲头,这是非常普遍的。反而上海干部眼光开放,思路开阔,作风洋派。这是文化因素,且这个文化因素一定程度上对朝阳区的影响是比较大的。下一步,在全球化背景之下,如果文化方面不做调整,影响很可能是致命性的,或者是决定性的。平常觉得无所谓,北京有北京的一套文化,上海有上海的一套文化,各得其所,因为京派、海派至少在民国初期以来就是两种文化体系。现在看来,京派文化里有好的传统,但也有不足的地方,必须调整。

由文化的地域性特点,表现出朝阳区干部的文化和其他区有所不同。在后工业化的发展格局下,更重要的不是研究一般性的经济发展因素,而是依托全球化背景,突出文化性因素。文化性的影响因素将是未来发展的重要基础和前提。对文化因素的研究到位与否,将决定事态的发展和未来的前景。

3. 产业体系深化

按全国比较发达地区来说,2010年朝阳区全年旅游收入452.8亿元,超过是苏州市(含吴中区、相城区、园区和高新区)全年的旅游收入(290亿元)。从总量看不小,但是旅游不突出,原因在于对旅游的判断还是基于传统的观光旅游。说到朝阳区,其旅游收入主要来自旅游商业收入143.7亿元、旅行社收入163.5亿元、住宿业收入113.8亿元,但是没有知名景区,看不到浩浩荡荡旅游团的客流,不像丽江、九寨沟。实际上朝阳区没有必要对应传统的旅游概念,而是应该着力于商务旅游、文化休闲等方面的发展。

(1)朝阳旅游发展的四方向

第一,商务基础,旅游动力。

朝阳区的旅游商务旅游作为主体,是基础性的,而且从发展的角度来说,这个发展前景是无限的。当然,到一定程度,朝阳区的商务比不了上海,现在很多所谓北京的商务旅游发展,包括北京总部经济的发展,和中国的体制是紧密联系在一起的。随着体制的变化和进步,有些东西北京会淡化,上海会强化。现在旅游在朝阳区的产业定位是活力产业,它在经济结构产业体系里,发挥了整合资源的作用。下一步,旅游应作为动力产业,通过旅游的发展,把方方面面的资源进一步的提升。

第二,文化创意,休闲推进。

文化创意的产业基础基本成形,包括798、国际动漫产业园、崔各庄、高碑店等。这些文化创意产业的推进,将是下一步发展的重点,其中需要进一步强化休闲概念。正如前面所说的,朝阳需要培育休闲环境,引进休闲时尚,然后真正形成休闲的生活气息。按理来说,商务以繁忙为主要特征,它与休闲似乎是冲突的,可是恰恰是商务的繁忙,休闲需求才会产生。朝阳区所产生的休闲需求基本上推到了郊区,推到了河北,而朝阳区自身并没有消化这种休闲需求,这就需要朝阳在更大的格局上做文章。

比如,朝阳公园是典型的休闲公园,但现在对它的总体定位不是很清楚,还局限于把朝阳公园当成搞活动的地方。平时到朝阳公园游玩,晚上去逛逛、坐坐的概念还没有形成。另外,文化创意和休闲在本质上是相关联的,没有优哉优哉的环境,文化创意的东西很难产生,靠工业化的东西不会有创意的火花。

第三,生活品质,社会进步。

小平同志提出的2030年,甚至2050年的发展目标在朝阳区已经实现。比照全国水平,朝阳区已经超前三十年,甚至四十年。在这个时候提升生活品质,推动社会进步的任务自然而然开始形成。如果从产业体系的角度来说,现在也应该研究产业化的发展。

朝阳区的居民素质相当高,整个朝阳区经济结构的调整在完成的基础上,会衍生比较高的市民素质,自然会追求比较高的生活品质,也自然要求社会服务、公共服务完善化。这样的要求可以进一步地推升一些社会服务性产业,而且这些产业可能更细,更体现中国的进步,一定意义上朝阳区应该成为中国经济的一个典型。

第四,大有余,小不足,粗有余,细不足。

从整个发展环境、生活环境、社会环境的角度来考察,下一步发展的重点应该在环境上更注重细节、更人性化等目标上。

奥运让朝阳区在细节方面有了很大的进步,细节开始被注重,原来只要面上好看就行,现在,犄角旮旯、大街小巷都开始关注细节化。但是真正比起发达国家来,这仍然是最大的软肋,最大的不足,比如前面曾经提到的在大楼之间建设连廊、大楼与公共交通设施之间的连通,方便人们出行等方面还有很大的改进空间,进一步,还可以考虑类似在楼群之间设小区,在写字楼里设休闲小区等。这样就能构造一些宽松的环境,提供松弛心情的空间,使人们更愿意在朝阳停留更长的时间。

(2)研究方法

第一,做减法。

首要一点,研究做减法,而非做加法。

朝阳区的很多楼体在奥运结束后,都应该拆除,而在休闲方面需要增加些必要的环节。休闲社区的概念需要建立,建设一批休闲社区,如朝阳公园周边,欢乐谷周边,寻求这样的点,构建休闲社区,在全国带个头,把内部释放出的需求,争取在朝阳区内消化一部分。

第二,组合法。

对现有的设施,需要比较深入的研究。研究它们如何在旅游的平台上组合。这种组合不是传统观光旅游的"朝阳一日游"、"朝阳两日游",而是把若干单独的项目组合起来,通过组合形成新的吸引力。

第三,提升法。

类似798的文化创意产业园区,包括动漫园区。这些园区本身就是旅游区、文化体验区、时尚体验区,不能用景区的概念来套用,否则很难对思路把握准确。

(3) 强化软开发,适度硬开发

第一,软开发。

朝阳区现在这些产品从建设方面已经足够,需要做的是在软开发方面下点大工夫。一是规划和策划,需要把现有东西重新组合,构造出新品牌,然后把新品牌落实到市场。二是市场开发,需要在市场开发方面做一些大文章,尤其是有一些新的亮点要体现出来。需要科学实效地研究奥林匹克公园、新央视、朝阳公园、文化产业园区下一步的发展方案。对这些产品分门别类地形成一些市场开发方案,把这些方案组合在一起就是朝阳区的方案。三是对现有产品进行整合,在市场上形成拳头产品的形象。

第二,硬开发。

现在硬开发主要在环境上做文章,能把环境这篇文章做到位了,硬开发就做到位了。这个环境,不是空气环境、交通环境,甚至不是绿化环境,此环境的核心是如何人性化,如何在细节方面体现出来。

比如,公园的长椅一般都是固定的,使用率很低,因为只要太阳一起来,晒在椅子上就没人坐了,偶尔有点阴凉的时候才能坐坐,这样的长椅基本是装饰性的,且美观度不足以达到装饰效果。伦敦海德堡公园,园内有很多沙滩椅,可以随便移动,随着阳光的转移,游人可以随意搬动沙滩椅,无论是在绿草地、凉树阴,还是看书聊天,都行动自主。

这种设施设置条件很简单,但通常会有这样的概念:这多乱呀,这么乱能行吗?所以,城市的管理中有一个观念需要调整,"脏乱差"三者绝不能等同视之。脏和差不能容忍,一定程度的乱一定要接受,甚至要欢迎。不乱没有人气,什么都规规矩矩、整整齐齐、干干净净、漂漂亮亮,人也就没了,因为这样的环境对人是压迫、压抑。当然这并不是要倡导乱,而是要研究怎样人性化。

其中,也存在活动创新的问题,包括城市整个创新的问题。例如巴黎的夏天休假,政府考虑到有一些人不能到海滨去休假,就将塞纳河两岸铺上沙子,划出一个街区,装饰上假的椰子树,巴黎百姓欢天喜地地到那儿晒太阳,使它由尝试性演变成长期性项目,并且成为城市的夏季标志景观,成为城市的一种创新。若是在国内,以现行观念,怎么能够接受?这么重要的历史文化遗产街区,这么核心的地带,一大堆人赤身裸体地在那里晒太阳怎么能行?

这里并非是说原模原样地照搬,但是它反映了软硬开发的问题。通过强化软开发,适度硬开发来整合朝阳区现有产品,创新思路,形成整体吸引力。

(4)大建议

对奥运后朝阳的运作,有一个大建议:推动奥林匹克公园申报世界文化遗产。无须在意什么时候能够获批,重在市场效果。其实,新的建筑进入世界文化遗产有先例,比如巴西首都巴西利亚、悉尼歌剧院、特拉维夫白城都是现代世界文化遗产。

敢于申报的原因在于,奥运遗产不光是留了点房子,留了点设施,奥运遗产首先是争取把它纳入世界文化遗产,说明其中包含极大的文化含量和精神含量,延伸出本届北京奥运会不仅是人类体育盛事,也是精神遗产、民族遗产,甚至是世界遗产。组织班子专门研究运作,突破大型事件结束后立即申报的历史先例,创新操作方式。如果申报十年最后获批,虽然看似申报时间很长,但是从遗产形成到纳入遗产名录的时间是最短的。

(5)产业体系

从产业体系的角度来说,现在已经形成三个区,要在旅游这个平台上整合起来,一共构造四个区的概念。

第一,体育产业聚集区。

以奥林匹克公园为主,延伸到周围的一些建设,构造体育产业聚集区。在这个聚集区下,进一步深化软开发的内容,同时研究如何使它产业化,"戴帽子"和产业化齐头并进。

第二,商务产业聚集区。

商务产业聚集区的核心是朝阳区的酒店。把这些酒店整合起来,统称作朝阳区商务产业聚集区,再加上会展中心,构造大的概念。

第三,文化产业聚集区。

主要是依托798、崔各庄、三间房等,形成文化产业聚集区。

第四,旅游产业聚集区。

在前面三个区的基础上,整个朝阳区形成旅游产业聚集区的概念,470.8平方千米,就是一个大的旅游聚集。从国际上看,可以参照拉斯维加斯、迪拜、普吉岛等地的发展模式。

现在看来,商务产业聚集区的产业化已经形成,文化产业聚集区的产业化正在推进,体育产业聚集区需要进一步研究落实,旅游产业聚集区就是把这三个区整合起来,且更重要的是在市场上的整合。如果能够构造出这四个聚集区,再加上争取遗产品牌,朝阳区整个产业深化的前景非常乐观。

第五篇
北京旅游新型业态开发建设

一、旅游业态创新：思辨过程与实践过程

思辨过程是理论的归纳总结和提升的过程，也是指导实践的发展过程，这两个过程是并行不悖的。

（一）概念解析

业态（type of operation）一词来源于日本，产生于零售领域，指的是零售点向确定的顾客群提供确定的商品和服务的形态，是零售活动的具体形式，即指零售店卖给谁、卖什么和如何卖的具体经营形式。因此，在零售领域，经营形式、售货方式、组织形式、管理模式及规模与区位这类"怎么卖"的问题是其业态的核心范畴。日本的安士敏先生认为：业态是定义为营业的形态，是形态和效能的统一。

什么叫新型业态，对应的另一个词是业态创新，这两个词听起来好像一样，实际上不一样。新型业态主要是增量部分，业态创新涉及一些传统旅游产业的创新问题，所以不是一个概念。因此，研究北京新型旅游业态的发展，这两个部分都应该包括。比如，携程网是电子商务企业，但其本质是旅行社传统业务的创新，携程网的主体业务，在传统旅行社是委托代办业务，只是旅行社经营的一个业务环节，但携程网把这个环节集中了，放大了，通过电子网络平台发展起来了，严格地说这就是一种业态创新，而不完全是一种新型业态。所以我们研究这个事应该是两个方面都包括。

1. 关于"新型"

第一,关于新。怎么理解新,新对应的是旧,所谓旧的底线是什么,底线就是传统的单一观光旅游模式,只要超越这个底线,都可以称之为新,否则新就说不清楚。一个事已经干了十年了,还算是新业态吗,当然可以算,因为归纳的底线就是超越传统的观光旅游模式,这就是新和旧的关系。从这个角度来说,思路就可以开阔很多。

第二,传统与新兴。传统模式与新兴模式,传统企业与新兴企业,没有严格的界限,很难说哪个是新的,哪个就是旧的。所以这里边是经营模式的转换和经营模式的创新。放大看,对中国而言,整个旅游业都是新兴的,从1978年到现在30年,比起传统的农业、工业、商业,旅游就是新兴的。但是在新兴发展的过程中,也有传统的基础,也有新兴的发展。

第三,新兴与新型。新兴产业未必是新型产业,新型产业要求在组织模式、经营模式、运作模式等方方面面都是新的。所以新兴未必等于新型,但是新型应当包容新兴。

2. 关于"业"

企业形成相应规模,才可以称为产业,否则只是经济活动,而称不上业。比如1957年长春汽车制造厂投产,日本组织考察团来考察,很佩服,认为当时我们的卡车制造水平远远胜过日本。到了1978年,日本人评价中国,只有汽车生产活动,没有汽车产业,因为不成规模。同等道理,现在有一些新兴的旅游经营方式、旅游活动、旅游需求,但是不构成业,所以严格地说这还不能叫产业。只有形成相应的规模,我们才可以定位到一个业态。但达到什么样的规模才能称之为业呢?这个问题用不着深究,主体是规模问题,但也有社会影响问题,消费现象问题,更重要的是成长性问题。

3. 关于"态"

比较稳定的状况才可以称为态,也就是说有些活动刚刚开始,还不知道下一步怎么样,所以不是一个态的概念。

由此而言,什么叫新型旅游业态,如果下一个定义,就是超越传统的单一观光模式,而且形成了相应的经济规模,构成了比较稳定形态的,就可以称之为新型旅游业态。

4. 旅游业态研究的概况

近年来,旅游新业态一词频频出现,但是对于旅游业态的研究几乎是一片空白。旅游业作为一个跨行业、综合性、复杂性的产业,不同于国民经济行业分类中所列的产业,它更多地体现为多种产业的集合。也正因为如此,只有通过卫星账户才能反映旅游业在国民经济中的地位。因此,对旅游业态的界定必须结合旅游产业的特性才能做出清晰的认识。当前,在为数不多的旅游业态研究中突出的问题表现为旅游业态具体包含的内容指向不明,这使得旅游新业态的研究很难深入下去。

(二)新型旅游业态的本质

1. 业态的创新与革命

按照文本里的说法,这个词是日本人发明的,实际上是销售模式的一种变化。如果放大一点看,首先,产生新型业态的主导因素是技术进步,这是一个根本因素,尤其是在工业领域,体现非常充分。其次是经营内容发生了变化,比如原来是观光旅游,这是主体经营内容,现在其他各种各样的花样都起来了,观光变成附属内容,这是经营内容发生了变化。其三是经营模式发生了变化,从传统的旅行社组团、饭店接待、导游带团、带客人观光,变成了多种多样的经营模式,这是新型业态的本质。其中,引发变化就是一种创新,本质性变化就是一种革命,这是两个层面,不见得事事都引发革命,只要有变化就是创新。比如,商业的传统模式开始是零售,发展到大工业时代就是批发加零售,这些年大卖场出来了,就是一种业态创新,也是一种新型业态,原来也是卖东西,现在也是卖东西,为什么大卖场就是新型业态?因为它把渠道商的格局从根本上打破了,包括国美、苏宁这样的模式,是以家用电器为主形成的大卖场,沃尔玛是综合性大卖场,这种业态创新改变了消费者的购买模式。但是网上销售就是一种革命,因为其颠覆了所有商家的模式,这就是革命。再比如,从飞机制造来说,飞机到现在近110年,如果从人类历史上来说,还是一种新产品,但是飞机的根本性技术革命是从活塞式到喷气式,这是技术革命。从业态创新角度来说,不是简单的飞机概念,现在是航空器概念,就是一个业态创新,通过这样一个概念的创新,实际上把飞机的功能,包括它的外延,极大的扩充了,有一个最新的概念,叫做同温层飞行,这是空间市场的创新,因为飞机一般都是在万米左右,再往上就是航天器,可是三万米左右是一个空白,现正在往这个方面发展,这就是一种空间市场创新。所以任何一个产业都在不断变化,有的是创新的意义,有的是革命的意义,而且体现在各个层面。

2. 旅游特点

从旅游角度来说，现在一是新旧交织。新的东西在不断地产生，但是传统的模式仍然有市场。再过一百年，现在传统的观光旅游模式还会有，因为有需求，只不过那时候方式又会有所变化。总体来说是一个新旧交织的过程，而且这个过程是一个长期的过程，不能因为研究新型业态就把传统业态都否定掉。二是新老交替，有些新的东西产生了，老的东西比重在下降，又不断再有新东西产生，构造了一个新老交替的格局。北京市场实际上现在新旧交织、新老交替现象正在发生。三是技术含量逐步提升。在旅游产业里边，技术含量严格地说不突出，我们也缺乏对于科学技术的追求，也缺少这种意识，科学技术的进步，对旅游多年的发展推动作用也不大。可是任何一个产业，这些年都在升级换代，尤其是制造业，升级换代主要靠科技进步。包括物流、金融等，它们也是服务业，科技进步的它们的影响都非常大。只有在旅游行业，仍然传统，所以这里边就涉及一个问题，要培育新型旅游业态，一定要提高里边的科技含量，来推动旅游产品的升级换代，推动旅游产业的转型升级。四是经营内容逐步丰富，传统的经营内容仍然存在，但是新的经营内容在不断增加，包括提出来的各种新型业态。五是产业的外延不断扩大，现在很难定义旅游产业，严格地说，甚至没有必要来定义旅游产业。从旅游统计角度看，不框定一个范围，就没有办法进行统计，但是越框定范围，有时候发现反而越不合适。原因很简单，旅游涉及人们生活的全部，是涉及生活方方面面的产业，怎么框定它？因此，在研究新型旅游业态时，外延也不应该有什么框框。

3. 为什么要创新

创新都是逼出来的，人没有主动改革的，如果日子很好过，为什么要改革？就是因为日子过不下去了，才要改革。现在，有各种因素逼着旅游创新，逼着行业前行。其中有三个主要因素。一是需求提升，原来是单一观光旅游，这样的产品可以对应初级市场需求，大家也觉得不错。现在这样的单一模式已经无法对应市场需求了，需求越来越多样化，越来越层次化，越来越细分化，所以就要求我们必须要创新，必须要提供更加丰富的产品来满足市场的需求。二是技术进步，技术进步给我们提供了一种可能性，提供了一种基础条件。自驾车的发展，比如GPS定位，导航服务这一系列技术，极大地方便了消费者。比如饭店经营，现在电脑应用已经完全普及，也极大地提高了服务效率。三是市场竞争，现在中国的市场化程度已经非常高，所以只要有需求，就会有供给。在传统的经营模式和市场模式之下是红海竞争,越来越残酷,所以旅行社经营才会出现零负团费。这就逼着大家调整思路,要开拓蓝海,不仅是旅游行业来开拓蓝海,现在是各行各业都在开拓旅游的蓝海,形成了新的发展态势。

4. 为什么会创新

涉及旅游业态创新的基础、条件、前景等问题。

一是内容丰富,这是供应商的变化。现在的旅游供应商已经远远不同于二十年以前,甚至十年以前了,现在谁都可以说是旅游供应商。比如北京的胡同文化游,北京市民本身也是旅游供应商的一个组成部分。比如乡村民俗旅游,农民也是旅游供应商,现在的旅游供应商已经不仅仅限于原来比较简单的旅行社、饭店、景区、汽车,供应内容也从六要素供给的基础上大大扩充了,所以随着供应商的变化,内容也越来越丰富。二是方式丰富,是渠道商的变化。现在旅游渠道商的内涵比原来深化了,可是如果我们的眼光只盯着传统的企业,就会觉得只能这样。实际上供应商各有各的渠道商,比如说有一个旅游网站专门服务农家乐,这就是新型的渠道商。再比如很多政府,尤其是郊县政府,也在服务农家乐,实际上形成了一种新的以政府服务方式出现的渠道商概念。更不用说现在的营销方式也已经大大丰富了,比如798的渠道商主要就是媒体,而且是媒体主动帮他们做渠道。另一个渠道是他们自己做活动,不断做活动来提升品牌,扩大影响。同时现在已经不是只有798,包括崔各庄、一号地,形成了一个大市场,已经构成了北京新型文化旅游产业聚集区。三是模式深化,已经形成了一个综合运营的概念。这种综合运营对北京来说具有比较强的挑战性,因为北京传统的旅游企业还比较习惯于单一运行,新型的旅游企业现在也还有点摸不着门,概括起来是两句话,一个是传统的企业找不着北,另一个是新型的企业摸不着门。但是综合运营所形成的模式深化,这是必然的发展趋势。四是范围扩大,因为旅游是覆盖一、二、三产业的,是涉及生活各个方面的,所以旅游范围的外延也越来越扩大。这就是创新的基础和条件。

(三)旅游业的基本形态

课题组通过认真分析认为:从业态的原始定义出发,与零售领域"如何销售"相比较,旅游业态对应旅游业如何经营的问题,其基本形态主要有:旅游业的服务形态、旅游要素形态、旅游要素组合形态、旅游业的配套形态、延伸形态和聚集形态。

1. 旅游业的服务形态

旅游业的服务形态是以服务对象进行的划分。旅游业不仅是生活型服务业,也是生产型服务业。按照以消费者还是生产者作为旅游服务的主要对象,可以划分出不同的旅游业态。

从中国旅游发展的历程看,传统业态主要是以消费者为服务对象,就是旅游业主要为游客的观光休闲提供服务。由于这种认识的局限性,使得我们把发展旅游新业态的注意力更多地投向了如何设计出新的旅游产品来吸引游客。同样,许多决策者也认为旅游业仅仅是面向消费者的服务业。在2007年《国务院加快发展服务业的若干意见》中,就认为旅游不是面向生产的服务业,而是面向民生的服务业。由于现在中国处于工业化发展的关键时期,同时也由于"重生产、轻消费"思想的根深蒂固,因此在服务业的发展中,相对于消费型服务业,生产型服务业受到更多的关注和支持。这种认识不利于旅游业的全面发展。

近年来中国旅游业的一个突出变化,就是旅游业向生产领域渗透和扩展的步伐在不断加快,一些新的旅游业态也因此应运而生,像奖励旅游、差旅管理、商务会展旅游、旅游智业、旅游传媒、旅游金融、旅游保险等以生产者为主要服务对象的旅游业开始受到更多的关注。这些业态多数在西方旅游发达国家已经日渐成熟,但是在中国才刚刚兴起。未来对于中国,特别是对于北京这类国际化的大都市而言,面向生产者的旅游服务业将是旅游业发展的一个重要领域,这也必将成为北京旅游新业态发展的一个重要方向。

2. 旅游业的组合形态

旅游业的组合形态主要体现为旅游业组织游客的方式,指通过什么方式将食、住、行、游、购、娱等旅游要素整合在一起。中国旅游业传统的方式是通过旅行社来组织游客的旅游活动。随着中国旅游业向纵深发展,散客旅游和半团队旅游(比如"自由行")在整个旅游业中所占的比重越来越高。散客旅游的一个突出特点是追求个性化,这也符合消费发展的总体趋势。同时,由于网络技术的发展,大大提高了预订的便利程度并且降低了预订的成本,使散客旅游从潜在需求变成了现实潮流。

未来旅游的新业态将在为散客服务中不断地涌现。现在已经有所发展的包括:组织紧密和松散的俱乐部旅游,将具有相同爱好(摄影、野外露营、长城爱好者等)的人组合在一起外出旅游,比如驴友俱乐部,这种旅游主要通过网络这一媒介,实现线上线下的有机融合,为散客提供服务。还有旅游集散中心,用团队旅游的方式为散客提供以观光为主的旅游服务。还有高端的旅游定制服务，为少数高端游客提供特定的、专业化的一条龙服务。而对旅行社的经营而言，也正在经历从水平分工为主的业态向形成批零体系的垂直分工方向转变。

3. 旅游业的要素形态

按照旅游学的一般定义，旅游包括行、食、住、游、购、娱六大要素。围绕这六大要素，形成了不同的产业类型。这些业态既是旅游的必备因素，随着旅游的发展，又正在成为吸引要素。这些要素形态也是旅游新业态发展的主体内容。未来旅游要素领域新业态的发展将成为旅游目的地之间竞争的主要内容。

(1) "行"的要素

旅游的出行方式包括火车旅游、飞机旅游、邮轮旅游、自驾车旅游等。从传统的观光旅游看，强调"旅速游缓"。但随着出行方式的改变，出行本身也在成为旅游的一种乐趣，比如坐火车去西藏旅游正在成为一种新时尚，这使得去西藏的过程变得与到西藏游览同样重要。而像邮轮旅游这种方式，已经成为了旅游活动的主要吸引要素。比较突出的是自驾车旅游，作为散客旅游的一个主要组成部分，也已经发育成一个新的旅游业态。

(2) "食"的要素

对应传统的团队旅游，旅游餐饮的主体是旅游团队餐。随着旅游的进一步发展，将表演与餐饮结合的旅游餐饮方式因为切合市场需要，收到了很好的成效，因而也成为一种新的旅游餐饮形态。未来伴随旅游餐饮的个性化，以"私房菜"等为代表的旅游餐饮也有望成为一种新的发展方向，比如北京的"厉家菜"。同时旅游餐饮也必将因为注入更多的文化元素而大大提升其内在的吸引力。

(3) "住"的要素

中国旅游住宿从发展历程看，大体上有三种类型：招待所、星级饭店、特色化住宿场所。目前，星级饭店依然是旅游住宿业的主体，但是一些新的旅游住宿方式正在迅速发展。比如经济型饭店，通过调整市场定位、改变功能布局，在短短几年的时间内，成为旅游住宿领域的一个突出现象。未来，从传统住宿业中分化出来的主题酒店、度假型酒店、高档精品酒店、分时度假公寓等新的业态将得到进一步发育，成为旅游住宿业发展新的方向。

(4) "游"的要素

这个"游"对应的内容绝不仅仅限于传统的旅游景区点概念。它对应的是包括海滨旅游、森林旅游、滑雪旅游、湿地旅游、工业旅游、农业旅游、温泉旅游、高尔夫旅游等一系列新的旅游内容。由于旅游自身的特性,几乎没有其不可用的资源,这就使得符合市场需要的新的吸引物通过旅游被挖掘开发出来。一旦这种旅游产品形成了一定市场规模,就会成为新的旅游业态。而伴随这类新业态的产生,旅游的内容也因此更加丰富,旅游的市场也会不断扩大。

(5)"购"的要素

旅游购物既包括旅游购物品的开发利用,也包括旅游购物品的销售。在这一领域值得关注的新业态包括:旅游特色街区、旅游商贸区,旅游纪念品超市等。当前旅游者在中国内地的旅游花费中,购物所占的比重普遍较低,与香港这样的"购物天堂"相比,差距更是非常之大。在不断丰富旅游购物品的同时,创新旅游购物方式也是增加游客旅游购物消费的重要内容。

(6)"娱"的要素

近年来,旅游娱乐的要素在不断强化,也产生了一些新的旅游形态。这使得"娱乐"成为旅游的重要内容,甚至是主要吸引力。比如以"印象刘三姐"为代表的旅游实景演出,让旅游演艺这种新的业态广受关注。而像华侨城在北京新建的"欢乐谷"大受欢迎,也可以反映旅游娱乐作为一个新的业态正在中国崛起。

4. 旅游业的配套形态

旅游业作为综合性产业,自身的快速发展和规模的迅速扩大,可以带动起一些新的产业为其配套服务。这其中包括:旅游装备制造业以及旅游装备制造的设计研发中心;还包括旅游金融业、旅游保险业,旅游的教育培训产业、旅行顾问产业。从总体上看,旅游配套产业和旅游产业是正相关的。但是具体到一个区域,却不一定如此。同旅游要素以区域性特色为主的横向分布相比,旅游配套产业面对的是全国市场,甚至是全世界的市场,呈现出纵向分布的特征。比如,旅游金融业尽管是为整个旅游业配套服务,但却只是在北京和上海这一类金融业发达的地区才有发展空间。因此从这个意义上讲,北京发展旅游配套产业不应该局限在北京的市场,而应该放眼全国、瞄准全球进行发展。

5. 旅游业的延伸形态

休闲是旅游的蓝海。休闲和旅游之间既有交叉,又有不同。而从休闲对应的市场看,它是一个比旅游业范围更大的领域。因此,以旅游为基础,向休闲发展是中国旅游业,同样也是北京旅游业未来发展的一个重要方向。比如城市旅游业主要是强调为外地旅游者服务,而城市休闲业则把市民和旅游者的需求有机结合起来,进而发展出一套城市休闲体系。此外,山地休闲、海滨休闲、休闲地产等业态也会随着休闲活动的普及得到进一步发展。

6. 旅游业的聚集形态

旅游业的聚集形态是各类旅游企业向特定区域和特定区域内的特定区位集中,并逐渐形成为旅游者提供综合性服务的旅游产业聚集区。在工业和其他服务业领域,产业聚集已经非常普及,效果也非常明显,比如"硅谷"这样的信息产业聚集区,东莞这样的电子加工产业聚集区。在旅游领域,旅游聚集区正在步入快速发展的阶段,而这也是旅游目的地之间竞争的需要。在国际上,像美国拉斯维加斯以及澳门以博彩业为主体形成的旅游聚集,在阿联酋迪拜以旅游娱乐、旅游购物等为主体形成的聚集。这样的聚集往往是多个企业在相互关联、相互配套的基础上共同推动形成的。国内一些旅游企业通过自主建设,也形成了一定的旅游聚集效果,比如华侨城在深圳以主题公园为主体形成的旅游聚集,港中旅在珠海建设的以温泉旅游为主体的海泉湾也具备了旅游聚集的雏形。旅游聚集区对应的主要是休闲度假旅游的需求,它在一个相对狭小的空间内形成强大的旅游吸引力,充分发挥了旅游产品的规模优势,将成为未来中国旅游发展新的方向。未来北京要提高旅游竞争力,发展旅游产业聚集区将是一个重要的途径。

总的来看,旅游新业态是以创新思维发展旅游业的主要方式,因此,旅游新业态是旅游业创新的基础,也是旅游业发展的方向。而旅游业对传统产业的改造和传统业务的提升,也将创造出更多新的领域,形成新的业态。大体上,旅游新业态将从旅游业态的六个表现展开。对北京而言,这六个方面都有拓展的空间,当前需要考虑的是结合实际,突出优势,加强引导,形成规模,提高竞争力,把新业态作为北京旅游业转型升级,建设世界旅游城市的主要途径。

(四)传统与新型:旅游业创新的背景

北京旅游业态的创新,还是两个方面,一是传统业态的创新,二是新型业态的成长。

1. 新老交织

现实中一系列萌芽都产生了。比如主题酒店,这就是传统业态的创新。再如旅游汽车,已经转换到了旅游交通服务的概念。单纯从旅游者位移角度来说,现在公共大交通越来越发达,在一定意义上就逼着传统的旅游汽车运营形态要改变。客观来看也在改变,不改变也不可能,比如车型的更新,车辆的保养,服务的改善,都是一种微调。但是随着自驾车方式的产生,对传统的旅游汽车运营形态形成严重冲击,使得自驾车本身已经构成了一个新型旅游方式,但是现在围绕自驾车的新型服务业态还没有体系化发展,而国际上已经很发达了。比如美国在20世纪30年代金融大危机之后,采取了一系列政策措施,其中一个重要措施是修建贯通美国的高速公路,在50年代美国形成了汽车旅馆体系。汽车旅馆体系在中国现在还没有,可是加油站体系现在有了,而且加油站这几年进步很大,已经从单纯加油站变成了综合服务站。这就是说围绕自驾车这种新型方式,还没有形成新型业态,但是有些雏形已经有了。

新型业态的成长,也已经有了好基础。这两个方面都要变,才构成北京旅游总体转型升级。总的情况是新旧交织,新老交替。这两个方面在时间上是继起的,新型业态作为增量在发展,传统业态作为存量也在创新,在空间上是连续的,在整个旅游运营空间里都是连续的,在现实中呈现了丰富的形态。一个旅游企业,既可以保持传统运作形态,也可以谋求新的形态,两个形态同时都可以发展。

2. 朝阳产业

多年以来,我们习惯说一个词,旅游是朝阳产业,对应朝阳产业的概念是夕阳产业,中间还有盛阳产业。但旅游发展了三十年还是朝阳产业吗？现在可以说旅游是盛阳产业,下一步会不会变成夕阳产业呢？从经济发展规律来说好像是这样,但深入看,只有夕阳技术,没有夕阳产业。比如,对于经济发达国家来说,钢铁产业是典型的夕阳产业,但是现在日本的钢铁产业在世界上仍然是位于前列的,尤其是在质量上位于前列。中国现在的钢铁数量是全世界第一,但是很多好钢材新钢材还得进口,为什么？人家不断地采用新技术,所以就使一个夕阳产业仍然保持蓬勃发展的状态。同等道理,北京旅游新型业态,可以定位为朝阳业态,但是朝阳业态的核心是有没有朝阳技术。当然,旅游技术不是简单的自然学科技术问题,包括管理技术、组织技术、运营技术。比如携程网,不是高科技企业,只是高科技的使用者,可是在管理组织运行这方面,技术含量非常高。但是现在的问题是,在新型业态的发展过程之中,如果没有高科技注入,包括组织、运行、管理这些技术注入,就谈不上是新型业态。

3. 比较分析

传统业态的创新型业态的成长,还涉及三个问题。

第一是国际比较,新与旧。我们谈的很多新,在国际上是已经成熟的业态,绝谈不上是新业态。比如现在讲休闲，觉得是新东西，国际上几十年了。再比如会展，人家做了上百年，如果从1840年英国工业博览会开始算，是160多年。所以与国际比较，一是国际上的新，我们要努力去学。二是国际上的旧，对我们而言是新，要努力去干。

第二是国内比较，小与大。有些事情现在还只是活动状态，没有构成产业状态，我们要从小逐步培育起来，培育大了就构成产业状态，就形成了新型业态。所以也不能看轻活动，很多新活动不是供应商生产的，是消费者自己创造出来的。比如驴友，在源源不断创造新东西。因为从个人偏好出发，创造力是最强的，所以他们创造的很多新东西如果被供应商接过来，可能就构造出新产品。新产品多了，企业也多了，自然就培育了新业态。

第三是旅游的特点。旅游很多创新在形式上是回归，比如说，意大利在前些年发布了一个慢餐运动，还组织了一个国际慢餐协会，就是希望慢，希望回归到传统的生活形态，用不着这么紧张。工作紧张，玩也紧张，永远处在紧张状态能行吗？休闲严格地说就是一种回归，但是这种回归只是形态上的回归，而不是实质上的回归，所以回归本身也会形成一系列的创新。

4. 创新方法

从国内来说，一共是六种方法。第一种是移植，北京搞环球影城，香港搞迪士尼，就是移植，就是把人家整个端过来。美国人也很高明，环球影城的事已经谈了十年，一开始是北京上海两家在争，现在争来争去，看起来是花落北京，但美国人只是内容提供商，他们不投钱，只是给你内容，给你品牌，就给这两样东西，但是你复制不了这个品牌。而且，这样的模式是娱乐型的企业，在不断创新，这种创新里边所投入的资金量、智慧量都非常之大，正因为如此它才始终处在世界的高端。第二种是模仿，有时候移植成本太高，就会模仿，但是一般来说，模仿的效果都不好，可是也会形成一种方式，尤其是对于中国来说，因为中国市场需求量大，所以很小的百分点，就会形成大的绝对量，有些项目才能做得下去。第三种是组合，组合方式现在是国内比较普遍的方式。尽量把国外的好东西学过来，能学的都学过来，再把国内元素加上，组合到一起，构成一些新的项目。比如上海新天地，是新的还是老的，形态上看是老的，本质上是新的。所以上海人不认同新天地，认为新天地糟蹋了上海文化，就像北京人不认同什刹海一样，这是一个道理。第四种是挖掘，实际上农家乐的提升，很大程度上就在于挖掘，所以农家乐可以称为一种新型业态，但是这种新型业态已经不对应市场了,这样就需要模仿,模仿苏格兰、英格兰等欧洲乡村旅游的发展模式,更深地挖掘自己的文化,形成新的组合形态。第五种是逆向,所谓逆向就是提出一个构想,先批判它,能够把它打倒了,就说明构想立不住,如果批来批去批不倒,这个东西实际上就立住了。所以很多时候,这种逆向思维和逆向方法往往会出一些新东西,死棋肚子里出新招,就是这么出来的。第六种是综合,把各种各样的资源,各种各样的优势归纳起来综合起来,然后来构造一些新东西。综合的过程往往就是新型业态的培育过程。

5. 推进

第一是组织。从全国来说,都有这个问题。新型业态发展,现在基本上是市场自然的发展过程,产品是自然的发育过程,本身符合市场经济的规律。但是政府做工作,首先就得有一个组织。这种组织最好是一个各个部门协同的组织,因为光靠旅游局来推进,现在看起来有难度。这里边旅游最大的优势就在于旅游部门手里有市场,通过市场性手段,协同其他部门,构造一个组织。第二是政策。从全国的角度来看,都需要有培育新型旅游业态的政策体系。首先是在法规上需要调整,现在的法规偏于传统,比如旅行社管理,要从旅行社管理转向旅行业务管理,这样就把新型业态都纳入进来了。再比如现在饭店管理就是星级标准,应该从星级饭店管理转向流动住宿业管理。现在旅游景区管理叫九龙治水,旅游部门就是A级景区标准,实际上也需要扩大,从旅游景区管理扩大到旅游吸引物管理,比如张艺谋的《印象刘三姐》,是什么呢?用传统的概念对应不上,实际上就是旅游吸引物,这样的旅游吸引物也需要相应的管理。其次,从政策的角度来说,要有相应的扶持政策,除了给资金扶持之外,在市场组织方面,在和消费者沟通方面,都需要做大量的工作,这种工作是旅游部门可以做的,而且是实实在在可以落实的。第三是市场,如何沟通供应方和需求方,这是至关重要的问题。市场的组织方式、沟通方式、营销方式多种多样,这恰恰是各级旅游部门可以大展身手的地方,通过这样的方式从管理转向服务,从供给管理转向供给和需求并重,最后转向公共服务。第四是网络,除了电子网络之外,还需要实体网络的构建,最终需要把电子网络和实体网络叠加到一起,来推动运行。现在电子网络有网络运营商,实体网络基本上没有建立起来,为什么?因为没有人来号召,没有人组织,没有人来做推动工作和服务工作。所以,网络的形成是对应新型业态的最根本的支持手段。第五是联动。涉及两个方面,第一个方面是区域联动,如果从北京新型业态的扩展说,怎么达到京津冀一体化,这就是区域联动。现在北京到天津的高速铁路已经开通,新高速公路也已经开通,所以北京和天津的同城效应现在已经很强,一定意义上意味着北京也变成了沿海城市。如果这么来看,北京的邮轮发展是自然而然的。再比如现在河北滑雪场很多,河北滑雪场和北京滑雪场应该形成互补关系,从而构成一个新型业态,一定意义上是北京培养初级滑雪者,河北对应中级滑雪者,东北对应高级滑雪者。另一方面是部门联动和产业联动问题。因为新型业态发展脱离了原来的所谓行业管理范围,所以就需要部门联动和产业联动。尤其是从休闲产业来说,和文化部门、体育部门、商业部门,都有如何联动的问题。有了部门联动,产业联动才有引导。

6. 功能

如何发挥新型旅游业态的功能,涉及到几点。第一是新型旅游业态和传统业态之间的关系,是一个增量和拉动的关系,不是说新型旅游业态发展了,传统业态就一定没落,但是要求传统业态创新,而且新型旅游业态在大旅游的概念里,比重会逐步上升。第二是新型旅游业态推动城市化发展,尤其是推动城乡一体化发展,围绕着新兴旅游业态,可以构建主题城镇,主题乡村,一系列都可以构建出来。第三是深化国际化,北京作为一个世界级旅游城市,在国际化方面只浮在表层显然不行,需要进一步深化。在深化的过程之中,使国际化融入市民生活,这才叫真正的国际化。第四是完善创新化。新型旅游业态的本质是要不断创新,只有不断创新,业态才能不断发展,不断丰富。传统业态也要不断创新,这样就完善了整个产业的创新。最终,新型业态的发展,使我们能够诗意地栖居在一个城市,能够快乐地生活在一个城市,提高老百姓的生活质量,提高外来人的生活质量,这样才能达到最终目的。

这就是思辨过程与实践过程。思辨的过程主要是研究概念,包括研究各个概念之间的相关关系。实践的过程一方面是市场自然发育,要充分尊重市场的力量。另一方面是政府主动服务,推动市场和新型业态的发展。把这两个方面抓住了,实际上北京新型旅游业态也就起来了。

二、北京旅游新业态分析

(一)北京旅游新业态发展条件分析

北京发展旅游新业态最为重要的条件在于首位优势。作为中国的首都,北京不仅是全国的经济、政治、文化中心,同时也是全国的交通、教育、科技、信息、旅游以及对外交流的中心。正是由于北京这一独特的条件,使得北京发展旅游新业态有其他地方难以比拟的优势。

1. 经济发展迅速

北京地区经济增长迅速。2007年实现地区生产总值9006.2亿元,比上年增长12.3%。财政收入达到1492.6亿元。从1999年开始,北京一直保持着年均超过10%的增长速度。1990年到2007年,第一产业在GDP所占的比重由8.8%逐步下降到1.1%,第二产业由52.4%逐步下降到27.5%,第三产业由38.8%上升到71.3%(2011年进一步增长到75.7%)。从北京的产业结构看,第三产业占其经济总量的比重已经接近发达国家的水平,这实际上也意味着在中国经济还处于工业化中期的时候,北京已经开始进入后工业化时代。经济发展既是旅游业发展的重要条件,同样也是旅游新业态不断产生的重要原因。可以预见,无论是作为环渤海经济圈的龙头,还是全国的经济中心,北京未来经济发展都有望以高于全国经济平均增长的速度发展,这无疑对于旅游新业态的发展是一个重大利好。

2. 市场潜力巨大

目前,北京人均GDP已经超过7000美元,按照这一发展态势,2011年人均GDP为12447美元,而在2020年将突破20000美元。与此同时,城镇居民可支配收入达到21989元,在国内位居前列。城镇、农村居民恩格尔系数分别为32.2%和32.1%,远低于全国的平均水平。目前,北京市的私家车已经突破400万辆,居全国首位,这些数据表明了北京市居民的生活水平已经从改革开放初期的"温饱型",上升到目前的"富裕型"。居民收入的增加无疑有利于旅游新业态的发展。

此外,北京市居民文化素质较高,近四分之一的人接受过大学专科及以上教育,文化素养较高的人群易于接受新的事物和新的文化,进而形成个性化的消费需求。此外北京市作为中国对外交往的中心,也使得北京市的居民更容易接受旅游的新业态,进而引导全国旅游的新方式。再次,北京市外来人口众多,无论是国内的外来人口还是境外的外来人口都有可能给北京带来新的生活方式和旅游方式。

3. 人才、技术优势突出

北京是全国最大的科学技术研究基地和全国高等院校的中心,聚集了很多全国的著名高校以及研究机构,拥有雄厚的科学技术人力资源,科技实力居于全国首位,每年获国家奖励的成果占全国的三分之一。这种人才和技术优势,使得旅游领域引进先进的科学技术,发挥各类人才的专业特长,促进新业态的产生成为可能。

4. 旅游发展基础条件好

北京旅游经济发达,居于全国领先地位。2007 年,北京入境旅游者达到 435.5 万人次,实现旅游外汇收入 45.8 亿美元;国内旅游达到 1.43 亿人次,实现国内旅游收入 1753.6 亿元。2011 年北京旅游业全年接待国内外旅游人数首次突破 2 亿人次,同比增长 15% 左右;外国入境过夜游客人数首次突破 500 万人次,同比增长 6% 左右;旅游总收入首次突破 3000 亿元,同比增长 16% 左右。

北京的旅游资源丰富,门类较全,在全世界范围内旅游资源如此富集、特色如此鲜明的地区也不多见。从传统的旅游资源看,对外开放的旅游景点达 200 多处,有世界上最大的皇宫紫禁城、祭天神庙天坛、皇家花园北海、皇家园林颐和园和圆明园,还有八达岭、慕田峪长城以及世界上最大的四合院恭王府等名胜古迹。全市共有文物古迹 7309 项,其中有 6 处世界遗产、2 处国家重点风景名胜区、1 座中国历史文化名村(爨底下村)、99 处全国重点文物保护单位(含长城和京杭大运河的北京段)、326 处市级文物保护单位。从新兴的旅游资源看,有全国工业旅游示范点 13 家,全国农业旅游示范点 11 家;村民俗旅游户已发展到 1.9 万户。而像 798 艺术区等新的旅游资源正在成为北京对旅游者新的吸引要素。

北京旅游要素条件十分优越,食、住、行、游、购、娱等要素条件在全国都有一定的优势。北京地区现有 740 多个旅行社,其中国际旅行社 69 个,国内旅行社 671 个。根据国家旅游局对于 23 个省和直辖市的旅游业综合评价结果,北京旅行社数量占到 9 位,经营业绩位于第 5 位。北京具有旅游业从业人员约 17.86 万名,位居全国第二。截至 2010 年底,北京共有星级饭店 785 家,其中五星级 60 家、四星级 142 家;A 级旅游景区(点)201 个,其中 5A 级 4 个、4A 级 66 个、3A 级 72 个、2A 级 44 个、1A 级 15 个;旅行社 1002 家。其中,有特许经营中国公民出境业务的旅行社 157 家,外商投资旅行社 17 家;观光园 1303 个,市级民俗村 207 个。

5. 奥运效应的巨大带动

作为全球最为顶级的盛会,2008 年北京奥运会的举办,无疑使北京成为了最大的受益者,而旅游业无疑又是受益最大的产业之一。奥运效应对北京旅游新业态发展的作用主要体现在旅游供给增加,基础设施的完善和旅游形象的极大提升。

从旅游供给来看,奥运会的举办增加了大量的体育场馆,2008年北京奥运场馆总数为35座,而像鸟巢、水立方这样世界级的体育场馆,本身就对游客有巨大的吸引力;此外,奥林匹克中心未来将改造成为奥林匹克主题公园,以奥运场馆为主体,加上国家大剧院、新中央电视台、T3航站楼,这些新的建筑,本身就成为新的旅游产品。而由这些奥运场馆衍生出来的体育旅游,也将成为北京旅游未来新的增长点。由于奥运会在短期内带来的大量境外客流,使得北京一些传统的资源被重新发掘。比如,一些茶馆、四合院里的"奥运人家",未来这些代表北京独特文件的资源都有可能成为北京新的旅游供给,丰富北京的旅游产品。

因2008年奥运会,北京城市基础设施的投入达到了1800亿,占到了整个奥运投资的60%。巨大的投入使北京的城市建设水平提前了不止十年,已经进入世界一流的行列。四通八达的地铁交通,新机场的建成,都给北京旅游发展奠定坚实的基础。

奥运对于北京更为重要的意义在于其对北京形象的巨大提升,即所谓"奥运商机有限,前景无限"。奥运期间,北京成为了全世界媒体关注的焦点,这也使得北京的世界性的知名度有了大幅的提高,这对于未来北京旅游新业态的发展无疑有非常重要的作用。北京需要研究的是如何借助这一提升的国际形象,填充进更多体现北京和中国特色,更有国际性的旅游新业态。

(二)北京旅游新业态发展制约因素分析

1. 认识不足,重视不够

由于长期以来形成的对观光旅游的过分依赖,使得北京旅游的发展对新业态关注不够、重视不够,在主动引导方面更显得薄弱。此外,北京也远没有把旅游新业态放到关乎北京旅游未来发展前途命运这样的高度来认识,这也导致了北京缺少将旅游新业态做大做强的信心。此外,由于旅游新业态往往超过传统的管理范围,原有的管理和促进方式不一定对旅游新业态的发展有效,而新业态对于跨部门、跨领域的合作要求非常之高,因此,没有足够的认识和推进旅游新业态发展的坚定信心和决心,很难取得相应的成效。

一般而言,理论总是滞后于实践,由于对旅游新业态的研究不足,对旅游新业态的界定不清,同时对旅游发展的前沿问题关注不够,造成了北京没有把发展旅游新业态的优势条件充分发挥出来。

2. 政府的主导作用没有有效发挥

新事物的发展自有其内在的动力和规律,但是政府能不能设计出一种好的政策制度,能不能采取有效的促进措施,同样对于新事物的发展有至关重要的作用。比如,没有风险投资制度的出现,高科技的进步和应用就会步履维艰。过去三十年,政府主导对于旅游业的发展发挥了重要作用,但是过去的政府主导更多停留在基础设施的建设,旅游形象的宣传,旅游目的地环境的改善等方面,对于旅游新业态的发展,政府主导的方向和重点应该有所调整,推动促进的方式方法也应该有所调整。从北京市旅游发展看,政府的主导作用依然明显,但是在如何促进旅游新业态发展方面,北京的政府主导显得办法不多,多是任由旅游新业态自生自灭。其实对于北京这样的大都市而言,没有出现一个大型的旅游电子商务公司(北京艺龙的市场占有率远低于上海的携程),没有出现一个大型的旅游金融保险公司,就很好地说明了这一问题。

3. 标准化建设滞后

在目前旅游行业管理部门手段不足的情况下,旅游标准化是推进工作最为有效的武器。特别是在一个新业态发展的初期,标准化的实施一方面起到了规范、引导、示范的作用,另一方面也起到了宣传推广的作用。近年来,北京市在乡村旅游标准化建设方面取得了不小的成绩,也因此推动了乡村旅游的提档升级。但是相对于大量需要用标准化介入的新型业态,北京的工作远没有达到铺天盖地的程度。以数字旅游为例,由于缺乏类似"旅游企业数字化标准"、"旅游景区数字化标准"等工作抓手,没有形成北京市乃至国家级的旅游信息化标准,也就没有了有力的工作抓手。此外,对于旅游新业态的发展,特别缺少发动行业的力量来推动旅游标准制定实施的机制,这影响了北京旅游新业态的快速发展。

4. 各类要素整合不力

旅游新业态的发育、发展有赖于各种要素的整合。北京旅游发展的各类资源非常之多,但是现在缺少一个有效的手段将其整合起来,这种各自为战的状况,极大地影响了北京旅游新业态的发展,同时也不利于北京经济的总体发展。以体育旅游为例,体育和旅游本是各自独立发展的产业,但是如果整合得好,可以在投入很小的情况下,形成一加一大于二的效果。提高各类要素的组合度,将是未来北京旅游新业态发展的重要方向。

5. **公共服务的欠缺**

旅游领域的公共服务,一方面体现在为投资者、劳动者的服务,另一方面体现在为旅游者的公共服务上。旅游新业态作为一个新兴的领域,其投资收益可能很高,但相应的风险也可能很大,这就需要政府提供更为丰富的信息。由于对旅游新业态对于人才需求的信息很难传递到人才培训和供应市场,也使得相关劳动者很难掌握旅游业发展的新动向,进而调整自己的求职行为。此外,公共服务方面的欠缺也可能影响旅游新业态需求的释放。比如,由于公共交通标志系统不完善。特别是交通公共图形符号、警示牌等标志物缺失或不明确,路途中缺少旅游咨询服务点、缺少加油站信息等原因,都对自驾车旅游的发展造成了影响。

6. **专业化人才的缺乏**

从人才数量上讲,北京由于教育机构众多,具有天然的优势,但是客观上,北京适应旅游新业态发展需求的人才并不多,旅游人才的结构性矛盾非常突出。北京从事旅游教育的学校虽然很多,但是目前依然停留在一般性的旅游培训上,很难准确对应旅游新业态的发展需要,这一方面造成了旅游专业的学生求职困难,另一方面也造成了旅游新业态企业大量的专业人才的缺口。

7. **缺少行业品牌**

从传统旅游的角度看,北京已经有了一些像首旅、青旅、国旅这样在全国有一定知名度的旅游品牌。但是在旅游新业态领域,却很难找到具有市场号召力的品牌。缺少品牌也反映了北京旅游新业态的发展还停留在分散经营的状态,旅游新业态的发展还没有从自发转向自觉。以文化旅游为例,与巴黎、伦敦、纽约等国际性文化大都会相比,北京传统的戏剧、戏曲、杂技等节目其实并不逊色,但是我们却缺少像"印象刘三姐"这样的品牌,更不能同"红磨坊"这样的品牌相提并论。由于缺少有影响力的大品牌,使得北京旅游新业态的整体形象很不突出,对于行业的做大做强也很不利。

(三)北京旅游新业态发展路径分析

1. **需求拉动创造新业态**

2007年国家假日制度的调整引来从专家学者到普通百姓的极大关注,充分说明旅游已经成为人们生活的一部分。涵盖不同层面的广泛出游人群必然产生多种多样的需求,而旅游本身就是一个求新、求异的体验过程,旅游新业态的产生,实际上就是旅游行业不断研究游客新需求,不断开辟产品、细分市场的过程。

北京居民收入高,旅游需求旺盛,对新型业态的需求处于前列,北京的人均GDP已居于中等发达国家的水平,对旅游产品的需求相应也有了更高的要求。北京居民视野宽,文化素质较高,对于常规性旅游方式的兴趣在逐渐减弱,这需要有新的业态与之对应。北京有很多外籍人士,这部分人本身就构成了对于新业态的庞大需求。

一些外国旅游者到北京来主要是想体验这里辉煌的文化遗产,但也有些游客可能还有着一些我们不易观察到的潜在需求。例如,俄罗斯人很相信中国的中医和手相,他们认为到中国来度假应该当做一次中医保健和疗养的过程。这就需要我们创造"旅游+中医保健"的康疗旅游产品来满足他们的需求。在北京的外地游客中,有相当比例的为重游者,他们希望体验新的、不断变幻着的北京。归根结底,需求都是新业态产生的一个根本基础。对于许多重复旅游者而言,千篇一律的旅游方式已经很难引起兴趣。

任何一种旅游新业态的发展最终都必须接受消费者的检验。北京应主动研究旅游者的需求,根据需求发展那些已经初露端倪、具有较大发展潜力,但尚未形成气候的旅游业态。例如,北京的商务发展是其他很多城市可望而不可即的,对北京旅游产业也是一个重要的发展前景。在商务发展中,思路应开阔。高端商务主要是老板和白领包括国内是一些官员以及国际会展活动。除了高端商务外,还应构造国内中小企业到北京经商的商务环境,在这个过程中,他们会从中端逐步转成高端,甚至从低端转成中端,再转成高端。

2. 市场竞争催生新业态

旅游业相对来说技术壁垒较低,更容易陷入同质化的低层次竞争之中。研究显示,在大众旅游市场,主要产品越来越相似,游客更多的是基于交通便利性、低廉的价格来做出选择,从全国范围看,各个景区的竞争日趋激烈,因此近年来旅游从业者正在试图不断创新经营方式和经营手段,以期提高自身的核心竞争力,形成旅游新业态,进而开创一片蓝海。

以"农家乐"这种最适宜城市居民短距离度假产品为例,近年来各地纷纷开展"农家乐"旅游项目,使市场竞争日益激烈,但缺乏特色,形式单一,制约着产品的发展,城市中不同水平的消费者,往往有着不同的目的,简单的农家乐产品将难以满足需求。针对这种情况,日前北京市旅游局在全国率先制定了"国际驿站、养生山庄、休闲农庄、旅游观光示范园、乡村酒店、满乡篱园、生态渔村、山水人家"8个乡村旅游新型业态的标准,成为全国首个地方标准。这种突出差异化,提升郊区民俗游的规模和质量,抢占细分市场的方式实际上就是源于市场竞争的压力。

未来地区旅游业的竞争将从单纯的旅游企业竞争转变到旅游目的地之间的竞争。北京对此应有充分的认识,通过发展旅游新业态来丰富北京的旅游内容,同时通过创新来改造传统的旅游业,通过新老结合,来创造新优势,赢得日趋激烈的旅游目的地竞争。

3. 投资多元推进新业态

由于旅游巨大的发展前景,使得各个领域的投资商都在寻找机会进入旅游业。一些传统工业企业、房地产企业都将企业多元化发展的道路指向了旅游业。由于这些企业并非传统旅游企业,因此,他们更能发挥自身的资金优势、营销优势,结合自身的行业特点,创新出旅游新业态。更为重要的是非传统旅游领域的投资商更能"跳出旅游看旅游",更能突破固有的旅游发展模式。同时伴随投资的更为多元,旅游业同其他行业的交叉将更为广泛,这也是促进旅游新业态产生的重要渠道。

同中国大多数城市资金饥渴不同,北京作为首都,资金非常充裕。对于北京旅游发展而言,缺少的不是资金,而是好项目。从服务业的发展看,混业经营是一个重要的特征。比如美国运通,实际上就是把旅游和金融两大服务业结合起来,从而开辟了巨大的发展空间。北京需要加快其他领域资金向旅游业的进入,通过旅游业与其他产业的融合形成增量收益,增加投资回报率。

4. 科学技术带动新业态

科技革命对旅游资源开发、旅游产品开发、旅游基础设施建设、旅游交通工具的制造和生产、旅游运营管理与服务技术、旅游环境与能源的利用、游客旅游行为都会产生重大影响,为旅游产业创造巨大的增长空间,同时也会创造出无数的旅游新业态。例如,互联网技术与旅游结合所形成的在线旅游,声光电技术在各类科技馆的大量应用形成了科普旅游,载人航天技术与旅游结合形成太空旅游等。北京科学技术水平在国内居于前列,有产生新业态的技术基础。

数字化和网络化是新技术的代表。当信息通过数字网络变成数字化和通信化时,一个新的世界就展现出来了,许多不同形式的信息可以被合成、创造,深刻影响商务和人类生活的许多方面。产业的边界被打破,工作的方式被改变,交流的时空被转换,从而使工作、生产、生活、娱乐等方面的业态发生显著的变化,对经济运行和旅游运营方式产生革命性的影响。随着网络带宽的增长、无线互联网的成长,包括数据、文本、音频、图像和视频媒体等多媒体和各种信息的传播更为方便快捷,各种新的机会将梦幻般地增长,也为各种新产业的发展和传统产业的升级拓展了更大的空间。

5. 产业融合促进新业态

随着传统意义上旅游产业的内涵不断丰富,外延不断拓展,产业融合的进程日益加快,原有的产业边界也日益模糊,旅游与农业、工业、科技、娱乐、会展、房地产、医疗等多个行业的融合日益加速。产业融合、多业共生是旅游业也是现代服务业发展的必然趋势,从时代发展的意义与趋势来看,潜力巨大。这一产业融合的态势催生了很多旅游新业态的涌现。如农业旅游、科技旅游、旅游娱乐业、会展旅游、旅游房产等多种产品形态的蓬勃发展,正好说明旅游与相关产业混业发展的潜力。

比如在山东蓬莱,投资商在葡萄庄园建五星级酒店,把一、二、三产业融合起来,拓展了经营空间,形成了一种新的跨产业经营模式,使土地的增值效应发挥到最大程度。旅游与文化、工业、农业、金融、保险等产业的融合都有助于产生旅游新的业态,特别是与服务业的融合是旅游产业融合的主要方式。北京服务业发达,无疑有发展旅游新业态的先天条件。

北京应积极探索产业融合和资源整合,通过发展旅游新业态来调整优化旅游产业结构。以优先发展现代服务业为契机,以整合城市资源为抓手,推动旅游与农业、工业、信息、文化、体育、科教、商务会展等相关行业的融合发展,全面推进旅游产品、配套、服务等的升级,调整优化产业结构,促进旅游产业升级发展。除了已经开展的农业旅游、工业旅游、文化旅游等业态外,还可大力发展旅游金融业、旅游信息业、旅游教育业、体育旅游、商务旅游、会展旅游等在北京相对较新的旅游业态。

6. 分工细化推动新业态

服务外包是世界经济发展的一个重要趋势。一方面以前其他企业自己承担的服务可能外包出去,给旅游业带来机会,比如差旅管理服务。另一方面,旅游业内部的一些服务也可能外包,从而深入旅游业的发展,比如旅游目的地的营销等。

随着户外旅游的迅猛发展,旅游装备业作为一个新的业态从特种制造业中脱颖而出。旅游装备业单就户外运动装备来看,全球户外旅游、露营用品销售增长率已远远超过体育用品,2004年全球的交易额高达320亿美元。2005年中国户外运动产品的销售额高达10亿元,许多专业人士预测未来5年内中国户外用品产业增速将达到50%以上。这为我国旅游装备业的发展创造了良好条件。

从目前北京的发展情况看,以生产旅游户外用品为主的"探路者"在很短的时间内崛起,就可以看出分工细化对于旅游新业态的推动作用。未来北京需要紧紧把握服务业这一重要的发展趋势,促进旅游新业态的快速发展。

7. 产业升级加速新业态

北京现代服务业发展迅猛。如果分析产业要素,那么从产业性质上看,当前北京旅游业中的传统服务业色彩依然非常浓厚,这与北京的产业升级是不相符合的。北京旅游业本身升级为新兴的现代服务业,也就成为一个必然而紧迫的任务。

当然,从战略角度来看,北京文化旅游的基础不能动摇,但需要在此基础上进行旅游产业升级,不断开拓新领域,开发新产品,谋求新发展。一方面,是北京旅游业近30年没有根本性的升级换代,基本上还是观光旅游为主导的产业体系。另一方面,在市场化和全球化的大潮中,这种模式在自发地发生变化。商务旅游开始全面发展,都市休闲产品正在产生,乡村旅游产品已经摆脱了传统观光模式,文化旅游产品创新之风也已开始。北京必须借产业升级促进旅游新业态的发展,从而打开北京旅游业发展的新空间。

三、北京旅游新业态发展思路及措施

(一)指导思想

以科学发展观为指导,紧密围绕北京市"国家首都、国际城市、文化名城、宜居城市"的发展定位,紧密围绕北京市旅游业转型升级,建设世界一流旅游城市的总体目标,以创新为动力,以产业结构调整和增长方式转变为主线,整体推进、突出重点,培育和壮大一批旅游新业态,从而不断拓宽旅游发展的领域,不断提高旅游产业的素质,不断增强北京在全球旅游市场的吸引力和竞争力。

(二)发展思路

1. 依托优势发展新业态

北京的传统旅游资源优势明显,北京拥有6个世界自然文化遗产,这无论在国内还是在世界上都是无可比拟的。不仅是传统旅游资源丰富,北京的政治资源、经济资源、文化资源、教育资源等都非常丰富,这一系列资源撑起了大国之都,这一系列的资源也为培育新业态创造了良好条件。北京必须跳出传统的自然旅游资源和人文旅游资源的概念,充分依托已有旅游资源发展新业态。北京当前缺少的不是好的条件,缺少的是用好的方式把优势资源变成旅游新的优势产业。比如,北京旅游信息化水平很高,但是却没有很好地为旅游业所用。未来需要将推进旅游的公共信息服务与市场化运作有机结合起来,这样既可以提供大量免费的旅游公共信息,又可以通过创新业态和增值服务等方式,推进市场化经营水平,实现二者的良性互动。

例如,依托自然文化遗产发展数字遗产旅游;依托废弃的老工业厂房发展文化创意旅游;依托在全国居首的私家车拥有量发展自驾车旅游;依托充足的旅游智力资源发展旅游咨询业;依托发达的金融业发展旅游金融;依托发达的商业和交通业发展商务会展旅游等。

2. 围绕北京城市的四大定位发展新业态

北京的"十一五"规划对北京的定位是:国家首都、国际城市、文化名城、宜居城市,我们可以围绕北京城市的四大定位来发展旅游新业态。例如,作为一国之都,常年举办的大型国际性会议和大型活动不计其数,完全具备发展会展旅游和节事旅游的基础;围绕国际城市的定位,可大力发展国际高端商务旅游;围绕文化名城的定位,可大力发展文化遗产体验旅游、文化遗产修学旅游、文化博览旅游等;围绕宜居城市的定位,可大力发展都市休闲旅游和乡村休闲旅游等。此外,旅游业要与北京城市的四大定位相匹配,还必须发展出几个具有相当规模、具有特色的旅游产业集聚区,让世界各地的游客在旅游集聚区内高质量地享受在北京的旅游活动。

3. 利用北京奥运机遇发展新业态

奥运会的举办对北京旅游发展来说是一个大机遇。北京奥运会的举办不仅让世人重新认识北京,提高了北京知名度和美誉度,而且为北京旅游的可持续发展创造了众多的新型旅游资源。大量美轮美奂、震撼人心的建筑,如鸟巢体育场馆、国家大剧院、央视新办公大楼、奥运村以及一大批高星级饭店等,不仅对于北京发展体育旅游、文化旅游、休闲度假旅游、商务旅游、会展旅游等提供了绝佳的载体,而且也为旅游发展注入了不可多得的人文元素。奥运会的举办必将推动北京多种旅游新业态的兴起,全面提升北京的旅游水平。奥运会后如何进一步发挥其延伸效应,旅游新业态是其中的一个重头,而旅游新业态也要多借助奥运形成的难得机遇,谋求更大的发展空间。

4. "创造性移植"发展新业态

可以通过把在其他地区已取得成功的旅游业态进行创造性移植,使之成为具有背景特色的旅游新业态。以大型旅游晚间文娱节目为例,"纳西古乐"、"印象刘三姐"、西安"唐乐宫"等成为丽江古城、漓江和西安等地吸引游客前往的重要吸引物,带动了当地旅游业的发展。北京可以考虑以一些世人皆知并无限向往的地点作为晚间文娱的主要表演场所,培育一批晚间旅游文娱产品精品。例如对奥运开幕式和闭幕式中的优秀节目进行改编,对体现北京特色的京剧折子戏、体现北方特色的杂技、体现中国特色的歌舞、体现时尚气息的晚宴秀等进行重新包装,打造出具有独特北京韵味的大型晚间文娱精品节目,丰富旅游者在北京的晚间旅游活动。

5. 改革创新引领新业态发展

改革创新可以体现在北京旅游发展的各个环节。例如,通过创新,在文化旅游开发方面,将旅游业从传统服务业升级改造为新兴服务业。在商务旅游开发方面,将旅游业从单一为生活服务的产业提升为为生产生活服务的产业,并成为全国旅游业的提高模式,从而以旅游城市的角度积极实践建设创新型国家的要求。通过北京创意产业的集中战略,使之成为城市文化的重要组成部分和旅游的新热点;同时发挥旅游业各相关要素的提升作用,为文化产业尤其是创意产业寻找广阔的市场价值实现空间。通过发展旅游信息产业,促进信息技术在旅游行业中的应用,把信息技术渗透到市场宣传、咨询服务、项目开发、企业管理、营销方式、支付结算等现代旅游经济运行的各个环节,以信息化促进产业进步。

6. 瞄准高端发展新业态

北京作为首都,既是中国高收入群体的会聚之地,也是世界高收入群体重要的消费地,这使得北京在高端消费方面有其他地方难以比拟的优势。这为北京发展高端旅游新业态提供了难得的条件。高端旅游消费由于单价很高,因此附加值自然很高。比如为高端人士一次登山提供全套服务,就可能有几十万的收入;一个跨国公司的 CEO 一次商务旅游活动的花费就抵得上数千普通游客的旅游消费。目前,上海正在以邮轮旅游为重点,发展高端旅游产品,根据规划,到"十二五"期末,本市作为邮轮母港的发送能力将达到 30 万~50 万人次,出入境邮轮及旅客分别实现 500 艘次与 100 万~120 万人次的规模,邮轮产业对上海直接经济贡献达到 50 亿~80 亿元,总体经济贡献达到 150 亿~200 亿元。未来北京需要突出优势,推动高端旅游市场的发育,有计划、有目标地形成高端的旅游业态,从而提升北京旅游业的整体水平。

(三)发展方向

1. 发展生产型服务旅游业,不断拓展旅游服务的新空间

转变旅游发展思路,大力发展生产型旅游服务业,实现旅游业从传统服务业向现代服务业的转变。

第一,发展奖励旅游。遵循奖励旅游的一般规律,把北京建设成为国际上重要的奖励旅游目的地;以北京出游市场为主要载体,加大传统旅行社开发奖励旅游市场的力度,培育新兴的奖励旅游公司。

第二,发展差旅管理。通过加快北京企事业单位的差旅活动的服务外包,形成一批有市场竞争力的差旅管理公司。

第三,发展商务会展旅游。发挥首都的首位优势,增加国际会议数量,提高展会层次,推进旅游企业开展商务旅行服务和会展服务,培育商务会展旅游公司,加强人才的培养和引进力度。

第四,发展旅游传媒业。开发专业的旅游电视频道,扶持面向主要客源市场的旅游杂志、书籍的出版,支持各旅游媒体开发能体现北京旅游特点的新栏目,高度重视旅游网站这种新型传媒的作用,形成新兴的旅游传媒领域。

2. 提高服务散客的意识,不断增强旅游业的服务深度

第一,加强数字旅游建设,适应散客旅游发展需要,培育一批面向全国甚至全世界,有竞争力的旅游电子商务企业。

第二,探索旅游散客公共服务外包之路,在推动旅游市场化不断深入的过程中,进一步提高为散客服务的效率和水平。

第三,鼓励和支持旅游企业将服务重点从团队服务向散客服务转移,在为散客服务中开辟新的旅游市场。

3. 不断丰富旅游内容,促进旅游要素的发育

第一,完善自驾游服务体系。以旅游标准为手段,推进汽车旅馆、宿营地建设。加强公共服务和配套体系建设,推动汽车租赁业发展,培育有竞争力的汽车旅游品牌。

第二,加快主题酒店的建设速度。充分发挥北京的文化优势,推动酒店市场的不断细分,形成中国乃至全球主题酒店的密集区,引领主题酒店的发展潮流,同时形成一批面向高端市场的顶级主题酒店。

第三,积极开发旅游新产品,创造旅游新方式。以北京的资源和市场为依托,优化科技旅游、民俗旅游、生态旅游、修学旅游、博物馆旅游、温泉旅游、滑雪旅游的经营方式,提高市场竞争力。

第四,发展体育旅游。以奥运为依托,积极承办国际大型体育赛事,逐步形成以旅行社为赛事门票销售重要渠道的经营方式,促进参观体育赛事与其他旅游活动的有机结合。

第五,发展旅游演艺业。针对境外游客,开发1~2台浓缩中国元素的大型演艺节目,使北京成为境外游客了解中国文化的窗口;针对国内旅游,开发1~2台反映北京文化、历史的大型演艺节目。

第六,提高旅游购物水平。开发有特色的旅游购物品,优化旅游购物环境,建设以旅游者为主要服务对象的旅游超市,建设旅游商贸区和形成一批特色旅游购物街。

4. 提高旅游配套水平,增强旅游业的综合带动功能

第一,发展旅游金融保险。促进金融业、保险业同旅游业的融合,提高旅游结算、外出旅游的便利程度,增加旅游保障水平。发展数家全国性的旅游金融和旅游保险企业。

第二,按照旅游都市型工业的要求,发展旅游装备制造业。把北京建设成为旅游装备制造的设计和研发中心。

第三,大力发展旅游教育培训产业。提高旅游教育培训水平,成为全国性的旅游教育培训基地。

5. 促进休闲产业的发展,拓展旅游发展的空间

第一,引导休闲消费,形成休闲氛围,并充分挖掘休闲带来的巨大商机,以引导休闲产业发展为切入点,不断丰富促进休闲产业发展的手段,逐步拓展旅游行政部门的管理空间和服务空间。

第二,培育城市休闲产业体系,形成一批有特色的游憩中心区。

第三,发展山地休闲产业,提升北京周边山区的休闲水平,完善休闲功能,

丰富休闲内容。

6. 建设旅游产业集聚区,形成北京旅游新的竞争优势

第一,把建设旅游产业集聚区作为北京市旅游产业转型升级和提高旅游竞争力的主要手段。

第二,结合北京的首都优势,规划一些以荟萃中华文化为重要载体,以丰富的旅游内容为主要支撑的产业集聚区。其发展方向要体现北京独一无二的特点,形成其他地区无法模仿的竞争优势。

第三,加强金融、税收、土地、生态、环保方面政策的支持力度,按照不低于文化创意产业区的扶持标准,引导各方面资金投入旅游产业集聚区的建设。

(四)发展措施

1. 政策指导

出台发展北京旅游新业态的指导意见,将发展新业态作为北京旅游业未来发展的主要方向,引导各方面的力量投入到北京旅游新业态的建设当中。要根据发展情况,尽快制定有利于培育旅游新业态的政策体系,研究制定相关政策、实施细则,完善配套政策;针对各个新业态的不同特点,制定完善的针对不同业态的扶持政策,增强政策的针对性和指导性。

为不断扩大旅游边界,发挥旅游的产业综合促进功能,要推动国家层面尽快实现从旅行社管理向旅游服务管理转变,从星级饭店管理向流动住宿业管理转变,从旅游景区管理向旅游吸引物管理转变,从旅游产业促进向休闲经济服务转变。在国家层面推进有困难的情况下,北京市旅游局需要首都应有的"首创"精神,争取相关领域的突破,以突破现有缺乏管理促进手段的瓶颈。

切实加大财政资金支持,争取市政府每年安排5亿元作为促进旅游新业态发展的专项资金,作为旅游新业态企业贷款贴息、项目补贴等方面的引导性资金,扶持一批具有示范、带动作用的旅游新业态项目。设立旅游新业态创新奖,表彰奖励在北京旅游新业态发展中做出突出贡献的企业和个人。此外,在土地、税收以及水、电、气价格方面予以较一般旅游企业更为优惠的措施。对旅游产业聚集区,争取享受文化创意产业聚集区的优惠政策,在基础设施、公务服务、土地安排方面予以优惠。把旅游产业聚集区作为提高北京未来旅游竞争力的重要途径。由于文化旅游被列为北京市重点支持发展的创意产业,北京市旅游主管部门还需要进一步加强与北京市创意产业促进中心的联系与合作。

高度重视标准化在推动旅游新业态发展中的突出作用。积极借鉴国际先进的经验,组织制定相关旅游新业态的标准。充分发挥行业协会、中介组织的作用,进行标准的制定和推广。

2. 市场培育

要以沟通旅游新业态的供给方和需求方为着眼点,在相关信息提供方面,加大宣传力度,创新宣传手段,使更多的旅游者了解北京旅游新业态发展的宏观情况和详细状况,使更多的投资者发现旅游新业态领域的投资机会。

编制北京年度旅游新业态发展报告,全面反映北京市旅游新业态发展的综合情况;在北京的报纸、杂志、电视、网络、手机等媒体上开设旅游新业态专栏,反映北京旅游新业态的动态信息;每年组织一次北京旅游新业态发展高峰论坛,及时发布旅游发展的最新趋势。

突出新业态的主题,每年定期举办国际旅游新业态博览会,传播时尚的旅游方式,先进的旅游经营理念,或者在北京旅游博览会中大幅增加旅游新业态内容。在北京的旅游宣传中,要突出旅游新业态的内容,将旅游新业态同传统旅游产品的宣传结合起来,丰富北京旅游的整体形象。

3. 人才建设

根据北京旅游新业态的发展重点,加强相关的人才建设。支持在高等院校设立旅游新业态的相关专业,或是增加旅游教育中旅游新业态方面的课程,重点培养旅游新业态的管理、营销等应用型人才;通过论文研究经费支持,鼓励高等院校在硕士、博士层面培养旅游新业态的研究型人才,特别是吸引更多非旅游专业的研究人员从各自专业角度研究旅游新业态。

加强在职培训。逐步建立教育培训和岗位实践相结合的旅游新业态人才培养机制。加强对主要旅游管理部门的培训,特别是要出去学习国际旅游新业态发展、促进和管理的方法,提高服务旅游新业态发展的能力;促进校企联合,通过开办旅游新业态专题培训班等方式,给旅游企业中高级人才提供相关知识培训;主动与金融、体育、文化等涉及旅游新业态的部门单位合作,通过专题讲座等方式进行在职培训。

鼓励引进在国际上已经发展比较成熟,但在北京才刚刚起步的旅游新业态经营、管理人才;编制旅游新业态人才开发目录,不断创新旅游新业态人才引进和奖励机制。

4. 加强联动

旅游市场是开放的市场,旅游经济是开放的经济,旅游产业是综合性的产业。这就需要在旅游新业态的发展中加强区域联动、部门联动和产业联动。

要把北京旅游新业态的发展放在京津冀一体化的大视野中进行观察。建立区域促进旅游新业态推进机制,加强合作,做好分工,避免恶性竞争,共同打造京津冀旅游新业态发展高地。可以考虑在京津冀交界区域共同建设旅游产业聚集区,比如对于滑雪旅游这种新型业态,按照资源禀赋的不同,形成北京对应初级市场,河北对应中高市场的合理分工格局。

要加强部门联动。北京旅游局应该借助北京市推动旅游新业态发展领导小组这样的组织框架,主动与其他部门协作配合,加强沟通,争取联合出台扶持的政策,研究制订共同发展的方案,形成共赢的良好局面。

要按照市场经济的发展规律,推动旅游产业与其他产业在更大程度的交叉、融合,促进旅游产业与其他产业通过资金、人才、市场等手段实现混业经营,不断开辟产业发展的"蓝海"。

5. 发挥功能

要注意把旅游新业态和旅游传统业态的发展结合起来。要充分发挥新型旅游对传统旅游的改造、提升和拉动作用,推动新老产品、新旧市场一起发展。

要注意把旅游新业态的发展同推动北京城市化进程结合起来。通过发展主题乡村、主题城镇等一系列手段,实现城乡互动、和谐共生的良好局面。

要注意把旅游新业态的发展和国际化结合起来。让国际化真正融入市民生活(比如"奥运人家"),同时用旅游新业态提升北京整个国际化的形象。

要注意把推动旅游新业态发展同提高旅游业的创新能力结合起来。通过旅游新业态的发展突破北京旅游传统的路径依赖,让创新成为北京旅游未来发展的不竭动力。

四、北京旅游新业态的发展

(一)数字旅游

1. 北京数字旅游现状

北京市旅游业在数字化建设、基础技术和应用技术与国外大都市存在较大差距,其数字旅游产业与国际都市有较大鸿沟,仅从国内比较,已经落后于拥有携程的上海,这也直接导致了北京在国际旅游市场上的吸引力和竞争力水平不高。具体表现在:一是作为旅游目的地的数字化水平低。北京旅游业发展中面临的一个突出的问题就是产品和服务的技术含量低。这影响着海外数字化高端旅游者对北京旅游的认知和北京旅游行业的发展,并最终导致北京旅游业的水平和城市竞争力的提升,进而阻碍北京向世界级旅游城市的战略目标迈进。二是电子商务、电子政务的缺失。北京的旅游电子商务远远落后于国外发达城市,其总体特征是电子商务意识初步形成、形式较单一,各区和行业的发展程度参差不齐,电子商务模式仍在摸索实现中。目前北京市从事电子商务的公司总体上规模小,服务内容不全面,服务手段不便捷;北京旅游电子政务网站信息更替慢、旅游咨询不完备、便民服务项目少、反应不及时。当然北京发展数字旅游也有不少有利条件,特别是北京是全国最大的科学技术研究基地和全国高等院校的中心,科技实力居于全国首位,为数字旅游产业的发展提供了极其优越的机会和巨大的技术支持。

2. 推动北京市数字旅游发展的主要举措

未来北京需要明确把数字旅游当做一个产业来认识和定位;加强旅游数字化重点项目建设;制定统一标准,形成有力的工作抓手,进一步发挥政府的相关作用。

(1)成立专门的数字旅游行政管理机构

北京市应在思想上高度重视数字旅游产业的地位和作用,尽快成立专门的数字旅游管理机构,主要由市旅游局、信息产业局等管理部门共同组成,以加强对数字旅游产业进行具体的管理和指导,同时加强数字旅游资源的开发与保护,加强数字旅游市场规范化、国际化管理,制定数字旅游人才培育、数字旅游管理者的技术等级评定等各种与数字旅游业发展有关的制度和措施,使之步入制度化、规范化的轨道。

(2)把发展数字旅游产业纳入政府相关主管部门工作框架

北京市相关政府部门和企业单位要进一步提高对发展数字旅游产业相关重要意义的认识,切实将发展数字旅游纳入每年的工作计划,把其作为一项常规重要工作。在考核相关领导干部时,要将数字旅游发展正式列入各地区发展指标和干部考核指标中,并设立具体的指标体系和工作措施。

(3)加紧进行重大数字旅游项目建设,积极消除北京旅游的"数字化鸿沟"

第一,全面建设北京数字旅游信息库。建立旅游信息数据中心,全面地收集、整理北京的旅游信息资源,包括旅游目的地信息、旅游企业信息、旅游产品信息、旅游促销信息、旅游活动信息以及其他信息,如旅游图片库、视频库、三维实景图库等,并按照统一的标准进行规范化处理,集中存储为一个综合性的旅游信息数据库,为现在和未来的各种旅游信息化建设和应用提供技术的数据支持平台,成为北京旅游信息化的核心基础设施。其中,重点是专门针对北京旅游企业,搭建北京旅游营销信息数据库,收集、整理旅游同业、企业、媒体、消费者等各类旅游营销信息,建立旅游营销数据库,为各类营销应用系统提供基础的数据支持。

第二,全面打造北京旅游目的地信息服务体系。其包含的服务内容有:目的地信息查询服务、公共信息查询服务、旅游黄页信息服务(如餐厅、酒店、旅行社等)、新闻娱乐信息服务(如时事新闻、股票行情等)、景点导游服务、游客投诉服务、旅游紧急救助服务、移动短信服务功能(二维码的识别与使用)、租车服务、跨语言、跨国境、无障碍旅游信息服务、配合各种旅游宣传广告和活动提供交互的问讯服务、旅游企业之间的交流通信服务。其服务形式为:电话问讯服务、网上问讯服务(可选)、自动问讯服务、多语言问讯服务、旅游企业内部通信服务。提高旅游信息亭设置的合理化水平,尽快将旅游DMS整体平台与现有的旅游咨询服务中心站点以及电子地图公益触摸屏查询系统("数字北京")进行有机整合,形成日常工作机制,确保发挥长效作用。

第三,建设北京旅游智能搜索工具。北京市的旅游搜索引擎及全文检索系统的目标,是做聚合专业/行业搜索引擎,为网民提供专业的旅游信息检索,让分区DMS拥有自己的搜索引擎,为客户定制搜索引擎,让信息更快传播,让人们获得更专业、更全面、更准确的旅游信息。

第四,加快搭建北京移动数字旅游平台。北京应考虑有规划地建设可移动的数字旅游信息提供服务,以对应北京国际化、全球化的发展趋势,主要包括支持车载信息终端(主要针对私家车)、支持网络电视、整合地理信息系统(GIS),提供线路设计,按距离范围搜索等服务内容和功能。

第五,全面构建旅游企业公共平台。由政府推动,为北京乃至众多的旅游企业搭建电子化平台,将旅游电子政务和旅游电子商务有机融合,实现平等交流和诚信沟通。其中,公众旅游诚信评价体系为重要内容。

(4)以政府投入为主,积极吸引多方面资金参与北京数字旅游产业发展

数字旅游是以信息系统为核心的,主要包含旅游数据库和市场信息系统,旅游信息平台、旅游咨询中心、旅游呼叫中心等设施设备的搭建,都需要巨大的资金。国外在旅游信息化的过程中,其资金来源主要是由政府提供。北京市也

应以政府投入为主,并广泛筹集各种渠道的资金进行数字旅游产业建设。

(5) 积极发挥各级政府在数字旅游产业发展上的主导、杠杆和服务作用

一是主导作用。北京市政府应在提供公共物品上发挥作用,通过公共财政,满足公共需求。北京市旅游管理部门应负责系统地规划、开发和建设当地的旅游信息服务体系,保证信息的全面性、公正性和质量,并通过提供多样化的服务形成收益机制。二是杠杆作用。北京市旅游管理部门应把握市场社会中"有限政府"的本义,将更多的资源集中在统筹规划、制度安排、构建基础平台、制定标准、规范诚信、提供市场无法提供的服务等方面,通过杠杆效应的发挥,调动各种社会力量,引导社会资源流向既定目标,共同构建富有活力的旅游信息体系。三是服务作用。北京市应通过推广旅游信息化的手段来实现为数字旅游产业的服务作用,而数字旅游的发展反过来会强化政府的工作业绩和执政力度。

(6) 完善制度设计与进行科学规划

北京市相关主管部门要高度重视数字旅游产业的制度和机制设计问题,其主要包括政府的职权、合作的方式、利益的分配等。同时要制定具有整体性、战略性和实践性的旅游信息服务体系发展规划,解决困扰实践的难题,对国际经验的借鉴、新技术的应用与合理的制度设计给予高度的重视。

(7) 制定数字化标准,提供有力工作抓手

北京市应加快提出与国家标准委员会及国家旅游标准相符合的,类似"旅游企业数字化标准"、"旅游景区数字化标准"等工作抓手,形成国家级的旅游信息化标准。

(二) 新遗产旅游

1. 北京新遗产旅游的现状

近年来,北京建设了一系列的新型建筑,如央视新台址、国家大剧院、中华世纪坛、国家体育场、国家游泳中心、森林公园等。这些新型产品建成以后,尤其是在奥运会的成功举办之后,为现代北京创造出了标准性的特征产品,成为了中国开放的形象,中国旅游业的新亮点。

央视新台址、国家大剧院,以及其他的场馆和建筑,不论在中国,还是在世界,都具有唯一性,同时也具有垄断性。尤其是奥林匹克公园,它的中心区位于北京北中轴线端点,是城市传统中轴线的延伸,意喻中国千年历史文化的延续。奥林匹克公园集中体现了"科技、绿色、人文"三大理念,是融合了办公、商业、酒

店、文化、体育、会议、居住多种功能的新型城市区域,它拥有亚洲最大的城区人工水系、亚洲最大的城市绿化景观、世界最开阔的步行广场、亚洲最长的地下交通环廊。这些传奇的、梦幻的、现代的,并且具有文化的建筑标的物,是世界性文化新产,若干年后它将变成世界文化遗产。既然是新遗产,就要把它做精,就要从产品本身各个方面的设计考虑,即将小事做成大事,将细节做成微妙,将服务做成超值,将重复做成精品。

2. 推动北京市新遗产旅游发展的主要举措

(1) 找准新遗产旅游的定位,突出功能性

要根据新遗产的定位,把握主体功能强化,新兴功能深化,相应功能转化,文化资源泛化,综合配置优化的原则,对新遗产进行旅游新业态的开发。第一,基本定位是大众,即大众观光区、大众休闲区、大众娱乐区、大众运动区。这四个大众的定位,是有内在的规律性的。但有些功能要做到高端产品,如国家大剧院、央视新台址等。第二,四个新的定位,即新北京、新产品、新奥运、新旅游。奥运会的成功举办,使北京打开了世界的窗口,树立了良好形象。这些新建筑势必会形成北京旅游吸引国内外游客的新亮点。中国是个人口大国,奥运会形成的奥运遗产,没看过的旅游者总想来看一看,这样它就会维持一个比较长期的北京旅游亮点的态势。第三,四个功能定位,即公共性、公益性、经营性、效益性。对于北京的这些新产来说,无论是公共区,还是各个场馆,实际上都是多种性质的综合体,如"水立方"的业主是北京市国有资产经营有限责任公司,"鸟巢"投资总额的58%也是由国家投资的。这些都是公共性的产品,具有公益性,但是它们在今后的发展中,同样需要良好的经营,提高效益性。

(2) 完善产业链,延伸服务链

目前,北京旅游业种的主体资源仍以观光型的产品为主。在注入北京旅游的新遗产之后,各个场馆和标志性建筑形成了强大的磁场,延伸出一系列的产业链条。我们应根据各个新遗产的具体情况,完善产业链,延伸服务链。例如经营新台址园区,完善电视产业链,进一步构建多种业态发展的媒体创益产业园区。

(3) 增加活动项目,延长游览时间

首先扩充参观路线上的活动项目,横向延长参观时间,提高其他经营项目的赢利率。其次各大场馆开展歌舞文艺等大型节目,纵向延长经营时间,例如开辟晚间剧场、晚间文艺活动等。最终提升奥运新遗址的综合功能,达到空间扩展,时间利用,内容深化。

(4) 设计产品联动,创新旅游格局

现在,北京的旅游发展格局是一老一新。"老"指"老五件",第一次来北京时这些东西都得看。"新"是指一系列的新产品,即鸟巢、鸟蛋、鸟腿(新央视台址)、鸟嘴(中华世纪坛)等。因此,新北京在这种产品的联动下将构成另外一个特色。如第一次到北京可能就看老五件,现在除了老五件,新产品也得看看,看又得花钱,这便是联动的过程。分清彼此之间的联动关系,构造新北京、新旅游的信息。北京旅游局在这个层面上需要做总体策划,彻底改变老北京的旅游格局,形成北京旅游新产联动的新格局。

(5) 软开发硬设计,软产品硬活动

从开发的角度来说,要以软开发为主,不需要更多的硬开发。例如,奥林匹克公园在建设期间做了大量的投资,也建设了良好的环境,而且一系列相配套的设施都建起来了,所以在下一步的开发上,最重要的就是规划、设计、组织、安排。达到软开发硬设计,即开发设计的产品叫软产品,但是里边包含的活动应该是硬的活动。

(6) 群体产品,总体品牌

群体产品,总体品牌是指将北京的新遗产,尤其是北京奥运物质的和非物质的新遗产,进行资源整合,构建成群体产品的概念。包括在宣传促销上的创新,以吸引更多的关注、吸引更多的旅游者。在整合的过程中,需要在开发上形成"有统有分,统一设计,大产品统一经营"的思路,构成完整的体系和分工,对应主流市场。例如,大众观光产品,应是统一设计、统一经营,共同打造品牌,但在其他一些分化性的市场上,如演出活动、音乐节、文化创意等细分市场,可以在统一设计的前提下,各尽所能,分散经营。

(三)旅游传媒

1. 北京旅游传媒的现状

得力于北京传媒产业的雄厚实力和北京旅游业的快速发展,北京旅游传媒产业发展迅速,具备了一定的发展规模,涉及所有主流媒体范围和种类,在全国处于发展首位,发展速度明显高于其他主要城市,发展水平居于全国最前列,并日益朝着国际化、产业化和规模化方面发展。总体来看,北京发展旅游传媒已经具备了很好的条件。但北京的传媒产业和旅游业的互动渗透还很不够,北京旅游传媒产业作为一个产业来说,规模还不够大,产业化、市场化还须进一步深入,特别是北京旅游传媒品牌还比较缺乏,各旅游传媒之间还基本上处在各自为战的状况(比如杂志、报刊、电视、网络媒体之间还少融合),使得北京没有打造出综合性的旅游传媒集团。此外,各区县的发展还很不均衡,相关旅游传媒企业规模、实力和专业化还有待进一步提升,相关主管部门的认识和重视程度需要进一步加强。

2. 推动北京市旅游传媒发展的主要举措

(1)提高认识,明确产业定位,成立专门管理机构进行规范管理

北京市应在思想上高度重视旅游传媒产业的地位和作用,尽快成立专门的旅游传媒管理机构,主要由市党委宣传部、旅游局、广电局、新闻出版局等管理部门共同组成,以加强对旅游传媒产业进行具体的管理和指导,同时加强旅游传媒市场的规范化、国际化管理,加强旅游传媒人才培育,制定旅游传媒工作者的技术等级评定等各种与旅游传媒产业发展有关的制度和措施,使之步入制度化、规范化的轨道。

(2)把发展旅游传媒产业纳入政府相关主管部门工作框架

北京市相关政府部门和企业单位要进一步提高对发展旅游传媒产业重要意义的认识,切实将发展旅游传媒产业纳入每年的工作计划内容,把其作为一项常规重要工作。在考核相关领导干部时,要将旅游传媒产业发展正式列入各地区发展指标和干部考核指标中,并设立具体的指标体系和工作措施。

(3)明确品牌战略,提供政策支持,加强规范管理,优化产业发展环境

将旅游传媒产业纳入国民经济与社会发展计划,明确树立打造国内外知名品牌的发展战略。要紧密围绕旅游传媒产业这一中心,抓紧制定和出台实施相关旅游传媒产业发展配套政策:增加财政预算资金和开发、促销资金,建立旅游传媒发展基金;对旅游传媒企业减免所得税、调节税、行政事业性收费,同时还可获得优先贷款;建立一套适合发展旅游传媒的管理系统;及时出台包括旅游传媒发展与项目规划在内的各类旅游传媒产业准则,使北京市旅游传媒产业同国际旅游传媒业有机结合起来;依靠法律手段来加强对旅游传媒产业的经营、监督与管理;重点扶持一批有较大发展潜力的旅游传媒产业,政府要在开发、规划、管理、宣传、促销中发挥优势,为北京旅游传媒产业提供良好的发展环境。

(4)加强宣传力度,开展多层次促销

以旅游传媒的各种主题学术研讨会、论坛、展览、知识竞赛、演讲、假日旅游产品推介会、演出等活动为载体,利用电视、网络、广播、各类平面媒体等手段,全面推进旅游传媒产业发展。通过积极的宣传,加深和强化社区及居民对旅游

传媒的观念,使北京市旅游传媒产业一开始发展就有较高的起点,有一个规范的行为,以充分发挥它在经济和社会中的作用,最终促进经济发展和人民生活质量的提高。

(四)自驾车旅游

1. 北京自驾车旅游服务现状

随着我国经济的持续高速发展和消费观念的转变,追求旅游个性化的需求日益增强,随着带薪休假制度的推行以及我国旅游者逐步具备了较丰富的旅游经验,自驾车旅游的规模将有较大增长,并会逐步成为主流的旅游方式,在旅游市场中所占比重也会日益增大,与之相关的产业服务将会越来越繁荣和完善。

一方面,北京发展自驾车旅游服务有特殊的优势。北京近年来经济发展迅速,城镇居民可支配收入在国内位居前列。初步统计,地区生产总值由2002年的4330.4亿元增长到2007年的9006.2亿元,年均增长12%以上,人均地区生产总值突破7000美元。2007年城镇居民人均可支配收入达到21989元,年均实际增长11.5%;2011年城镇居民人均可支配收入达到32903元,比上年增长13.2%,扣除价格因素后,实际增长7.2%。可见北京市自驾车旅游的经济基础已经成熟。自驾车旅游快速发展的前提是汽车在家庭的普及或者汽车租赁业的成熟发展。2006年,北京私家车数量已经达到约215万辆,到2011年底,机动车保有量达到498.4万,其中私家车有371.7万辆。同时交通网络的扩展和完善是自驾车旅游发展的必备条件。由于较为完善的交通网络即将形成,北京自驾游目的地的选择不断增多,将极大推动自驾游的发展。但是,北京自驾车旅游服务也存在很多问题,主要有:配套设施及服务不健全;自驾车旅游公共服务缺失;自驾车旅游安全缺乏保障;尚未形成有影响力的自驾车旅游行业品牌;异地汽车租赁行业的不完善限制了自驾车旅游的发展;自驾车旅游配套产业尚未兴起。

2. 推动北京市自驾车旅游服务发展的主要举措

(1)完善自驾车旅游的配套设施和服务

构建交通建设部门与旅游部门的联络体制,构建旅游交通服务中心,在发展市政交通的基础上,考虑自驾车旅游功能,完善自驾车旅游的配套设施和服务。具体可以开展以下工作:首先,进一步完善北京市区及周边交通网络体系建设,加强交通信息标志系统,加快自驾车旅游沿线服务设施建设,重点是加油站和车辆维修点等设施。其次,完善自驾车旅游服务体系。主要包括四个部分:一是汽车营地;二是汽车旅馆;三是固定或者流动的保障供给和服务设施;四是急救救援设施,包括救护和消防设施等。如在高速公路服务站、城市出入口或繁华地带建立临时或固定的自驾车服务中心。

(2)建立自驾车旅游公共服务体系

首先是建立自驾车旅游者和旅游目的地之间的信息沟通交流平台。其次是加强政府部门之间的联动,为自驾车旅游保驾护航。各旅游目的地应联合政府各部门,建立自驾车旅游的安全服务体系和交通秩序管理体系,包括社会安全、交通安全和事故处置等,将自驾车旅游安全和秩序问题纳入地区的公共服务体系,完善信息传递机制和投诉处理机制。

(3)完善自驾车安全保障体系

首先是出台相应的行政法规,规范行业管理。其次是建立安全信息沟通平台。最后,建立自驾车旅游的保险体系,增强自驾车旅游者的保险意识,为自驾车旅游者提供保障。

(4)整合多方资源,创立自驾车旅游品牌

在旅游管理部门的配合下,各有关经营企业应开拓思路,结合自驾车旅游产品的资源开发、组织形式、赢利模式、市场推广等问题进行深度探索,结合国内外典型案例,整合一系列的或者比较集中的旅游资源,开发系列自驾车旅游产品,率先在国内打造优秀自驾车旅游品牌。

(5)大力发展汽车租赁行业

一是加强政府部门对租赁行业的管理,包括政策法规的完善、优惠的财税政策以及对市场的监管。二是推进汽车租赁企业规模化经营,推进建设区域及全国性的连锁经营模式,形成与上下游企业的配套。三是发挥租赁行业协会作用,建立诚信系统,制定业内的管理制度,规范租赁市场,构建行业风险防御系统。

(五)主题酒店

1. 北京主题酒店现状

目前,北京的寰岛博雅大酒店、北京新疆饭店、北京中民大厦、王府井大饭店、北京国宾酒店、北京东方饭店、平西王府等已具备了主题酒店的基本要素。从优势方面看,北京的历史文化积淀深厚,是我国的文化中心,在主题酒店发展上具有良好的条件。但北京发展主题酒店也有明显的不足:一是主题酒店概念不清晰,缺乏统一标准;二是主题设计脱离地域文化,缺乏特色;三是主题酒店主题不突出。

2. 推动北京市主题酒店发展的主要举措

(1) 以行业协会为主体，推行行业标准，规范市场

旅游部门首先需要积极引导主题酒店行业协会建设，依托市场，发挥行业协会作用，为主题酒店产业发展制定相关行业标准，联合营销，进行经验交流及人员培训等。工作的重点是大力推行主题酒店的行业标准，规范市场运作，保障主题酒店的发展和形象。

(2) 发掘主题文化内涵，特色经营

以行业标准引导主题酒店发掘文化内涵，实行特色经营。文化是主题酒店的核心。主题酒店有着个性化的主题，整个酒店的经营都要围绕着这个主题：体现在建筑、装饰上；体现在服务上；体现在酒店的氛围中。主题酒店的经营就是要以酒店文化为基础，并对文化进行深入挖掘，形成自我特色。主题酒店的文化性不仅体现在文化符号、文化表象、文化形式上，更重要的体现在文化内涵和文化实质上。

(3) 引导发展，控制数量

一方面需要主管部门利用政策积极引导主题酒店发展，另一方面需要加强主题酒店的规划与分布，控制主题酒店数量，避免盲目建设。

(六) 旅游金融

1. 北京旅游金融现状

北京金融产业聚集，全国80%以上的银行、保险、证券、基金公司都将其业务总部和研发中心设于北京。目前金融业在北京GDP中占的比重达到14.6%，高于上海10%的比例，具有极强的产业发展优势。此外，一方面北京金融人才密集，拥有全国独一无二的智力资源优势；另一方面，北京也是中国旅游市场的领头羊，包括国内旅游、出境旅游、入境旅游在内的三大旅游市场在国内旅游业中占据了举足轻重的地位。尽管金融和旅游都很发达，但是北京的旅游金融业却非常滞后，不仅没有多少像样的旅游金融企业，在金融行业内涉及旅游业务的也很少，旅游金融在整个金融业中所占的比重微乎其微。这不仅与国际上的有很大差距，而且也落后于上海。未来，中国旅游金融将面临前所未有的发展空间，对于北京的金融业和旅游业而言，都是一次难得的机遇。

2. 推动北京市金融旅游发展的主要举措

(1) 促进旅游与金融的结合

以优先发展现代服务业为契机，以整合城市资源为抓手，推动旅游与金融、

商贸、科技等相关服务行业的融合发展,全面推进旅游产品、配套、服务等的升级,调整优化产业结构,促进旅游产业升级发展。

(2)促进金融业在旅游领域的创新

推动深度金融衍生品在我国旅游市场的发展,积极扶持金融产品创新。比如,旅游期货、旅游资源的资产证券化等。推动国际金融体系与国内旅行社的结合,打破传统接待服务模式,积极开拓衍生性业务。

(3)推动金融资本进入旅游行业

促进金融资本直接并购旅游资本,建立银行的中间业务赢利模式,实现银行业务与旅游业务的服务平台共享。利用银行资金优势,对符合信贷政策的旅游业实行中长期信贷扶持政策,并适当放宽贷款条件,创新投融资体制,促进各类资金流入旅游业。

(4)提高技术在旅游金融领域的运用

加强信息技术在旅游金融领域的运用。比如,完善在线旅游支付平台,促进银行与第三方支付企业的广泛、深入的合作。

(5)扶优做强,打造旅游金融领域的旗舰企业

把旅游金融作为转变北京金融业深化市场化发展途径的重要突破口,运用导向性政策,以金融为主体,立足国内旅游市场,瞄准国际旅游市场,争取打造出类似美国运通这样巨型的旅游金融公司。

(七)旅游产业聚集区

1. 北京旅游产业聚集区发展前景

旅游产业聚集区是依托相应资源,以旅游设施聚集为主体,形成的规模型区域,是要素聚集、功能聚集、品牌聚集、需求聚集、娱乐聚集。其特点是范围大,设施全,市场品牌突出。从发展前景来看,旅游产业聚集区大有可为。目前北京什刹海地区有一点旅游产业聚集区的雏形,但是更多体现的还是中央游憩区的特征。因此,从严格意义上讲,北京还没有真正意义上的旅游产业聚集区。

目前,北京的旅游业发展还没完全发挥出自身的优势,呈现出格局分散、旅游方式单一、旅游产品陈旧的状态。北京非常需要有规模集聚、有形式创新、有产业联动的综合性旅游项目,来带动北京旅游业水平的整体提升。从制约因素看,第一,在当前城市和农村用地紧张的情况下,北京建设大型项目的土地资源、建筑布局展预留的空间并不太多。第二,政策是吸引投资、推动发展的重要手段和外部条件保障,北京如何得到政策优惠和支持是关键所在。第三,与工

业园区不同,旅游产业聚集区尽管在国际上已经有所发展,但是在国内还是一个全新的课题,在没有更多借鉴的情况下,如何创造性地发展需要各方面的共同努力。从有利条件看,北京发展旅游产业聚集区的优势有:首先,北京的旅游发展具有极强的综合优势;其次,北京具备强大消费能力;最后,北京是国内外资本聚集地。总的来说,作为中国这个全世界经济增长最为强劲国家的首都,北京应该也有能力建设出既有国际水准,又有中国特色的旅游产业聚集区,并以此作为北京旅游业转型升级的重大突破口和切入点。

2. 推动北京旅游产业聚集区发展的主要举措

(1) 确立发展思路

以"跳出当地看当地"、"跳出旅游说旅游"、"跳出项目论项目"为指导,按照后工业化的视角,挖掘前工业化资源,形成超工业化的产品,对应变化中的市场。

(2) 强化规划布局

做好事前规划。通过统一规划、分步实施的策略,可以防止同质化,避免重复建设。

(3) 强调两个转化

一是从"好看"到"好玩","好看"是旅游景区开发的一般思维,"好玩"是旅游聚集区成功与否的核心因素,娱乐项目的建设是关键所在;二是从资源优势转化为产品优势,区位优势转化为市场优势。

(4) 开拓一系列新的领域

一是复合型的资源,对资源的认识应该是复合型的概念;二是综合型的利用,集观光、休闲、度假、娱乐、运动、体验等于一身;三是进一步研究空间的扩大,包括自然空间、生活空间、精神空间等。

(5) 创新产业体系

产业体系的建立是对多个新兴产业的集中利用,包括生态产业、环境产业、湖泊产业、温泉产业、体育产业、文化产业、会展产业、活动产业等。

(6) 重点培育

就是确定发展重点,集中资金,集中发展,形成相应规模。

(7) 形成政策组合

把财政政策、金融政策、生态政策、环保政策、土地政策,包括一些贫困地区的扶贫政策,组合到一起,集中支持一个项目。不仅有利于招商引资,还可以构造成一系列新品牌。

(8) 分类管理

多样化的业态决定了项目的多样化，旅游聚集区内涉及公益性项目、商业性项目、公益性与商业性融合项目；单一投入项目、混合投入项目；建设运营一体项目、建设营运分开项目；传统项目、创新项目等多类项目的融合，政府有必要设置专门机构提供一站式服务和分类政策管理，不同的项目使用不同的政策并减少审批环节，提高办事效率。

(八) 文化旅游

1. 北京文化旅游现状

近年来，北京市高度重视发展文化旅游产业发展，旅游文化市场空前繁荣、形态日益多样、功能逐步完善，取得了显著的经济效益，不少经营性文化项目通过商业化运作成功已进入旅游市场，成为北京旅游经济发展的亮点。具体表现在：第一，北京市文化旅游产业旅游经济效益明显。2007年北京市旅游演艺场所共15家，除欢乐谷和东岳戏楼外，"北京之夜"、老舍茶馆等其他13家全年收入近1亿元，占到整个北京演出市场总收入的近三分之一。第二，北京市文化旅游产业的社会功能进一步加强。目前北京的文化旅游演出已涵盖歌舞、武术、杂技、戏剧、戏曲等多个艺术门类，既弘扬了中华民族优秀文化遗产，又丰富了群众文化生活。第三，北京文化旅游产业不断创新积极吸收现代创意元素，引领文化旅游的新时尚。798艺术区就是利用一片破旧厂房改造成的一个集画廊、艺术家工作室、设计工作室和公共休闲空间于一体的文化创意交流聚集区。第四，北京市文化旅游积极探索国际化道路。各艺术团体及文化企业积极出口我国旅游文化产品，取得了一定的国际市场份额，为我国文化旅游产业发展探索新的路径。

北京具有异常丰富的文化资源，种类繁多，与经济的可渗透性强，可开发程度高，为北京发展旅游文化产业奠定了突出的比较优势。同时也存在着旅游产业政策体系不健全，市场缺乏有效监管；产业经营分散，基础设施配套不完善；与市场融合度不高，缺乏市场竞争力和品牌性产品等问题。

2. 推动北京市文化旅游发展的主要举措

(1) 设立专门机构

建议成立北京市文化旅游产业发展委员会，负责协调文化、文物、旅游等相关部门工作，办公室设在旅游主管部门。主要工作是完善文化旅游产业政策，管理专项建设经费，建设文化旅游产业聚集区等，推动北京市文化旅游产业的发展。

(2) 完善文化旅游产业政策,推动文化旅游产业发展

努力建立起既符合国际规则,又适合我国国情、北京特点和产业发展需要的文化旅游产业政策。一是加快落实国家相关政策法规,加强政策整合力度,制定出台支持北京市文化旅游产业发展的地方法规和优惠政策。二是加强知识产权保护,完善知识产权保护环境,保障文化旅游行业的创新,把北京建设成为文化旅游产业知识产权保护的典范。三是在政策允许的范围内打破行业垄断,积极吸收境外资金和社会资本投入文化旅游产业,吸引社会力量参与文化企业的经营管理等形式,形成文化产业的多元投资、多种经济成分并存的格局,为文化产业的迅速扩张提供更加有力的资金支持。在文化产业的资本结构上,形成国有资本、社会民间资本、境外资本共同投入并促进文化事业和文化产业的所有制格局。

(3) 重点扶植,提升文化旅游企业竞争力

政府应该大力培育文化旅游知名品牌和重点企业。一方面可考虑在政府层面设立文化旅游产业发展基金,扶优扶强,为具有高效益、高附加值和集中体现中华民族文化特色的文化旅游企业开拓海外市场提供一定的财政补贴,也可采取贷款贴息、补贴和奖励等方式予以资助,缓解文化旅游企业的融资困难。另一方面,更多地鼓励和引导有实力的大企业在"走出去"方面与文化旅游企业联手,不仅帮助传统制造业企业扩大在海外的市场营销和宣传推广,同时也带动文化旅游企业走出国门,扩大本市文化旅游产品出口和文化国际影响力。文化旅游企业要增强企业竞争力,应该按照市场经济规律,通过联合、兼并、重组等,在全市范围内组建若干家跨区县、跨部门、跨行业和跨所有制的综合性文化旅游集团,提升北京文化旅游产业的综合竞争力。

(4) 建设文化旅游产业聚集区,推进文化旅游产业发展

聚集文化和旅游相关要素、整合资源,形成产业聚集区或聚集带,是国外不少地方发展文化旅游产业的普遍做法和主要经验。北京旅游文化集聚区是旅游文化的集中体现区,是文化旅游产品的聚合区,是多元文化要素通过创新性文化形式实现旅游产业为主导与多产业联动开发的功能聚集区。

(5) 打造北京市本土品牌文化旅游产品,推动文化专题旅游产品创新

实施北京文化旅游品牌战略,通过设立北京文化旅游品牌建设专项资金,打造北京市本土品牌文化旅游产品,推动北京文化旅游产品创新。一方面,扶

植文化旅游企业打造北京市品牌文化产品,成为北京文化旅游的标志物、吸引物,成为北京迈入世界文化大都市的名片;另一方面,利用丰富的文化旅游资源,通过资金扶植、政策导向,进行文化旅游产品创新,丰富北京文化旅游产业的发展内涵。

(6)以市场为主体,构建服务平台,推动文化旅游产业发展

首先,文化旅游产业应该以市场为主体,政府主要发挥规划指导和重点扶持功能,引导优势资源向优秀文化旅游机构聚集,并强化对文化旅游产业的整体规划布局和配套设施建设。其次,强化文化旅游产业服务平台建设。再次,加快推进行业协会建设,增强企业自我经营、自我管理、自我发展的活力,促进政府职能转变和行政管理方式转变。进一步发挥行业协会在加强行业自律、规范竞争秩序等方面的积极作用。

(九)体育旅游

1. 北京体育旅游现状

北京发展体育旅游有得天独厚的条件。一是国内外重大赛事众多,并已形成许多知名品牌,如北京国际马拉松赛和北京国际公路马拉松接力赛、中国网球公开赛、中国台球公开赛等;二是发展体育旅游已经形成良好基础和具备了一定实力,如北京2004年体育和相关产业总产值为196.2亿元,实现增加值47.7亿元。目前,北京市更是明确提出,到2010年体育及相关产业生产总值占全市GDP的3%左右。此外,北京有开放的体育娱乐公园36个、滑雪场13个、垂钓场所71个、高尔夫球场数十个;2003还出台了《关于加强新时期体育工作建设国际化体育中心城市的意见》,明确提出了北京要创建国际化体育中心城市的目标。最为重要的是奥运会的成功申办和召开为北京体育旅游产业发展产生了难以估量的积极影响,为北京体育旅游提供了最顶级的产品品牌和最丰富的资源。

当然,北京体育旅游市场体系虽已初步形成,但结构、市场主体、对内开放、市场梯度发育等均存在诸多问题:一是产业化步伐缓慢,缺乏对高品质的体育旅游资源的有效开发整合与利用;二是缺少以体育旅游为主题的旅行社;三是宣传营销力度不足;四是专项规划欠缺,没有形成独立品牌。

2. 推动北京市体育旅游发展的主要举措

(1)加强科学的产业引导

成立专门的体育旅游行政管理机构,完善相关发展政策措施,加强规范管

理,积极进行科学的产业引导。北京市应尽快成立专门的体育旅游管理机构,主要由市旅游局、体育局等管理部门共同组成,以加强对体育旅游业进行具体的管理和指导,加强体育旅游市场规范化、国际化管理,同时制定体育旅游资源的开发与保护、体育旅游人才培育、体育旅游管理者的技术等级评定等各种与体育旅游业发展有关的制度和措施,使之步入规范化、制度化的轨道。

(2)把发展体育旅游产业纳入政府相关主管部门工作框架

北京市相关政府部门和企业单位要进一步提高对发展体育旅游产业重要意义的认识,切实将发展体育旅游纳入每年的工作计划内容,把其作为一项常规重要工作。在考核相关领导干部时,要将体育旅游发展正式列入各地区发展指标和干部考核指标中,并设立具体的指标体系和工作措施。

(3)对体育旅游产业提供财政政策、金融财政和税收支持

将体育旅游产业纳入国民经济与社会发展计划,增加财政预算资金和开发、促销资金,建立体育旅游发展基金;对体育旅游发展较好的相关旅游企业减免所得税、调节税、行政事业性收费,同时还可获得优先贷款。

(4)多渠道融资,全面开发体育旅游项目

鼓励外商、民营等非公有制经济实体参与开发北京市大型体育旅游项目。积极吸引外资、民营资金,按"谁出资、谁受益"的原则,投入体育旅游业,开发体育旅游休闲产品,打造北京市知名精品体育旅游项目。

(5)加强宣传力度,开展多层次促销

北京市要积极以各种体育旅游主题学术研讨会、论坛、展览、知识竞赛、演讲、假日旅游产品推介会、演出等活动为载体,利用电视、网络、广播、各类平面媒体等手段,全面推进体育旅游发展。通过积极的宣传,加深和强化社区及居民对体育旅游的观念,使北京市体育旅游一开始发展就有较高的起点,有一个规范的行为,充分发挥它在经济和社会中的作用,促进经济发展和人民生活质量的提高。积极通过新闻媒介向北京市民宣传科学、文明、健康、合理的体育旅游消费方式,引导广大消费者的体育旅游消费活动,促进体育旅游产业的不断发展。

(6)抓好规划开发,打造体育旅游精品,培植实力突出的体育旅游企业

要从现有的自然人文资源、市场状况等方面进行分析和开发,增加北京独有的地方文化符号,注重专业化、景观化和规模化,要能体现传统,但又不失时代气息,推出北京市体育旅游精品。有意识地赋予新开发、新挖掘的景区、景

点、休闲场所以体育旅游文化内涵,扩大知名度和影响力。开展多种经营,满足不同年龄和不同阶层消费群体的需求,使北京市体育旅游产业尽快成为规模大、知名度高、竞争力强、投入产出率高的国民经济增长点。加强引导,积极扶持专营的体育旅游企业,培植一批包括旅行社在内实力突出的体育旅游企业。

(7) 全面整合奥运资源,打造北京奥运体育旅游超级品牌

2008北京奥运会、残奥会的成功申办和举办,为北京体育旅游发展提供了巨大的发展契机,也使得奥运资源成为北京体育旅游的最大资源和最大品牌。要抓紧时间积极进行专项奥运体育旅游规划,整合相关奥运资源,开发系统的奥运体育旅游产品,打造世界级的北京奥运体育旅游品牌。

(8) 打造北京市体育旅游度假区

北京市应依托相关体育项目和设施,建设度假酒店和配套服务设施,建设若干体育主题度假区块或者体育主题度假酒店群,形成北京体育旅游休闲主题度假区的整体概念,重点可考虑在顺义、密云、房山、门头沟等地进行规划。

(9) 建设北京奥林匹克公园(展览)博物馆

与北京奥组委合作,整合各方资源,在奥林匹克场馆公园内部或周边建立主题为"展示奥运新遗产,传播奥运新精神,介绍奥运新传奇,服务奥运新商机"的北京奥林匹克公园(展览)博物馆。北京奥林匹克公园(展览)博物馆可以长期作为面向游客的经典产品,满足各类客人了解北京奥运相关情况的需求。具体功能为:

第一,展示奥运新遗产。北京奥林匹克运动会将留下宝贵的遗产,不仅是有形的建筑和奥运遗址,还有很多无形的或容易遗失的文化遗产和文物,包括:各种规划设计方案、影像资料、场馆模型、实物展品等。这些宝贵的资料现在就应该收集整理,用于展示和留给后人。

第二,传播奥运新精神。奥运场馆和公园全面地体现北京"绿色奥运、人文奥运、科技奥运"的精神。国家游泳中心(水立方)和国家体育场(鸟巢)的建设,形成了艺术和科学技术上的完美结合。作为对北京城市以中轴线为特色的建筑美学的自然延伸,奥林匹克公园是北京城市美学的重要组成部分。这既是对中国传统园林建筑美学和优秀中国传统文化的承续,也是对西方现代建筑审美特色的积极借鉴,同时也表现了现代奥林匹克精神。

第三,介绍奥运新传奇。奥林匹克运动在中国的发展壮大,尤其是2008北

京奥运会,是奥运发展历程中新的传奇。北京奥林匹克公园(展览)博物馆可作为常年全面介绍中国奥林匹克运动的场所,详细展示北京奥林匹克场馆和北京奥林匹克公园的场所,展览包括申奥过程、规划设计、施工建设奥林匹克场馆和奥林匹克公园过程中的各种详细资料和实物以及2008年奥运会中的各种素材和资料,并且随着北京奥林匹克公园开展的各项活动的增加,有关的资料和实物将更加丰富。

第四,服务奥运新旅游。北京奥林匹克公园面积很大,场馆众多,景致丰富,旅游服务中心可以在此设立。利用奥运体育场馆,在奥林匹克公园培育体育健身主题的朝阳商务休闲基地。

(十)博物馆旅游

1. 北京博物馆旅游的现状

北京市博物馆类型丰富,级别很高,截至2007年底有各类博物馆近150座,占全国总量的6.5%。北京平均每十万人拥有一座博物馆,已接近中等发达国家水平。2008年,中国博物馆行业进行了深度改革创新,北京应借助发展契机,整合博物馆资源,衍生新型业态。我国首批入选国家一级博物馆的博物馆有79家,其中北京地区共有11家入选,包括首都博物馆、北京自然博物馆、中国人民抗日战争纪念馆、北京天文馆和周口店猿人遗址博物馆5家市属博物馆,以及故宫博物院、中国科学技术馆、中国地质博物馆、中国人民革命军事博物馆、中国航空博物馆和鲁迅博物馆6家中央部门所属博物馆。

目前,全国各级文化文物部门归口管理的公共博物馆、纪念馆,以及全国爱国主义教育示范基地都已实行免费开放。2008年3月28日,北京市有29家博物馆开始免费迎客,另有4家博物馆在完成整修后免费开放。免费开放当日,首批免费开放的博物馆中大部分出现了人流高峰。这些文化性的观光产品始终是中国旅游业在世界上最具吸引力和凝聚力的产品之一,博物馆的免费开放,刺激了旅游者对文化产品的需求,同时也是对旅游市场的极大支持。

2. 推动北京市博物馆旅游发展的主要举措

(1)认真研究市场,针对性开发产品

博物馆面对的主要有四大市场,相互之间具有一定重叠性。第一个市场是学术市场。面对这个市场,博物馆的发展有两个重要的目标:提升品位和提升品牌。提升品位是通过博物馆收藏、保存、研究产生的学术成果,使其在学术界的地位越来越高,同时也促进博物馆自身品牌的提升。第二个市场是收藏市场。随着收藏者队伍的不断扩大和不断丰富,多数收藏者对于博物馆必然形成偏好,这些偏好就会给各类专题博物馆的产生创造广阔的市场条件,同时也给各类综合博物馆带来更丰富的客源。第三个市场是旅游市场,这里所说的旅游市场并不能局限于旅游团队,特别是旅行社组织的团队。从目前情况看,旅游者对一些具有品牌性的博物馆反应并不强烈,这其中有两方面的原因,其一,旅游者自身素质还没有上升到文化性的需要,其二,博物馆本身的现代化经营理念不足,改革不足,创新不足。第四个市场是教育市场。博物馆的教育功能一定要与学生市场相对应。在"终身教育"这个理念下,博物馆要关注成人市场,博物馆将成为中国人,至少是中国城市人口离不开的一种教育方式,这个市场也会越来越大。

(2)强化专业性,开展主题特展

博物馆的专业性和文化性,是吸引旅游者的主要卖点,例如北京的军事博物馆、中国电影博物馆、中国邮政邮票博物馆、中国地质博物馆等。我们要根据各个博物馆的具体情况,加强专业性博物馆与市场之间的联系,开展与专业相关的特展,围绕产品的主题概念,加大市场宣传。同时,还应注重收藏市场。近年来,收藏者队伍的不断扩大和不断丰富,博物馆行业也要积极应对。多数收藏者对于博物馆必然有一种偏好,这些偏好就会给各类专题博物馆的产生创造广阔的市场条件,同时也给各类综合博物馆带来更丰富的客源。博物馆可以利用收藏俱乐部,吸引赞助者市场,壮大收藏者队伍,提高文化品位。

(3)增加民族文化,拓展海外市场

北京是有着千年历史的国家历史文化名城,历史上曾为五代都城,有着丰富的民族文化积淀。这些民族文化,以及对文化的深度体验,是海外市场的旅游者需求较高的吸引点。我们应将北京故宫、北京民族文化宫博物馆、北京民俗博物馆、中国民族博物馆等拥有民族文化的博物馆联合起来,形成北京民族文化的博物馆聚合,联合开展海外促销,打造成海外游客的精选产品。同时,将物质文化与非物质文化结合,选择一个聚合地,以表演等形式,展示现有的民族文化。例如踩高跷、抖空竹、捏面人、毛猴、泥塑、面塑等展示,打造博物馆旅游的外贸产品。

(4)注入其他行业,扩充业务范围

全国博物馆总的藏品数为1082万件,其中一级藏品6万件,平均一个博物馆的藏品是0.72万件,其余综合类、艺术类和历史类的博物馆藏品都是上万件。北京博物馆是主要藏品的聚集地,其科研、教育等价值极其可贵。所以,博物馆应借助自己的资源与科研院所联合,扩充其业务范围。

首先与科研机构联合,提供有价值的科考材料。这些科学前沿的物化资源,可以为博物馆创造品牌,提高市场的知名度。其次与教育机构联合,例如,与中小学的第二课堂联合,建立博物学校或博物课堂,既普及科考知识,又能寓教于乐。既可以让学生到博物馆参观,又可以聘请博物馆的管理人员担任课外指导老师,把博物馆的知识带到学生课堂。

(5)加强国际联合,开展巡回展览

建立北京博物馆管理委员会的海外部。使北京现有博物馆与国外对口博物馆联合,进行学术、管理等专业交流,互通有无,进行馆藏展品巡回展览,扩大影响,激活市场。

(6)充分利用资源,开拓市场

积极调动北京各类博物馆行业中的良好资源,使其得到充分利用,进而拓宽博物馆的业务范围,开拓市场。

(十一)科技旅游

1. 北京科技旅游的现状

科技旅游日益成为当今旅游业的一个重要分支,是以科技交流为主要内容的旅游活动,具有很强的文化性。发展科技旅游可以为高科技走向市场、促进高科技成果产业化创造条件,也有利于挖掘新兴资源,为旅游业创造新的经济增长点。作为首都的北京,拥有着全国的顶尖技术,也是我国的科技中心。在今后的发展中,科技旅游也必将成为北京旅游产品创新系列工程里的新业态。

从现实来看,北京发展科技旅游具备了很好的基础:第一,科技旅游资源丰富,类型多样。北京是我国率先提出发展"科技旅游"的城市,已初步形成了以"中国硅谷"——中关村为中心的科技旅游集聚地,观光景点包括北大、清华、航天中心等30多个,观光的内容包括现代工农业、电脑网络、古代科学技术等。作为首都、历史名城和科教基地,北京的科技旅游资源相当丰富。不管自然科技旅游资源还是人文科技旅游资源都存在很大的优势。如北京周口店的北京人遗址等具有世界级的科考价值,专题科技馆种类多样,选择余地很大,尤其拥有一大批高等院校的研究机构和专门性的科研机构,科技资源更加显得独特和珍贵。目前,中国科技馆、北京自然博物馆、中国地质博物馆、北京天文台、北京天文馆等已经吸引了不少国内外游客。第二,分布范围广,可进入性良好。科技旅游资源分布范围较广,几乎遍布北京各个区县,尤其是科技馆和科研场所都分布在市中心及附近,地理位置明显,导向性好,且市内公交或旅游专线都能方便到达,为最大限度地挖掘客源提供了一个很好的平台。从对外交通来讲,北京已经形成一个四通八达的交通网络,为科技旅游的发展创造了良好的条件。第三,客源市场发展空间巨大。广大的客源是发展科技旅游产品的必备条件。由于北京旅游产品类型丰富,科技旅游应主要立足北京本地市场。截至2010年11月1日,北京市常住人口达到1961.2万,其中外来人口704.5万。从北京人口年龄结构来看,2005年1961.2万常住人口中,15~64岁人口为1621.6万,占82.7%,其中15~39岁的人口占42.2%。研究显示,在参加科技旅游的游客中,以这一年龄阶段为科技旅游的主要参与者。因此,北京科技旅游的潜在客源市场非常庞大。

2. 推动北京市科技旅游发展的主要举措

北京发展科技旅游要加强理论研究和项目开发,增加参与性、知识性和娱乐性,使旅游业的科技含量逐步提高,塑造品牌。

(1) 加强宏观层面的促进

首先,加强部门间的协调。不仅做好旅游部门和科技部门的协调,每个经营单位也要做好协调。做好部门间的协调和沟通工作,就是很大的促进。其次,有相应政策的推动。科技单位大多为事业单位,在一定程度上需要政策支持,这种政策的关键在于提供培育市场的机制。再次,市场引导。通过市场需求引导产业发展。最后,重点扶持。各级政府共同努力,每个部门都形成自己的重点,就会在市场引导下形成连锁效应和示范效应,进而对整个科技旅游的发展形成促进作用。

(2) 不断丰富科技馆的展示内容

科技馆是科技旅游的主体方式,是冻结时间的科技机器,具有展示、典藏、教育的功能。科技馆主要以保存和研究为主,以多管齐下的方式来强化娱乐的活动,其根本目的是娱乐,对大众提供具有文化价值的科技展示。第一,要根据新的市场经济条件,转换北京科技馆的原有功能。一方面是从过去导向转变为现在和未来导向。绝大部分的科技馆所陈列的都是过去的东西,展示的也是过去的东西,所以,我们应根据科技的发展和市场的需求将这些过去的东西转变成现在和未来导向。即东西没有变,但功能在变化,经营方式在变化。另一方面是从关心藏品导向转向市场导向。第二,要发挥科技馆的作用,突出三个展示:一是突出情境展示,即同样的藏品有不同的展示方式,效果就截然不同。例如,可以进行情景再现。如恐龙博物馆,游客可以在模仿的恐龙世界里穿行等。二是主题展示。联合多家科技馆、博物馆,围绕统一主题,开展各项科技展示。三是互动展示。比如,设立欢迎提问、欢迎触摸的电子科技指示牌,形成科技互动,提高科技展示的效果。

(3)积极开发新的科技旅游产品

在北京地区,可以考虑对有条件的实验室进行开放。为不打扰科技工作者的工作,可以效仿工业旅游的做法,设置旅游参光通道,让游客零距离观看到科学研究的过程。这一方面体现了国家的尖端科技,弘扬了民族自尊心;另一方面引导孩子们热爱科学,培育未来的科技人才。

围绕科技基地打造新的旅游产品。第一,将高科技产业开发区作为城市的市容参观项目,展示城市发展的表现。同时,开发体验的创作园区,让游客自己进行科技想象和创作。第二,延长高科技农业基地的产业服务链,将研发、生产、购买、配送等业务实现一条龙式的门对门的服务。为满足游客需求,开辟自栽乐园,并帮助打理,实现生产、体验和购买的联合销售。

(4)加强旅游装备工业建设

第一,设立中国旅游装备工业的研发部门,有北京旅游的市场研发与工业、科技等部门联合组织。第二,建立中外合资的旅游装备工业的公司,培育北京旅游装备业的萌芽产业。目前,我国的高端旅游设施都依赖进口,如游乐设施、滑雪设施等。北京旅游局应结合北京自身的优势,借助海外市场,培育我国第一个旅游装备工业的研发机构。第三,鼓励有条件的国内企业,发展旅游装备工业。例如,研发制作滑雪设施、高尔夫的相应装备设施等。为了满足旅游市场终极需求所衍生出的中间需求,我国必须培养出自己的旅游装备工业,而且必须以科技含量为基础。

(十二)生态旅游

1. 北京生态旅游的现状

目前,环境已成为最短缺、最宝贵的资源,哪里拥有好环境,哪里就有可持续发展的潜力,真正具有自己的发展优势。生态旅游是以自然为对象,以环境保护为条件的基础的综合型旅游方式,在生态旅游的过程之中会伴随有观光旅游、度假旅游、疗养旅游、探险旅游等旅游方式。从这个角度来看,生态旅游具有多种资源、多种功能。北京周边区县有丰富的生态资源,在旅游开发中,对生态资源的利用比较普遍,但是生态旅游的特点还不突出,还没有真正按照生态旅游的要求来开发利用和建设。未来,北京需要在此方面进一步加强。

2. 推动北京市生态旅游发展的主要举措

中国已将环境保护确立为基本国策。因此,北京旅游需要借助国外经验,进行体系化建设,区别对待,适度发展,形成生态旅游产业群。

(1) 建立完整的产品体系

根据北京急剧增长的社会需求,对北京新生态旅游应实行分层开发,建立完整的产品体系。北京的生态旅游主要分为大众型和高端型两种。大众型为生态旅游提供了基础。比较典型的如郊野游,即一般化的乡村旅游。又如一些城市的现代农业基地,即现代高科技的展示基地,也是生态旅游的表现方式,更是生态型农业产品,如北京的锦绣大地,再如森林浴等。高端型为生态旅游创造了发展空间。典型的有狩猎旅游、高尔夫、城郊林场、生态涵养区等。

在体系建设中,一种选择是等待市场自然发育。但如果仅把希望寄托在市场的自然发育上,会付出很大代价。另一种选择是积极主动地深化认识,通过各方面措施形成分层次的产品体系。

(2) 培育完善的市场体系

从客源市场、消费市场角度,对北京周边的生态旅游进行分时、分类、分档次、分区域的划分。生态旅游在市场上应是常效、常年的,因此应该分别对应各类市场需求,进行永续利用。从市场结构体系角度来看,需要管理者、经营者和旅游者三个方面组成。具体来讲,市场需要聪明的管理者,即有市场意识;高素质的经营者,即不但有环保意识、环保概念,而且还要把各方面的关系把握到位;另外,成熟的旅游者,是完善市场体系的主要任务之一。

(3) 形成严格的管理体系

第一,制定标准。首先要制定生态旅游标准,明确基本要求。其次要针对不同类型,不同的表现形式,制定不同的产品标准,进一步制定生态区、点的标准。标准体系是基础性工作,它的完善增加了管理的客观性,有利于管理者管理,经营者把握,在操作层面上,也利于市场宣传。第二,形成示范。生态旅游需要形成不同类型的示范。通过示范,导引市场运作,进行市场推广,结合北京生态资源的特点,提高产品水平。第三,加强协调。为进一步协调北京市各区县以及政府各部门的管理工作,建议在北京市旅游局建立生态旅游发展委员会,负责协调管理生态旅游的各项工作,保障生态旅游正常的经济运转。第四,制度创新。制度创新涉及行政体制、经营体制、内部管理体制,并逐步形成完整规则和完整程序。例如,建立生态旅游发展专项基金、鼓励对荒山、荒地、荒林的保护和利用,并制定或扩充补偿标准等。

(4) 构建新型的绿色体系

绿色体系应该体现在旅游发展的各个方面:一是实行绿色开发,就是在开发方面可持续,以环境保护和促进为前提进行开发;二是生产绿色产品;三是实行绿色经营;四是建设绿色体系,包括绿色管理体系、绿色消费体系等。

构建新型绿色体系首先应强调的是绿色开发。一是总体规划和具体项目设计是否有生态意识。二在经营管理的过程中是否始终贯彻了可持续发展的原则和精神。比如北京的京城水系旅游。北京旅游集团开发的第一张牌就是环保,如以无污染的环保船进行绿色开发。三是构建北京生态旅游绿色体系,实行绿色经营,生产绿色产品,打造生态盛宴,推广绿色消费,建设绿色管理体系、绿色消费体系等。

(十三)民俗旅游

1. 北京民俗旅游的现状

民俗旅游是指人们以观赏、理解、领悟、参与风土人情为目的旅游或暂时逗留中所进行的物质与精神活动的总和。是以民间风俗习惯、当地的自然、社会情况为主体的旅游活动。农村的民俗旅游,以自然生态为主体;城市的民俗旅游,以社会生态为主体。对于北京来说,北京地区的民族乡不多,但是有传统的北方民俗,例如,北京郊区各个区县开展的民俗旅游。另外,北京城内的京城文化源远流长,民俗旅游资源丰富多样,如学京腔、听京剧、看京院、购京物、游胡同、赏皇城、品烤鸭等。民俗可分为传统民俗和新民俗。传统民俗是民族文化的精髓,它构建了民俗基础,我们应尽可能地恢复、保护,并加以传承。例如,北京的胡同游。新民俗则需要发挥创造性,是传统和现代的结合,形成有特色的现当代民族文化特征。例如大地艺术等。

当前,在北京民俗旅游开发中存在的问题主要有:第一,产品同质化。目前,北京地区,尤其是京郊地区的民俗旅游同质化程度很高,都是住农家院、吃农家菜、看农家生活等。而且绝大部分产品都雷同,虽然和城市生活有些差别,但相互之间没有形成差异,产品总体的竞争力、吸引力都在下降。另外,京郊地区的民俗旅游城市化趋向十分严重,除环境优势以外,没有文化特色。第二,品牌分散化。北京地区的民俗旅游虽然有了一些大品牌,如大兴的西瓜、平谷的蟠桃,但这些品牌都是阶段性品牌,处于分散的状态。品牌的分散使北京的民俗旅游没能真正构建出自己的品牌。这种普遍分散的产品对应分散的市场,使得产品和市场的衔接难度非常大。第三,服务初级化。北京多数的民俗旅游只能根据现有的资源提供产品和服务,还未形成特有的模式,绝大多数是在效仿其他旅游模式的服务体系,不能体现自有特色,仅仅提供服务的表象。第四,竞争无序化。随着市场需求的不断增加,民俗旅游的供给范围相对缩小,竞争逐渐白热化。目标竞争市场的无序化,导致市场的混乱。第五,发展的不可持续。随着市场的成熟,不再是只要有产品就会有吸引力。现在,北京民俗旅游的开发规模越来越大,客人的选择余地也是越来越大。所以,传统民俗旅游的可持续发展能力逐渐减弱。

2. 推动北京市民俗旅游发展的主要举措

针对现有民俗旅游存在的问题,我们要在原有的业态中增加新的功能,形成功能注新型的民俗旅游业态。

(1)树立以人为本的发展理念

所谓以人为本,即根据游客的实际需要提供产品。北京民俗旅游的以人为本,是使游客既要深入体验到北京民风民俗的文化,又要满足人们出行和生活的方便。

(2)创造市场的品牌体系

市场品牌体系的创造首先建立在分工体系的基础上,有了分工体系,进一步是特色化的体系,最后形成市场的品牌体系。目前,北京很多区县成立了民俗旅游的发展委员会或者办公室,市场品牌体系的雏形已经形成,很多县城已经构造了大体上有差异的品牌,所以,可以利用现有的品牌形成体系化品牌。例如,北京礼物的品牌体系。品牌体系形成以后,北京的各区县在政府的统一领导下,形成统一口径对外宣传促销。对市场的宣传促销应由北京旅游局与北京宣传部门联合,并带动各区县的政府及区县旅游局联合促销,形成北京民俗旅游的新的品牌体系。研究品牌体系的总体规划和总体配置,使各个产品突出自己的特色,形成统一京味形象。

(3)传统民俗结合现代元素

在发展北京传统的民风民俗的基础上,注入现代元素,形成独特的民俗文化,吸收国际新模式。例如形成专业村、教授村、画家村等。同时,还可以将整个村落进行整体改造,改造之后,置换村民,形成文化房产、主题地产;休闲房产、景观地产；生态房产、田园地产。这将形成新型的民俗房地产形态,打破单个民俗户接待的模式,形成多样化模式的发展,这也将是很多民俗旅游村发展的一种前景。

(4) 扩充民俗游的服务

北京民俗旅游应结合北京现有条件,结合行业的发展,形成新兴民俗旅游业态。例如,与购物结合,形成有特色的京八件、北京礼物等。

(十四) 奖励旅游

1. 北京奖励旅游现状

目前北京的奖励旅游虽然仍处在起步阶段,但发展迅速,已形成新的经济增长点。进入20世纪90年代后,北京的会展及奖励旅游开始与国际接轨,在北京召开的、外宾超过千人的大型国际会议就有近百次。就接待国际会展的数量、规模、质量水平以及城市综合功能和城市影响力等方面而言,北京在全国处在领先的地位,每年举办会展项目占全国份额的40%以上。但是北京与国际知名的会展大都市相比,还有不小的差距。根据国际大会及会议组织(ICEA)的统计,在全球举办国际会议最多的城市排名中,北京仅排在第54位。

总体来看,北京发展奖励旅游的有利条件很多:一是具有丰富的旅游资源和诸多中心地位的突出优势。北京拥有十分密集和高品位的各类旅游资源,北京也是各国外交、商务机构集中地,各类国际交往的中心,这一切都使得它特别适合作为一个优质的奖励旅游目的地。二是具有较完备的接待能力。目前,北京现有的旅游景点、饭店、商店及晚间娱乐等,从服务到硬件设施都具备了接待各种要求的"奖励旅游"团的能力。随着奥林匹克公园的对外开放和国家会议中心的投入使用,北京的食宿、旅游,以及会展的档次都可以与发达国家相媲美,已经具备了接待奖励旅游团的一切条件。三是拥有国际一流的企事业单位。北京作为中国的首都和政治、经济、文化中心,聚集了大量的使馆、世界500强企业、外国人聚集区等。近年来,更是大力支持发展创意文化产业聚集区,吸引了大量的创意文化企业的进驻,从而也产生了大量的人流、物流和商流。同时,国内企业迅速发展,在管理手段上也同国际接轨,特别是对企业绩效管理、人力资源管理等方面都有突破性发展。大量的外企和迅速发展的国内企业已经为北京市的奖励旅游提供了强大的潜力市场。四是拥有较强的价格竞争力。对于许多奖励旅游发达的欧美国家来说,北京是奖励旅游目的地中价格较为便宜的。尤其是在交通、住宿、饮食、购物以及服务人员等方面,价格均比较便宜。

这也是北京市成为奖励旅游目的地的主要优势之一。

2. **推动北京市奖励旅游发展的主要举措**

（1）规范发展，完善机制

北京市首先应尽快建立起奖励旅游经营行业准入制度，对经营奖励旅游的企业特别是旅行社进行审核、评估、监督，促使其提高奖励旅游服务质量，以促进我国奖励旅游业的良性发展；其次要成立专业的奖励旅游机构，把奖励旅游业务从旅行社中分离出来，成立专业机构或公司进行管理和运作。

（2）政企同心，政策支持

北京市政府应重新界定奖励旅游的范围，并制定出详细的标准，并对奖励旅游花费占企业营业额的比例等具体细节做出规定。借此对符合标准和规定的奖励旅游全部或部分给予减免税收等政策支持。同时，对公费旅游进行界定，使奖励旅游透明化、公开化，使得奖励旅游真正变成一种荣誉，一种光荣，使其真正发挥奖励旅游的企业管理功能。

（3）培养人才，引进经验

奖励旅游专业人才的引进与培养是规范并促进奖励旅游发展的重要条件。北京市奖励旅游人才的培养要注意与企业管理相结合，除此以外，引进也是一个很重要的途径。通过引进不仅可以带来成熟的管理经验和管理理念，同时还可以依靠引进人员的关系进一步开拓国际奖励旅游市场。同时，还应在北京的部分高校开设奖励旅游专业或课程，为将来的奖励旅游行业培养实用性人才，为奖励旅游的发展注入新的活力。

（4）优化产品、占领高端

北京市奖励旅游产品在开发设计时，首先要充分了解企业的文化，然后把企业的文化有目的地融入到旅游活动中来。如场地的选择、节目的设计、气氛的营造等。其次是活动要兼具参与性、娱乐性和创造性，要根据受奖对象的年龄、职业、性别、爱好等内容来开发产品。要设计出既能调动大家兴致，让大家积极参与，同时还能得到精神愉悦的旅游项目。例如，可将奖励旅游与拓展训练相结合，这样不但使员工领略了自然风光和异地风情，丰富了阅历，开阔了视野，而且迎合了员工被认同和受尊重的要求，更是满足了员工自我发展的需要，使参与者获得自我成就感，从而终生难忘。另外，还要选择高端旅游景点。如选择风景优美和人文资源丰富的知名度较高景区占领高端市场。同时，还要不断地推陈出新，研究系列奖励旅游精品。奖励旅游不是普通旅游的简单豪华化,而是现代旅游的高端化、精品化。

(5)锁定客源市场,加大宣传力度

北京市要加大宣传力度,树立良好形象,提升自身作为奖励旅游目的地的知名度。在具体操作上,要注意文化和理念等因素对奖励旅游的影响,利用奥运契机,积极开拓国际奖励旅游市场。同时,注重培育国内的奖励旅游客源市场,对有实力的大中型企业和资金雄厚的外资企业,我们应量身定做特色产品,开发潜力市场。

(十五)差旅管理

1. 北京差旅管理现状

北京市的差旅管理目前还处在发展初期,尽管差旅管理业务随着发达国家的大型企业或跨国集团入驻北京而不断挺进北京市场,但是由于相关政策限制,众多商务旅游服务机构在北京只能是采取合资方式。目前,北京已发展了多家中外合资的旅行社,差旅管理业务的市场竞争已经展开。

从有利的方面讲,北京加快发展差旅管理的条件已经具备,主要有:第一,北京市政府重视旅游业的综合发展,并制定相关政策支持。例如《北京市旅游条例》中第十三条规定:"国家机关、事业单位和社会团体经审批获准的公务活动,可以委托旅行社安排交通、住宿、餐饮、会务等事项。"第二,国际市场对北京的关注程度越来越高。美国运通收购罗森布鲁斯之后,在中国的差旅费管理市场奠定了自己领先的地位,其他国际大公司或旅行社纷纷与中国的大旅行社联合成立合资企业。这些合资企业的业务拓展目标都盯在了发展潜力巨大的北京商务旅游市场,主要业务范围是差旅管理。第三,北京大型企业的崛起势必产生差旅管理的服务需求。据统计,北京每年的商务旅行及相关费用呈逐年上升趋势,越来越多的企业正在寻求通过整体差旅外包的方式来达到规范出差报销、降低出差成本的目的。

从不利的方面看,北京发展差旅管理也有不少制约因素。第一,相应体制不健全。北京的很多企业在计划经济时代形成了大而全、小而全的体质,每个单位、每个企业都有自己的接待部门和人员。其次,在资金流程方面也存在问题,例如,差旅服务企业先要垫付所服务企业的出差费用,然后在下一个月结账,这就给旅行社资金周转方面施加了压力。另外,由于中国民航对代理人实行属地化管理,注册地在北京的企业若想开展全国性的机票业务,必须向业务所在地的民航管理部门申请代理人资质,限制颇多,导致北京相关企业根本无法提供全球性甚至区域性的差旅管理服务。第二，本地企业的意识淡薄。目前，在北京市开展差旅旅游业务的主要是外国企业、跨国公司，或有外资背景的企业。而北京市大部分企业仍然难以接受差旅外包的概念。对北京很多公司来说，差旅费用管理都是财务管理的盲区。另外，北京有实力开展此项业务的大旅行社，大多不重视这块市场。第三，市场接受程度低。目前，北京市能够接受差旅管理概念的企业并不多，而能够接受的企业又分别有自己专门的人员负责差旅管理。因此，差旅管理业务被北京市场接受的程度较低。第四，专业人才匮乏。目前北京市的差旅管理业务还处在萌芽阶段，专业人才资源极其缺乏。同时，北京市差旅管理的市场发育不够，也使真正专业化的商旅服务企业的发展受到阻碍。

2. 推动北京市差旅管理发展的主要举措

（1）加强宣传力度，提供政策保障

北京市的广大旅游企业及政府相关部门应加大宣传力度，提高各级政府机关、企事业单位的认识，突出企业差旅外包的优越性，并利用国内一些跨国企业将差旅外包给商务旅行公司的示范效用，促使其他企业尽快转变观念，正确认识差旅外包业务。北京市要及时完善差旅管理的各项规章制度，并对这一行业的发展提供有利的政策保障。

（2）搭建业务平台，优化软件系统

北京市应借助国际合作和交流等机会，为本市的旅游企业搭建沟通平台。学习国外经验，并根据企业规模和双方的信任程度与国际一流的专业差旅管理公司建立合作意向；北京市应大力优化差旅管理的软件，进一步提高差旅管理服务的网络化、规范化、自动化，通过使用信息技术为手段的网络化管理软件真正实现商务旅游服务与国际接轨；根据对客户商务旅游目的地的分析，与差旅管理业务发展较快的旅游企业签订战略联盟协议，以成熟的商务旅游服务模式和合作共赢的利益共享模式，通过连锁经营方式建立商旅服务物流网络系统。

（3）开发产品层次，满足个性需求

北京市要根据市场需求，按照本地企业的不同类型，开发不同层次的差旅管理产品，以满足本地各个层面的单位需求。首先，要针对政府机关和跨国集团等大型企事业单位精心设计高端的、个性化产品。针对顾客的具体需求采取适合的营销手段，提供量身定做的服务和产品。考虑差旅顾客的消费特点，和顾客共同设想，配合差旅的日程需要，使其差旅活动和观光游览完满结合，创造更多的顾客价值。注重细节,并为高端客人提供精细化管理。同时,注重企业文化的融合。使企业员工在参与活动的时候产生凝聚力和荣誉感等。其次,北京市的中小企业也非常多,中小企业的差旅市场也不可小视。目前,国内一些专业差旅管理公司还处在起步阶段,还没形成自己的品牌,高端的差旅市场较难进入。所以,北京市要学会从中小企业差旅业务做起,在这一广阔市场里积累经验,不断地增强实力,丰富业务范围。

(4)培养专业人才,增强行业保证

北京市要培养一批高素质的商务旅游客户经理和高效、精干的后台服务团队,为北京市发展差旅管理服务业提供人力保证;要尽快扩大北京地区的客户范围,实现规模经济效应;要吸引国外专业的差旅管理咨询和制度设计人才,引进外部智力,寻求"外脑"合作,积极学习国外旅行社成功经验,缩短北京市与发达国家在这个行业上的发展差距。

(5)发挥传统优势,提升服务水平

北京市要充分借助传统业务优势,保持传统业务中本土企业所建立的价格和网络优势,保证本土企业能够提供不同层次的差旅计划。同时,能够利用传统业务加强与目标企业之间的沟通和业务关系的发展,并在原有服务水平的基础上,深入到企事业内部,提供个性化的"管家式服务",提高北京差旅行业的服务和管理水平。

(十六)城市休闲

1. 北京城市休闲现状

20世纪90年代末以前,休闲度假旅游在北京发展较为缓慢,休闲度假消费也相当有限。近年来休闲度假旅游迅速成为北京旅游消费的重要组成部分。随着北京市居民收入水平的提高和恩格尔系数的下降,按照国际休闲市场消费结构变化的一般趋势,居民将更加重视休闲。北京居民的生活水平,已经从改革开放初期的"温饱型"转变到目前的"富裕型"。北京已经进入城乡居民收入加速增长、消费能力快速提升、消费结构迅速升级的发展型和享受型消费成长阶段。随着社会保障建设加快,保障范围和水平的不断提高,居民消费信心增强,消费倾向增高,这给北京发展城市休闲创造了有利条件。目前北京包括中年高收入群体、年轻白领、青年学生、老年群体等的休闲消费群体已经初步形成。这些人群或具有较强的休闲消费能力,或具有较强的休闲消费欲望,可以有力地推动休闲市场的发展。北京的休闲设施也在不断完善。北京旅游的基础设施和休闲娱乐设施建设发展迅速,而且有些已达到国际一流水平。2008年奥运会的召开更是有力地从各个方面促进了北京城市休闲的进一步提升。

休闲是旅游的蓝海。将发展的思路从旅游拓展到休闲不仅可以创造出更多崭新的业态,对于北京旅游行政管理部门而言,也可以大大拓展工作空间,在更广的层面促进行业的全面发展。

2. 推动北京城市休闲发展的主要举措

(1) 制度鼓励措施,提升城市休闲质量

北京市应充分考虑北京地区社会经济结构调整中城市休闲的位置,制定相应措施,完善相关法律法规,加大政府投入,实施多元化金融支持,扶持北京城市休闲产业的发展,提升城市休闲的正面影响。同时,为保障北京市的城市休闲质量,应该规范行业管理、制定行业标准和相关规章制度。积极鼓励有条件的城乡居民参与积极的城市休闲。例如,政府给予城市休闲补贴、缩短工作时间、以社区为单位义务普及休闲知识、开辟政府相关网站等。

(2) 丰富休闲产品,提高城市休闲维度

丰富城市休闲旅游产品可以从休闲旅游特色性、体验性、文化性三个方面展开。当前国际国内旅游市场正进入细分化时代,主要体现为旅游市场需求的个性化、差异性。北京市应充分利用本地旅游资源的地域优势,按照先环境、后产品的思维方式,将当地独特的自然资源、人文环境融入到休闲旅游产品开发中去,从而塑造独一无二的休闲体验。例如,街头小咖啡馆、旅游游憩区、旅游特色街区等。

丰富的城市休闲产品才能给北京的城市休闲带来活力。城市休闲维度包括以下几个方面:一是家庭休闲,这是休闲空间的起点;二是城市休闲体系,是休闲空间的延伸;三是构造环城市休闲游憩带,是休闲空间的扩展;四是乡村休闲,是休闲空间的发散;五是异地休闲,是休闲空间的拓展。最终形成了一个互为空间的网络体现。北京市应根据不同维度的休闲要求打造多样化、多层次、多维度的城市休闲项目,这是北京发展城市休闲的必然要求。

(3) 培育休闲体系,转变消费观念

培育需求体系,既需要培育北京市城市居民的需求体系,也需要培育北京市周边地区的需求体系,还需要培育各个方面的市场的需求体系。要满足现实需求,挖掘潜在需求,刺激新兴需求,创造新型需求。休闲的需求是完全可以创造出来的,近年来一系列新的需求也在不断地创造。所以,培育需求体系也包括创造新型需求。若想创造新型需求,提升需求档次,就必须转变城市居民的消费观念。北京市应努力把居民的消费观念从家庭休闲转向社会休闲,从城市休闲转到乡村休闲,这样才能真正达到和谐休闲。

(4)突出城市特色,树立城市形象

北京要抓住奥运会对旅游产业发展带来的巨大机遇,形成以政府推动和市场运作相结合的发展模式,营造旅游企业发展的良好环境,努力拓展境外市场,全面推进城市休闲产业的新的跨越。首先,通过奥林匹克公园等城市特色产品,引领城市休闲的变化趋势,呈现老北京和现代北京文化融合、丰富、更新的态势。其次,走精品化道路,要用休闲的理念来营造世界级的旅游吸引物,建设既有传统特色,又引领时代潮流的"京派"城市休闲产品,并全力打造世界级旅游品牌,树立北京城市休闲的新形象。

(十七)微旅游

1. 从"微托邦"说起

"微托邦"是最近在一个项目策划和设计中提出的新概念,因为该项目资源并不突出,区位也不够好,如何"死棋肚子里出仙招",需要创意,通过年轻人的感受、年轻人的理念、年轻人的创造,提出了"微托邦"的规划理念,即微时间、微消费、微度假,并由此形成了规划。一经提出,就得到了专家们的高度认同,在规划评审会上,专家们忽略了具体项目和具体规划,集中讨论了这个概念。进一步,我们希望得到市场的高度认同。

多年以来,在旅游规划和设计领域,往往是大项目、大堆积、大口号,这真是消费者需要的产品吗?目前,地方政府的追求又往往是"好大喜功,急功近利,标新立异",所以不怕没有大。但大的另一面是小,宏的另一面是微,作为一个人,需要人的感受,体会人的幸福。细节、人本,都需要通过微来实现。这样就需要新的理念,稀奇古怪创名气,倒行逆施谋思路,吹毛求疵抠细节。

2. 微时代

以微博的迅速兴起和普及化为代表,一个微时代来临。微成为一种社会现象,微成为一种流行语汇,比如微小说、微故事、微电影、微分析、微评论、微表情、微行为等,一切都与微联系。

快节奏的生活,海量的信息流动,急躁的社会心态,是形成微现象的直接原因。一方面,是从年轻人发端,引领社会;另一方面,又从围观开始,到行动推进,产生了一波又一波的微浪潮。

为什么？只是一种时髦吗？

微之所以能够大行其道，不是偶然的，需要探讨微的意义。对微的理解一般只是从工具的意义来理解，实际上应当进一步从社会的意义和变革的意义来探讨。微是具体的，不是空洞的；微是个体的，不是宏观的；微是温暖的，不是冰冷的；微是即时的，不是长远的。

微是和谐社会构建的基础，微希望才是真希望，微生活才是真生活。

微的另一面是"自"——自媒体，自实现。微降低了门槛，降低了成本，为自创造了可能。自是个体的实现，自是个性的张扬。自是自由的渠道，自是民主的基础。微创造自，自需要微。自是人本的需求、细致的要求。

3. 微分析

微不新。从历史来看，微并不是新事物。高等数学的基础是微积分，现代物理学的突破是微观，当代材料的尖端是纳米技术，当代生物学的前沿是基因学说，医学有微循环，微创技术开始普及，化学研究微量元素，近代工具的突破是显微镜。经济学分为两大方面，宏观经济学与微观经济学。经济活动中小微企业是主体，世界各国概莫能外，但我们往往只关注顶天立地的大企业，而忽视铺天盖地的小微企业。在发展过程中，已经产生了迷你概念与现象，"小的就是美的"，作为一种理念也倡导多年。

为什么我们总是忽视微小呢？首先是传统文化的影响，自古以来，话语不离天下。多年以来，我们习惯了宏观的认识角度和宏大的叙事方式，似乎不大就不足以警醒人心，不宏就不能够震撼市场，由此形成了一套既定的思维方式和话语方式。当年在延安，毛主席提出反对党八股，就是针对一套语言模式，一国际，二国内，三边区，四本部。但是并不能解决问题，其根本就在于专制体制中没有人的位置，也就无须关心和关注小事。反映到成语中是微不足道，之后就是见微知著，微言大义，不和大联系在一起，似乎微就不值一提。

微要新。现在所说的微，建立在历史的基础上，但已经有了全新的含义。现代社会，倡导以人为本，也就必然是以微为出发点。微在日常中：无微不至、微笑、微小、细微、精微，构成了微趋势。

首先是微时间，社会生活越来越紧张，时间被分割。其次是微消费，尤其是中产阶层，有足够的消费欲望，但缺乏相应的消费能力，常常是化整为零，形成微消费。微是分割的结果，形成新的生活方式，微体验总比不体验要好，日子是一分一秒过的，饭是一口一口吃的，微使我们从大而无中回到日常，日常使我们感受具体的幸福。这是微的发育基础,也是微的发展前景。

总体而言,社会进步形成了微的基础,市场竞争推动了微的发展,技术进步创造了微的条件,个性张扬产生了微的动力。

4. 微旅游

第一,微旅游已经具备了基础。一是消费者行为变化,从急到缓,从走到停,从被动到主动。二是观念变化。社会观念的变化是从"不会休息就不会工作"到"工作是为了休闲",开发观念的变化是从生产者主导到消费者主导,运营观念的变化是从粗放型到精细化。三是产品变化。丰富文化,树立主题,多元化发展。时间和空间的分割利用成为新潮,由此导致空间模式变化,从围墙式到开放式,从单一到复合,上午观光,下午从容,晚间高峰。时间模式变化,从有限到全天。充分地利用,提高了效益,构造了新模式。四是渠道变化,传统与新兴全面整合,团队与散客综合运作。最后是综合性变化,观光出人气,商务出财气,特色出名气;休闲出品位,度假出品质,文化出品牌。

第二,微旅游需要深入。目前在政府层面,仍然局限于传统观念,大旅游雷声隆隆,大项目层出不穷,大市场遍地开花,大文化铺天盖地。但是从市场层面来看,正在出现新态势。一是长链完善,短链创新。我们说了多年,旅游发展需要延长产业链,扩大产业面,形成产业群,现在看来,重点是完善。另外,市场的新变化,产生了短链需求,即尽量减少中介环节,供给与需求更加直接,短链农业已经蔚然成风,短链旅游的发展自然就是微旅游。二是长时追求,短时现状。我们追求更长的甚至是整块的可自由支配时间,但现状是分割的、碎片化的,这就形成了微时间,也形成了在此基础上的新旅游方式。

第三,是微生活成为新型旅游生活的新要求。随着中国城镇化的高速发展,大城市产生了通病,太急了,步履匆匆;太挤了,车流滚滚;太忙了,从早到晚;太脏了,高碳生存。并且这种状况随着城市规模的扩张不断加剧。这就需要新的选择,人大我小,人粗我精,人急我缓,形成快速度的发展,慢节奏的生活。无论什么情况,都需要微,提倡微休闲,比如,在楼群之中有适度的休闲空间,在楼宇内有微休闲项目,在忙碌中可以小憩,小而文,小而精,小而美,小生活,小享受,小趣味。这些事情,不需要资金的大投入,但是需要文化和智慧的大投入,更需要以人为本的落实。

第四,是微对应。这些变化,旅游工作者应当警醒,及时对应。微是市场变化,产业与产品的对应就是"分"。总体而言,是市场分层,产品分级,服务分档,开发分时。从空间区分看,涉及总体布局、资源利用、发展储备。从时间区分看,涉及四季产品和四时产品。在功能区分方面,应当有不同对应和具体方式。在项目区分方面,更要细化,形成互补互促。

第五,是微核心。古人云:千里之行,始于足下;九层高台,起于垒土。这是一个过程,也是一个模式,微是细节的放大,微是规模的扩大,所以强化细致入微,细节决定成败,于细微处见精神,自然是微旅游的本质。说到底是三句话:市场是细分,细分,还是细分;产品是细节,细节,还是细节;感受是细致,细致,还是细致。

5. 微与云的关系

综上所述,旅游发展的新问题在于微消费、动旅游、云服务。

从消费来看,欧美人大手大脚花钱的时代已经过去,各种替代性消费开始产生,一个现象也是从大到微,比如用社区休闲替代长时度假。从中国来说,老一代无消费,以配给为主;这一代大消费,买房买车,公款消费也多。但下一代开始微消费,分段,分时,细分,他们花钱花时间,更追求价值,尤其是追求性价比。

旅游,在微的基础上,强化动,在消费方式上具有极高的独特性。一是旅游过程自然是动的过程,否则只是神游。二是旅游需要活动,在活动中创新产品,创造品牌。越是动,越需要云。云,是从群众中来,到群众中去。整合各类资源,借助现代技术,尤其是基于位置的移动服务。

旅游电子商务会大行其道。经过多年的探索,旅游电子商务已形成百花齐放的发展势头。技术的进步,使旅游这个最需要智能化的领域得到了支撑。信息化、数字化、智能化是旅游电子商务的三个阶段。互联网、物联网、旅联网是三个方面,云计算、云服务、云旅游在2012年将会形成完整的服务模式和商业模式,这是旅游发展的前景所在。

微是云的市场基础,云是微的实现手段。云端就是高端,微分就是方向。这是传统领域的新竞争,也是新领域的深竞争。抓住微消费,动旅游,云服务,也就抓住了发展前沿。反之,无微即危。你不管微,危来找你;你不顾动,动抛弃你;你不要云,云山罩你。

后　记

本书得以形成,首先要感谢北京旅游局的领导,时任北京旅游局局长、现任国家旅游局副局长的杜江同志和顾晓园、方泽华等同志,他们不仅提出了需求,而且参加讨论,他们的工作实感丰富了笔者的思路。其次要感谢我们的合作伙伴,2007年的课题由魏小安主持,成员有付磊、徐汎、张凌云、石建国、厉新建、齐平书、厉新权、魏诗华、吕宁、朱姝、李劲松等。经过紧张而愉快的工作过程,形成了系列成果,一份12万字的研究报告,一份2.8万字的摘要,一份2800字的文件代拟稿。紧张是大家用接力的方式工作,没日没夜,白天讨论,晚上分工整理,几乎是一天一稿。愉快是在讨论和写作的过程中,新见解、新说法频出,大家体会到创造的愉快,也体会到合作的愉快。关于北京新业态开发的课题,也是由魏小安主持,曾博伟、杨玲玲、李劲松、薛寒冰、杨宏浩等人共同完成,厉新建统稿修改。第三要感谢北京旅游行业的朋友们,在和大家的讨论中,很多观点得以深化。第四要感谢北京哲学社会科学规划项目、北京市教育委员会人文社会科学研究计划重点(Beijing Philosophy and Social Science Planning Program and Social Science Research Key Program of Beijing Municipal Commission of Education)《北京建设世界级旅游城市的战略研究》(SI201110031016)以及《旅游业转型环境,制度和构造研究平台》(PXM2008 - 014221 - 067298)的经费支持。最后要感谢旅游教育出版社编辑的努力,使成果得以面世。因为是研究成果的汇集,也考虑阅读的便利,所以没有采用学术著作的体例,而是整体分为五篇,具体内容分别展开。

发展正未有穷期,纵观世界城市的发展历史,从远古时期的穴居、巢居开始,到村庄、要塞形成,最后产生了城市。城市是文明的勃兴,也是文化的集中。美国城市学家刘易斯·芒福德在其名著《城市发展史》中说:"最初城市是神灵的家园,而最后城市本身变成了改造人类的主要场所,人性在这里得以充分发挥。"他又说:"城市的主要功能是化力为形,化权能为文化,化朽物为活灵灵的

责任编辑：张　娟

图书在版编目(CIP)数据

北京旅游发展战略研究：世界一流旅游城市的视角/魏小安,厉新建编著．—北京：旅游教育出版社，2012.8
ISBN 978-7-5637-2452-9

Ⅰ.①北… Ⅱ.①魏…②厉… Ⅲ.①旅游业发展—经济发展战略—研究—北京市 Ⅳ.①F592.71

中国版本图书馆 CIP 数据核字(2012)第 161165 号

北京旅游发展战略研究：世界一流旅游城市的视角
魏小安　厉新建　编著

出版单位	旅游教育出版社
地　　址	北京市朝阳区定福庄南里1号
邮　　编	100024
发行电话	(010)65778403 65728372 65767462(传真)
本社网址	www.tepcb.com
E-mail	tepfx@163.com
印刷单位	河北省三河市灵山红旗印刷厂
经销单位	新华书店
开　　本	787×960　1/16
印　　张	19
字　　数	238 千字
版　　次	2012 年 8 月第 1 版
印　　次	2012 年 8 月第 1 次印刷
定　　价	35.00 元

(图书如有装订差错请与发行部联系)

后 记

艺术形象,化生物繁衍为社会创新。"历史上,多少城市兴衰轮回,雅典古城、罗马古城,今天还留存着宫殿的梁柱,却都付与西风残照。地理环境形成了生产方式,孕育了独特的生活方式,构造了繁荣的城市,体现了一代又一代的文明。北京,作为有着3000多年建城史,800多年建都史的城市,作为13亿人口的首都,正在焕发勃勃生机。刘易斯·芒福德还说:"在这里,人类的各族代表第一次在中立的场所面对面地相会。大都市错综复杂,它的文化包罗万象,这体现了整个世界的复杂性和多样化。世界上一些大的首都不知不觉地为人类准备更广泛的联系和统一,现代对时间和空间的征服使这种联系和统一成为可能。"这样的城市,才是世界城市。

我们这一代人是幸运的,虽然有许多艰难困苦,但是在短短60年的时间里,我们经历了中国从农业社会、初级工业化社会、工业化大发展一直到后工业化社会,这是世界历史400年的进程。现在我们正在经历世界历史上前所未有的城市化运动,特大型城市的建设和管理,需要学习,更需要摸索,这是一个官产学民媒互动的过程,作为学者,希望本书能够起到一点作用。